「多文化共生」は可能か

教育における挑戦

馬渕 仁 [編著]
Mabuchi Hitoshi

はじめに

　「多文化共生」を求める声が高まる一方で、社会は未だその実現に至っていない。「『多文化共生』は本当に可能なのか」。問題意識を共有する、異なる研究領域の研究者が集まり、「教育」という共通項でこの問いに取り組んだ。本書は、その試行錯誤をまとめたものである。
　1990年代前半、一部の自治体や民族教育の領域で取り上げられるようになった「多文化共生」という言葉は、同年代の後半には、教育関係者や市民運動家たちによって広範に用いられるようになった。「多文化共生」が私たちに馴染み深い概念のひとつとなるに伴い、さまざまな活動が「多文化共生社会」を目標とする枠組みで捉えられるようになり、自治体や各地のコミュニティ、学校、市民団体などで多様な政策・プログラムや運動が展開されている。
　しかし、「多文化共生」という言葉や概念は、それを使う人、それにかかわる人によってまさに多義的に用いられてきたことも見逃せない。かつて戴エイカは、異文化間教育学会の大会で、「多文化共生」のいわば言説について、「多文化における文化とは」、また「共生とは」という問いを立てて問題を指摘したが、近年「多文化共生」が語られる際、戴と同様にその内実について批判的な分析を試みる論考も増えてきている。[1)]
　本書における研究プロジェクトは、そうした理念的な振り返りと実際の取り組み、特に教育の領域において「多文化共生社会構築」をめざす多様な試みとをつなぐものとして立ち上げられた。私たちの問題意識のなかには、「多文化共生」という言葉がこれほど多用されるようになった実態とは裏腹に、そこで説かれ、めざされる理念と実際の社会は大きく乖離したままではないのか、との率直な疑問がある。企画の段階で、執筆者の多くから「イベント性からの脱却」、「変わらない現実」の声が聞かれたが、それは、たとえば英語圏で前世紀後半から盛んに喧伝され、模索されてきた「多文化主義」が、その実をあげな

いままに他の多くの政策に埋没してしまいつつあることへの問題意識とも重なるものである。

そのような一種の閉塞感すら漂う状況に対し、私たちは「多文化共生は本当に可能なのか？」という問いを正面から掲げることにした。そして、互いに共通する研究領域である教育の視点に立って分析と提言を行い、有効なアプローチを探るべく2年間にわたって取り組んだのである。

本プロジェクトのこれまでの経緯は、大摑みに振り返ると次のようになる。

1年目の研究では、「政策・カリキュラム・現場」という、いわばマクロ・メゾ・ミクロのレベルでこの問題に迫ってみた。私たちの間では、特定の地域における多くの取り組みにもかかわらず、社会全体としてこの問題へのアプローチが進展しない現状への認識が共有されつつあった。そこから、政策やカリキュラムを含む「制度的」な改革をめざすことが急務であるとの声が高まったのである。

しかしそうした過程で、次のような課題も同時に提出されるようになった。それは、「政策やカリキュラムの制度化に伴う一種の標準化が、個々のマイノリティに属する人たちの願いを逆に制圧することにはならないだろうか」という問いかけであり、「この問題が扱われる際に、いわゆるオールドカマーと呼ばれる在日コリアンたちの問題が、なぜ切り離されて扱われることが多いのか」という疑問であり、そして「この問題に痛痒どころか関心すら持ち合わせていないマジョリティの人たちと、いかにして問題を共有できるのか」という当事者性に関する問題提起である。

2年目の研究では、それらの課題に応答すべく企画が進められた。すなわち「オールドカマーとニューカマーの連続性」を捉え直し、「教える立場（マジョリティ）と教えられる立場（マイノリティ）という立ち位置が歴然としている日本語教育において、そのパラダイム転換から見えてくるもの」を探り、「多文化社会構築について既にさまざまな施策を実施してきた海外の先例」の示唆するものを求めて検討を重ねたのである。

ここで、本書における「多文化共生」という言葉の捉え方とその背景について述べておきたい。冒頭でも述べたように、「多文化共生」という言葉や概念は、多義的に使われているのが現状であろう。ただし、「多文化」に「共生」

という言葉が付せられるのは日本国内で見られる特異な用法である。「共生」という概念の捉え方や内実については、かなり以前からいくつかのすぐれた考察が示されているが、問題は「多文化」についてである。日本国内に限らず、既に英語圏などで広く使用されてきた言葉や概念であることからも、やはり一定の整理が必要であろう。ここでは次の諸点を確認しておきたい。

　第一は、多文化社会と多文化主義は峻別を要する場合があることである。グローバリゼーションの浸透に伴って、先進諸国に限らず、どの国家や社会においても「多文化」化が進行していることは否定できない事実であろう。ではどのような社会をめざすべきかという理念や議論は、「多文化主義」という概念のもとに展開されてきたのだが、その議論や理念は一様ではない。

　第二に、こうした議論は、常に「多文化」という概念を掲げて行なわれてきたわけではないのである。日本国内においても、「異文化」という言葉は従来から広く使われていたが、「多文化」が浸透するのは1990年代以降である。それは、海外諸国の動向とも関係している。「多文化」は、multiculturalという原語が示すように、英語圏で盛んに唱えられ、試行されてきた概念である。特にアメリカ合衆国からの言説に影響される傾向の強い日本では、同国で「多文化主義」が浸透する後を追う形で「多文化」を広く使い始めた経緯がある。一方、英語圏ではないヨーロッパ諸国では、「統合」という概念に基づく政策が多く、多文化主義への支持は強いとは言えない。

　第三に、「多文化」の捉え方は国や地域における違いに止まらず、同一のコンテクストにおいても、例えば個人の多様性を尊重するリベラルな傾向の多文化主義と、社会構造の転換を集団単位でめざすクリティカルな多文化主義など、そのめざすところからしてかなり異なる考え方や姿勢が混在する。このあたりの議論はぜひ本文を参照していただきたいが、前者のリベラルな「多文化」観に立脚する政策の場合、抑圧されてきた少数者の側からは当然、異議の申し立てがなされるわけである。

　最後は、「多文化」を取り巻く状況の変化についてである。日本において「多文化共生」への声が高まるのと反比例するかのように、英語圏では前世紀の終盤にかけて極めて活発に議論された「多文化主義」が、以前のように取り上げられなくなったことに言及したい。その傾向は、アメリカ合衆国の一部や

豪州において特に顕著である。そうした中、社会における多様性の問題が、民族に限らず、例えば女性や障がい者という他のマイノリティを含んだ多様性の問題へとある意味で発展することが、皮肉なことに少数民族の抵抗や異議申し立ての拠り所であった多文化主義の勢いを減じる要因になっていく。そして多くの国で、シティズンシップ教育や新しい形のインクルーシブ教育に新たな光が当てられていくのである。例えば豪州では、かつて盛んに声を上げた民族的マイノリティの主導者たちによってかなりの部分で要求が満たされた結果、南欧系やアジア系移民の一部は今や社会の富裕層となり、子どもや孫たちの世代は多文化主義への関心を失いつつある。世代の違いなどが引き起こす社会の流動化に伴う変化は、日本国内においても早晩顕在化するものとして留意する必要があるだろう。

　別の角度からも問題意識を整理しておきたい。まず、日本国内では、「共生」という言葉が常に「多文化」に付加される形で唱道されていることに注意したい。そこに「規範的」な意味合いが強く込められてしまうことは否定できない。本書の執筆者でもあるハタノは、そうした側面を、「『多文化共生』は、抑圧されてきたマイノリティから出されたものではなく、まさにマジョリティの言説ではないか」と鋭く指摘した。それは、status quo（現状）を調和的に維持することに熱心な社会の主流派によってこそ生み出されるアプローチと捉えることも可能である。

　このように振り返ると、国内における「多文化共生」の捉え方にはいくつかの傾向があることも見えてくる。そのひとつは格差や対立、そして葛藤という内実をはらんだ共生への議論が少ないことである。具体的には、ニューカマーなどの外国人とは交流するが在日コリアンとの交流には消極的であるといった態度などにそれは表れてくる。結局、共生とは「仲良くしましょう」の言い換えに止まってしまう現実である。一方、政策決定過程に関わる者や経済界の一部には、生産者としても消費者としても社会に充分参加できないマイノリティの存在は国家や企業に益しない、という観点からの「多文化共生」論も盛んである。後者のアプローチに拠る場合は、そこで言われる「社会参加」とは何のため、誰のためなのかという点に充分に注意しなくてはならない。外国人居住者の受入れに関してマジョリティ間で見解が分かれている以上、そこから議論

を立ち上げなければならないのではないか、それがこの課題研究で得られたひとつの問題意識であった。

　今回のプロジェクトには以上のような問題意識が横たわっており、それが「多文化共生」そのものをそれぞれの文脈で問い直す作業へと繋がっていった。

　本書は、以下のように構成されている。

　第Ⅰ部は、マクロ・メゾ・ミクロという3つのレベルにおけるアプローチの可能性を取り上げた。第1章では、学会による政策への関与という、これまで国内では省みられることの少なかった領域での可能性を探っている。第2章では、従来モデルとなるものがほとんど存在しなかった多文化教育のカリキュラムについて、日本国内での模索を考察している。第3章では、現場の取り組みから見えてくるものが提示され、マジョリティとマイノリティの構造的関係を変えるものとして戦略的本質主義に基づいた取り組みが紹介されている。

　第Ⅱ部は、第Ⅰ部で扱いきれなかった、この問題への私たちの問題意識から導かれる模索と提言である。第4章は、いわゆるオールドカマーとニューカマーの連続性を再考することによって見えてくるもの、そして韓国での近年の試みから示唆されるものについて提言している。第5章は、多文化共生教育において、その中核を担う日本語教育におけるパラダイム転換を提示することからマジョリティとマイノリティの関係を再検討しようとする試みである。そして第6章では、多文化主義をいち早く採用し、その後もさまざまな政策を展開してきたカナダの試行錯誤について、ただ先進例として紹介するのではなく、日本にどのような示唆を与え得るかという視点から考察した論考になっている。

　以上の模索と提言に対し、第Ⅲ部では、まず第7章で自らがニューカマーでもある筆者による鋭い「問いかけ」が提出される。その問題提起に私たちがどのように応答していけるかは、今後の課題として受け止めなくてはならない。第8章では、そうした「問いかけ」も踏まえて、今回の研究プロジェクトから見えてくるものを改めて整理・検討し、なお新たな視点からの提言を少し大胆に行ってみた。そして巻末には、関係する最近の邦語文献を可能な限り収録した「文献目録」を掲載した。

　私たちは、今回試みた作業が現在進行形のものであると認識している。先進国の中で、外国人の受け入れに極端に消極的で内向きの政策を展開してきた日

本は、まさにその対応の是非を問われており、岐路に立たされていると言ってもよいだろう。そのような中、特に最近の国際的な経済危機以降、ますます変化の激しくなる国内外の状況に対して、本書が示したさまざまな模索と提言が、今後の検討へのひとつの材料となることを心から願っている。読者諸氏による忌憚のない批判とご意見をぜひお願いしたい。

今回の研究プロジェクトは、異文化間教育学会が毎年実施する「特定課題研究」が基盤となっている。同学会は、高等教育、国際理解教育、教育社会学、日本語教育、比較教育、社会科教育、多文化共生論などの研究者からなる学際的な性格をもっており、本書ではそれぞれ異なった領域で活発に研究を進める会員の論考を集約している。末筆ながら、同学会の理事をはじめ、特に研究委員会の委員各位、そして2年間にわたって公開研究会や大会に参加して貴重な意見やコメントを述べてくださった全ての方々に、この場を借りて深く感謝申し上げる。また、巻末の「文献目録」の作成に際しては、同学会の中山京子会員にも大変ご助力いただいた。改めてお礼を申し添えたい。

出版に際しては、勁草書房の藤尾やしお氏に一方ならぬお世話になった。同氏の適確で細やかなサポートがなければ、本書が日の目を見ることはなかったであろう。記して心からの謝意を表したい。

執筆者を代表して　馬渕　仁

1) 例えば、多文化共生施策は日本社会に残存する差別や植民地主義を隠蔽するものだとの批判（藤岡美恵子「植民地主義の克服と『多文化共生』論」中野憲志編『制裁論を超えて——朝鮮半島と日本の〈平和〉を紡ぐ』新評論、2007）や、「共生」概念がマイノリティのナショナリズムを肯定するものでありながら、マジョリティにも融和的であることによって生じる限界性についての指摘（崔勝久「『共生の街』川崎を問う」崔勝久・加藤千香子編『日本における多文化共生とは何か——在日の経験から』新曜社、2008）、そして本書にも見られるようなハタノによる問いかけなどが挙げられる。
2) 井上達夫・名和田是彦・桂木隆夫編『共生への冒険』（毎日新聞社、1992）、栗原彬『共生の方へ』（弘文堂、1997）、花崎皋平『〈共生〉への触発』（みすず書房、2002）などを参照されたい。

「多文化共生」は可能か
――教育における挑戦――

目　次

はじめに

第Ⅰ部　政策・カリキュラムと現場

第1章　多文化共生社会をめざして ……………………山田　礼子　3
　　　　　──異文化間教育の政策課題

　1　はじめに ……………………………………………………………… 3
　2　学問の制度化に果たす学会の役割 ………………………………… 4
　3　高等教育における異文化間リテラシーの獲得 …………………… 9
　4　アメリカの高等教育機関における多文化主義を取り入れた
　　　教育プログラム …………………………………………………… 13
　5　提言 ………………………………………………………………… 16

第2章　多文化共生をめざすカリキュラムの開発と実践
　　　　………………………………………………森茂　岳雄　22

　1　はじめに …………………………………………………………… 22
　2　多文化共生のカリキュラム開発の視点 ………………………… 23
　　　──思考モデルとしてのJ. A. バンクスの多文化カリキュラム論
　3　国際理解教育のカリキュラム開発と学習領域「多文化社会」の構想… 26
　　　──学会の取り組み
　4　渡日児童と共に歩む多文化共生教育のカリキュラムづくりと実践… 29
　　　──学校全体の取り組み
　5　継続的・包括的多文化教育のカリキュラム構想と実践 ……… 33
　　　──教師による取り組み
　6　おわりに …………………………………………………………… 38
　　　──多文化共生のカリキュラム開発にむけた実践の課題

第 3 章　権力の非対称性を問題化する教育実践………清水　睦美　43
　　　　　──社会状況とマイノリティ支援の関係を問う
　　1　はじめに ……………………………………………………………… 43
　　2　同和・在日朝鮮人問題とニューカマー問題 ……………………… 45
　　3　ニューカマー問題の理解と新たな教育実践 ……………………… 48
　　4　社会状況の変化に伴う新たなる取り組み ………………………… 56
　　5　おわりに ……………………………………………………………… 60

第Ⅱ部　可能性への模索

第 4 章　多文化共生をどのように実現可能なものとするか…金　侖貞　65
　　　　　──制度化のアプローチを考える
　　1　はじめに ……………………………………………………………… 65
　　2　多文化共生をめぐる今日的状況 …………………………………… 65
　　3　実践的概念としての「多文化共生」……………………………… 68
　　4　「多文化共生」を実現可能なものとするためには ……………… 74
　　5　どのように多文化共生の制度化を日本社会で可能とするか… 78

第 5 章　共生社会形成をめざす日本語教育の課題
　　　　　………………………………………………石井　恵理子　85
　　1　はじめに ……………………………………………………………… 85
　　2　地域社会を基盤とした日本語教育の展開 ………………………… 86
　　3　日本語教育の理念と方法の問い直し ……………………………… 87
　　4　共通言語としての日本語 …………………………………………… 88
　　5　多文化共生コミュニケーション能力 ……………………………… 90
　　6　多文化共生社会をめざした社会システムの構築 ………………… 91

7　生涯学習支援としての地域日本語教育 …………………………93
　　8　人を支える言語教育として ………………………………………95
　　9　おわりに …………………………………………………………100

第6章　多様性と共に生きる社会と人の育成 …………岸田　由美　106
　　　　――カナダの経験から
　　1　はじめに …………………………………………………………106
　　2　必然としての多文化主義 ………………………………………107
　　3　社会づくりとしての多文化主義とシティズンシップ育成 ……108
　　4　多様な市民の社会的統合の経路 ………………………………110
　　5　参加に導くシティズンシップ教育 ……………………………111
　　6　多文化共生に向けたカナダの政策の特徴 ……………………114
　　7　おわりに――日本の思想的・実践的課題に寄せて …………116

第Ⅲ部　「多文化共生」は可能か

第7章　「共生」の裏に見えるもう一つの「強制」
　　　　………………………………………リリアン・テルミ・ハタノ　127
　　1　はじめに …………………………………………………………127
　　2　現状と課題 ………………………………………………………127
　　3　もう一つの強制――新しい在留管理システム …………………132
　　4　「他者の問題」という誤解 ………………………………………134
　　5　地球の「反対側」の、正反対の動き――ブラジルのアムネスティの事例…137
　　6　おわりに …………………………………………………………139

第 8 章　共生への活路を求めて ……………………馬渕　仁　149
　　1　はじめに …………………………………………………………149
　　2　これまでの検討と課題 …………………………………………150
　　3　問題意識 …………………………………………………………153
　　4　政策決定過程の分析における視点 ……………………………155
　　5　海外の事例から得られる知見 …………………………………157
　　6　歴史的先例から得られる知見 …………………………………161
　　7　まとめと今後に向けて …………………………………………166

多文化教育・多文化共生教育に関する邦語文献目録
　　………………………………………………森茂岳雄・中山京子　177
索　　引 ………………………………………………………………217

第Ⅰ部

政策・カリキュラムと現場

第1章

多文化共生社会をめざして
――異文化間教育の政策課題――

山田礼子

1 はじめに

　本章では、日本国内で多文化共生に関する問題に研究のみならず実践においても積極的にかかわってきた異文化間教育学会の動向を中心に、政策課題に学会がどのような役割を果たすことができるのかについて考察する。

　2008年に、学会大会の課題研究テーマとして設定された「多文化共生社会を目指して」は、多文化共生社会という用語がまだ一般的でなかった時代から理論と実践の両側面から多文化教育に取り組んできた異文化間教育学会にとっては、普遍的な課題でもある[1]。そこで、本章ではグローバル化が進行し、国境を越えての人、モノ、金、情報の移動が容易にかつ頻繁になされている現在、先駆的に多文化主義、多文化教育というテーマに焦点を当ててきた我々が、政策面にどうかかわれるか、あるいは何をしていくべきかについて、若干の試論を展開する。政策への関与には、さまざまな次元があり、政策研究あるいは政策策定のための基礎研究の在り方等、考慮すべき点は少なくない。しかし、筆者は、21世紀型市民の育成を前提として、高等教育の分野においても「多文化、異文化の知識の獲得」が到達目標として掲げられているにもかかわらず（中央教育審議会大学分科会 2008：12）、その内実はあくまでも国際競争への対処という視点のみが意識されているのではないかという問題意識を持っている。したがって、「外への国際化」のみならず「内なる国際化」を掲げ、国内における国際化推進にむけての研究と実践の両面においていわゆる国際化を推進し

3

てきた異文化間教育学会が政策に対して何かできることがあるのではないかという視点から本課題を考察する。

　本章では、こうした問題意識に依拠しつつ、第一に筆者が過去に明らかにした学会と高等教育機関が学問の制度化に果たす役割を踏まえたうえで（山田 2008：47-61）、研究および実践と政策との関連性を検討する。第二に、近年のグローバル化の進行に伴って求められる能力や技能について「多文化や異文化」という視点に立脚したうえで、日本の高等教育の到達目標をめぐる論議から抜け落ちている論点を検証する。最後に、議論の展開を踏まえて異文化間教育学が果たすべき政策的課題について言及する。

2　学問の制度化に果たす学会の役割

　異文化間教育学会は学会設立以降現在に至るまで、多くが「異文化間教育学」を「学」として成り立たせるために、異文化間教育に関する研究の推進と向上を大会での発表や紀要への投稿を通じて積極的に行ない、同時に学会の特定課題研究や学会紀要においても内包する専門分野や研究方法を継続的に整理してきた。

　学会を通じての知識レベルでの制度化には、学会大会とジャーナルを通じての研究成果発表が重要な役割を果たしている。学会を通じての学問分野の制度化という視点から見た場合、大会での発表動向やジャーナルへの投稿動向の推移は、ある時代の異文化間教育学の研究がどのような方向に向かっていたのか、かつトピック（テーマ）を支えている学問領域や方法の動向をうかがい知る資料となりうる。

　異文化間教育研究の動向や広がりを探る上で重要な手がかりを与えてくれる資料として、学会紀要に掲載されている論文、特に第1号から第25号までの自由投稿論文からをベースに研究動向の広がりと推移を見てみることにしたい。その際、領域ではなく、対象をもとに分類し、5年ごとに分析をしてみた結果が表1-1のとおりである。学会大会における個人・共同（自由）研究発表同様に初期の頃の対象としては海外・帰国子女を対象としている比率が最も高いが、時代が進むにつれて海外・帰国子女を対象とする論文数が減少していること、

留学生・留学生家族は恒常的に対象となっていること、外国人と日本人学生・生徒を比較対象としている論文も恒常的に存在していること、実践科学という異文化間教育学の特性を反映して、学校、教材、プログラムを対象としてきていること等が読み取れる。

表 1-1 『異文化間教育』投稿採択論文に見られる対象

対象	海外子女・帰国子女	留学生・留学生家族	在日外国人	外国人	日本人学生・生徒	チューター・ホストファミリー・支援者	母親	教師	他国	日本人・企業人	学校	教材プログラム授業	
1～5号	29.2%	16.7%		8.3%	4.2%	4.2%	4.2%	8.3%		12.5%		12.5%	100.0%
6～10号		27.3%	9.1%	13.6%	13.6%			4.5%	13.6%	9.1%		9.1%	100.0%
11～15号	3.8%	15.4%	15.4%	11.5%		7.7%		7.7%	7.7%	15.4%	3.8%	11.5%	100.0%
16～20号		13.0%		13.0%	21.7%			8.7%	8.7%	13.0%		21.7%	100.0%
21～25号		21.7%	4.3%	17.4%	30.4%	4.3%	4.3%		8.7%	4.3%		4.3%	100.0%
計	6.8%	18.6%	5.9%	12.7%	13.6%	3.4%	1.7%	5.9%	7.6%	11.0%	0.8%	11.9%	100.0%

大学における異文化間教育学の広がり

ジャーナルでの投稿論文における研究領域や対象を分析することにより25年間における研究の広がりやトピックにおいても一定の変化の動向が見て取れ、学会が知識ベースでの生産の中心的役割を果たしていることを確認することができた。しかし、学問分野が制度化されるためには、学会の存在が不可欠であると同時に学問分野を継承・再生産していくためにも、学問を研究・教授する講座を設置しているあるいはカリキュラムを構築している大学の存在は看過できない。小島が常々、大学での異文化間教育学を根付かせるための講座の存在と学を支えるための教科書作りの必要性を課題として指摘していたことはこのことに大いに関係している。

2004年4月に異文化間教育学会は、異文化間教育に関する授業の実際を学会会員を対象とした調査を通じてその実態を把握し、異文化間教育の実践のいっそうの進展を期すことを目的に「異文化間教育に関する授業についてのアンケート」を実施した。799名の会員（正会員、名誉会員、通信会員）を対象にアンケートを実施し、192名より回答を得ている（回収率24％）。ここでは、「異

文化間教育に関する授業を実施している」と答えた回答のうち、大学（日本の4年制大学）において、担当科目がどのような課程で提供されているかについて検討してみよう。教養（一般教育）課程が26.2％、専門教育課程が31.3％、大学院課程が5.1％、教職22.9％が主な結果であった。[2]

さらに、4年制大学で異文化間教育のカテゴリーとして提供されている科目名を独自に分類してみると、「異文化間コミュニケーション」、「異文化コミュニケーション」「異文化理解」「異文化間教育」「異文化間心理」「異文化接触」等「異文化」という名称を含んでいる科目が72科目、「日本事情」「〜日本語」「日本文化概論」等「日本」という語を含んでいる科目が30科目、「国際理解教育」「国際コミュニケーション」「国際教育」「国際協力学」「国際文化概論」等「国際」性を表している科目が19科目、「多文化教育」「多文化理解教育」「多文化コミュニケーション」「多文化共生」等「多文化」を冠に抱いている科目が14科目と続いていた。[3] 結果として、異文化という名称を抱く科目が最も多く、日本、国際、多文化といった名称をつけた科目が数としてはそれに続いていることが明らかになった。同時に、大学における異文化間教育科目は国際理解教育、日本事情など幅の広い領域を包摂していることが判明した。

アンケート結果と学会大会での個人・共同（自由）研究発表、『異文化間教育』掲載投稿論文の動向との関連性について分析してみると、一定の相関性が見て取れる。すなわち、学会と大学の間には、学会が学の生産、拡大を知識レベルで担ってきていることに加えて、大学は、学生や院生を対象に集団レベルで学会を通じて生産された知識を拡大していくという機能を担っているという相互の関係性である。しかしながら、学生が異文化間リテラシーという21世紀型のグローバル社会で求められる資質が大学で本当に育成されているのか、あるいは生徒・児童への教育を直接担う教師に求められる資質である異文化間リテラシーは大学での教職課程を通じて実際に身につけられているのかという疑問は別の視点から再度分析する必要がある。こうした疑問を視野に置きつつ、次に政策課題としての異文化間教育学とその展望について検討してみることにする。

2007年7月末現在において、大学院生の学会での占有率は16.2％であり、他の学会に占める大学院生の比率よりも高い。[4] 異文化間教育学会の大会におけ

る大学院生の発表や学会誌である『異文化間教育』への投稿も年々増加傾向が見られるなど、学問の継承の実質化も進展している。異文化間教育を対象に、学会が「学」の生産と拡大を知識レベルで担ってきていることに加えて、大学は学生や院生を対象に集団レベルで学会を通じて生産された知識を拡大していくという機能を担うという相互の関係性が学会と大学の間には存在し、それを実質化してきていることは自明であるといえよう。

　異文化間教育学会の特徴として、学際的な分野と実践という側面が重要視されていることが挙げられる。会員には研究者や大学院生のみならず、学校や地域の教育実践者が多く含まれており、それゆえ、実践志向は常時会員間で意識化されている。研究と実践の架橋といった方向性については、第27号の特集「異文化間教育学会25年の回顧と展望」において、佐藤が実践を志向した異文化間教育学の模索について自身の研究の見直しという視点から論じている（佐藤 2008：20-31）。氏は、異文化間教育学会が学問としての自立化の流れの中で、「サイエンス」重視へと傾斜してきたことを指摘し、そうした傾向を踏まえたうえで、現場で培われてきた知識や実践を置き去りにしてきた事実を捉えなおし、「研究者自らが実践者との相互作用を繰り返すなかで、相互に影響しあい、場そのものを変容させ、新しい場を創造していくという実践」を提唱している（佐藤 2008：24-27）。最近の学会大会の発表や学会紀要への投稿論文の内容においても「関係性の組み直し」というアプローチからの研究や報告なども散見されるようになってきている。学問の制度化と実践の架橋という点においても新しい方向が模索され、実践の場が形成されつつあると言えるのではないか。

政策課題としての異文化間教育学の展望

　本節では、政策課題としての異文化間教育学について試論を提示したい。

　『異文化間教育』第10号の「異文化間教育学の可能性」、第12号の「異文化間教育の実践的展開」の両特集において、江淵ならびに箕浦が実証科学としての「異文化間教育学」の検討をする際に忘れてはならないミクロとマクロという2つの研究の視角を挙げている。江淵は、ミクロなレベルに相当する研究を異文化間接触の過程において顕在化する文化の差異に起因する人間関係上の摩擦やそれを克服するための相互作用技術の諸問題、あるいは文化的アイデンテ

ィティと位置づける一方、マクロなレベルの研究として、異文化の交叉という状況の背後にある文化集団間の国際的および国内的な権力関係や、異文化間関係を統制し管理する移民政策や外国人対策などの政策やそれに基づく組織的、制度的対応の実態の解明を代表的なものとして挙げている。
　箕浦は教室での授業実践がミクロな次元の理論をあらわしているものと受け止め、マクロな次元で、制度を支える理念が教育関係者に共有され再生産される組織が存在し、多くの教師がそれを実践するようになることが不可欠であるとの立場を示している。『異文化間教育』第12号の本特集に掲載されている、常設文部大臣会議の勧告により教育行政や教育政策が異文化間教育論理念を学校教育の理念にすえて、学校を含む「社会体系」と「文化的意味体系」を変革するドイツの努力について比較教育の立場から分析している天野による論文が、このマクロな次元の例として挙げられる。
　江淵はまた、異文化間教育学のそれまでの研究はミクロな視角による研究に集中してきた傾向があることを踏まえ、実証科学としての異文化間教育研究を発展させるためにはマクロなレベルの研究の重要性を指摘した。筆者は、本章で過去の大会での個人・共同による自由研究発表、学会紀要に採択された投稿論文の内容分析を通じて、この20数年間における「異文化間教育学」の裾野の広がりと体系性の深さが着実に進展してきていることを確認することができた。しかし「学」の深化と体系化だけでは、実践性を支える実証科学としての意味を強めることには必ずしもつながらないことを忘れてはならない。箕浦が述べているように、学校や高等教育全体を含んだ意味体系を変革するためには、「学」が政策にも影響を与え、反映されねばならないと考える。今回の実証分析結果は、政策に関する研究自体の発表や掲載論文本数の少なさと、異文化間教育と政策を統合した論文数が限定的であること、かつ政策の焦点を当てている分野も限られていることを示している。具体的に政策に焦点を当てている研究は、他国を対象とし、かつ他国の言語政策や多文化政策を事例として扱っているケースが多く、日本国内の異文化間教育に関する政策を扱ったものはほとんど見られなかった。しかし、研究と政策との関連性は、実証科学としての異文化間教育学を実践科学としての意味体系を制度化するためにも、看過できるものではない。

異文化間教育学の制度化と前節で示した新しい実践の場の模索という挑戦、すなわち、「学」の深化と体系化に、江淵、箕浦が指摘したマクロな視覚を加えることによって、実践性を支える実証科学としての意味を強化するのではないだろうか。学校や高等教育全体を包摂する意味体系を変革するためには、「学」が政策にも影響を与え、反映されねばならない。高等教育研究者である濱中は、2008年に開催された日本高等教育学会の10周年記念シンポジウムにおいて、「高等教育政策の研究」と「高等教育の政策研究」という政策談義の2つの流れを整理し、問題設定を行った。前者は議論のスタートに政策があり、そこから問いを立て実態を検証、政策議論にもどるもの、後者はまず実態をみて、そこから必要な政策を考えるものと整理がされている。濱中は現在の流れのなかで、後者の実態をみて必要な政策を考える研究が高等教育研究において脆弱になってきていることに警鐘をならしている（濱中 2008：5-6）。元来、政策研究が活発で、実績も蓄積されてきた高等教育研究と異文化間教育を同列に論じる必要はないが、筆者は、研究と豊富な実践を合わせ持つ「異文化間教育学」であるからこそ、この後者の実態をみて、そこから必要な政策を考える過程に何らかの貢献あるいは寄与ができるのではないかと考えている。次節では、筆者の研究分野でもある高等教育における教育課程を通じての学生の成果の獲得に多文化・異文化という視点が反映されているのかについて検討する。

3　高等教育における異文化間リテラシーの獲得

　2008年3月に「中央教育審議会大学分科会制度・教育部会」による審議のまとめ『学士課程教育の再構築に向けて』が公表され、2008年10月の「大学分科会」において『学士課程教育の構築に向けて』の答申案が了承された。本答申案においては、それまでの高等教育の審議の結実として、学士課程教育の構築が日本の将来にとって喫緊の課題であるとし、その問題意識として最初に、「グローバルな知識基盤社会、学習社会において、我が国の学士課程教育は、未来の社会を支え、より良いものとする「21世紀型市民」を幅広く育成するという公共的な使命を果たし、社会らかの信頼に応えていく必要がある。」ことが明記されている（中央教育審議会 2008：1）。第2章「学士課程教育におけ

る方針の明確化」では、国によって行われるべき支援・取組として、「国として、学士課程で育成する21世紀型市民の内容に関する参考指針を示すことにより、各大学における学位授与の方針等の策定や分野別の質保証枠組みづくりを促進・支援する」ことが述べられている。具体的に、各専攻分野を通じて培う学士力の参考指針として、1.知識・理解、2.汎用的技能、3.態度・志向性、4.統合的な学習経験が挙げられている。この1.知識・理解の（1）として多文化・異文化に関する知識の理解が提示されている（中央教育審議会 2008：8-13）。答申案の問題意識から、多文化・異文化に関する知識の理解はグローバル化した社会における21世紀型市民としての不可欠な要素であると文部科学省は認識しているとみなすことができるが、はたして答申案で示されている多文化・異文化に関する知識の理解をどうとらえているのか、そして実際に各教育段階、とりわけ高等教育段階においてそれらを育成する土壌が存在しているのか、その方向性についての合意はあるのか。21世紀の知識基盤社会に向けての人材の養成という目標に向けて学士課程教育を充実し、具体的な成果が求められているのは日本だけの現象ではなく、ほとんどの先進諸国の高等教育機関さらには開発国の高等教育機関が直面している課題であることは、各国の高等教育に関する報告書や論文にも大いに反映されている。

　ハーバード大学が2007年に公表した一般教育対策本部による報告書においても、一般教育の重要性が示され、今後充実していくべき領域として「世界の社会」、「世界の中の米国」が提示されているが、そこには多文化・異文化という観点が色濃く反映されている（The Task Force on General Education 2007）。また、2006年以降、学士課程教育の改革が進められているメルボルン大学では、卒業生が身につけるべきアトリビュートとして、「国内および国外の社会で活躍できるように技能と能力を持つこと」が提示され、技能と能力の説明として「国際性かつ世界観を備え、社会的、文化的多様性の理解が十分にできること」が挙げられている（山田 2008：179）。アメリカやオーストラリアの大学においても学生が身につけるべき要素として示されている多文化・異文化の知識・技能を本章では異文化間リテラシーと定義づけをする。

　この異文化間リテラシーを獲得するうえでの方向性は2つに分類されるが、それぞれが交差することによって異文化間リテラシーは広がりを持つと思われ

る。第一は、グローバル化した社会での「知識基盤社会」に適合する 21 世紀型市民、すなわちグローバル化した世界市場のなかでの国際競争力を持った人材を育成するという方向性である。第二は、様々な文化という事象を多文化・異文化の視点から捉えられるようになるという方向性である。

　第一の方向性と高等教育との関係性という点からみると、企業や労働市場が求める力と第一の方向性の親和性は高い。それゆえ、この方向性を重視すると、グローバル市場での競争力を支えるための人材育成に重点が置かれ、優れた語学力、問題発見力、問題解決力、交渉力、リーダーシップ等が高等教育の到達目標として提示されることが多くなる。現在、多くの日本の大学が、海外大学との研究や教育の推進をめざしての学術協定の促進、ネットワーク化、スタディ・アブロードプログラムの充実、留学生の受け入れの促進および日本からの外国大学への留学生増加計画など進展している一連の「大学の国際化戦略」は、この第一の分類に相当する。ボローニャプロセス以後のヨーロッパの高等教育機関も、第一の方向に加速化しており、留学生確保と並行して、自国の学生の国際化の重点化が特徴である。グローバル化の対応として、学生の短期、中期、長期の海外体験プログラムの増強が具体例である。

　アメリカの高等教育機関においても、長期・短期の海外教育プログラムを充実するなど、学生の国際化を大学の使命として設定し、そのためのプログラムを積極的に展開する高等教育機関が増加している。これらも第一の方向性を意識した動向と位置づけられる。

　一方で、キーランは多文化・異文化に関連する教育方法は、知識の習得という知性・認知面に焦点をあてるトップダウン・アプローチと個人の情緒的な側面の発達、すなわち多文化・異文化を知識として理解するだけでなく、個人の内面の省察へと結び付けていくボトムアップ・アプローチに分類できるとしている（Kieran 2005: 313-332）。ボトムアップ・アプローチは、単に知識を提供するように埋め込まれた伝統的なカリキュラムを通じて学生に多文化や異文化を学ばせるだけでなく、実践の段階につながる可能性を伴っている。「多文化共生社会」を目指すとすれば、知識だけでなく、実践と個人の内面の省察といった側面の育成を看過することはできない。

　さらには、ある集団の文化をその集団の固有の文化あるいは自然な総体とし

表1-2 日米学生の多文化・異文化に関する大学での経験[9]

経験した比率（%）

大学での経験	アメリカ 2005	日本 2005	日本 2007
人権や民族に関する授業の履修	41.2	34.4	39.2
女性学の授業の履修	22.6	10.6	20.2
異文化理解体験	27.6	7.0	7.3
海外研修プログラムへの参加	23.3	7.6	5.8

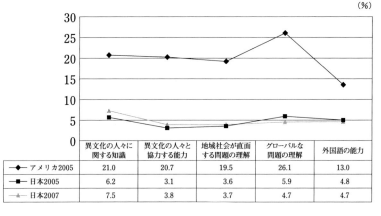

図1-1 日米学生の多文化・異文化に関する学習成果（ラーニング・アウトカム）

てみなす見方である「文化本質主義」を克服して、「多文化主義」にもとづく実践面をカリキュラムや教育方法に反映していかない限り、メルボルン大学がアトリビュートとして掲げているような社会的、文化的多様性の十分な理解を実現することは難しいと思われる。しかし、答申案に掲げられている学生が獲得すべき多文化・異文化の知識と理解の背景にはこのような視点にもとづく論点は見当たらず、政策課題としてこの視点が取り上げられているようには見えない。

　筆者が実施してきた学生調査データから、日米の4年制大学の2～4年生の大学での経験と学習成果（ラーニング・アウトカム）に関する自己評価（アセスメ

ント）結果を示す（図1-1）。表1-2には多文化・異文化に関する大学内での経験を示しているが、「人権や民族に関する授業の履修」についてはそれほど日米の差は生じていない。「女性学の授業の履修」についても、日本の学生の履修経験も年々増加していることが示されている。一方で、日本の学生の「異文化理解体験プログラムや海外研修プログラムへの参加の経験」はかなり低いことが示されている。これらの結果は、異文化間教育学会のアンケートで示された授業の実施状況と整合的である。しかし、表1-2の成果と獲得に関する学生の自己評価結果からは、日本の学生の多文化・異文化に関する成果の評価が相当低いことから、カリキュラム改革を実施する際に「多文化・異文化に関する知識の理解」が「21世紀型市民」の必須として認識されていない可能性や、知識の理解だけではなく実践への架橋を意識した教育課程が構築されていないことが、要因のひとつであると推察される。より多くの学生を対象に異文化間リテラシーの獲得をめざすとすれば、専門教育だけでなく、一般教育あるいは教養教育のなかに、必修として多文化・異文化関連科目を位置づけることが必至であろう。アメリカの高等教育において多文化・異文化という視点がどのように教育課程や教授法に反映されているかを次節で検証してみる。

4　アメリカの高等教育機関における多文化主義を取り入れた教育プログラム

　新自由主義をベースとした高等教育政策ではグローバル化した社会での競争力のある人材の育成という目標が高等教育政策の基本であることは先述した。しかし、アメリカの高等教育機関においては、2001年9月11日以降、多文化主義の進展が停滞しているという見方がある一方で、多文化主義を取り入れた教育課程や教授法への反映が依然として実質化されていることは、先に示した日米の学生調査結果とも整合的である。

　アメリカに限らず、多様な民族・人種から成り立つ国家においては国民統合をいかに実施するかは大きな国家的課題として位置づけられている。アメリカでは、長らくその国民統合のひとつの象徴が「アメリカ化教育」であったことは周知のとおりである。「アメリカ化教育」に象徴されるように、例えば50年

代の統合の根底にあった概念は、ホワイト・アングロサクソン・プロテスタントの主流文化の存在を前提とし、それへの同調、同化が統合の達成として認識されていた。しかし、ワスプ（WASP）の持つ主流文化への同化への痛烈な意義申し立ての登場が公民権運動およびその後の文化多元主義から多文化主義への基盤となっている。

　松尾（2007）はアメリカにおける文化多元主義から多文化主義への移行過程を分析し、ニュータイムズの到来により多文化主義が一般化したと論じている。松尾（2007：20-35）によれば、ニュータイムズとは、安定性、固定性、同質性の特徴をもつ構造化された社会から、流動性、偶然性、多様性を持つ社会への移行を意味しており、異なる文化の理解と尊重を通して多様性の統一をめざす文化多元主義の理念は、ニュータイムズ以前の固定的な文化ポリティックスを前提とする。しかし、この文化多元主義には、権力作用という視点の欠如と本質主義を克服できないという欠点を伴っている。文化多元主義にかわる概念が「脱中心化」、「多様性の多様化」、「ハイブリッド性」を枠組みとする多文化主義である。

　多文化主義は政治的、社会的な条件によって取り入れられている定義は様々である。バンクス編の *Multicultural Education: Issues and Perspectives* 第三版のグローサリ編では、多文化主義は、「多元的な社会におけるジェンダー、民族、人種、そして文化面での多様性が教育機関の構造、すなわち教職員、規範と価値、カリキュラム、および学生団体に反映されるべきであるという哲学的な立場と運動である」と定義づけられ、教育という側面が強調されている。それゆえ、バンクスによると「多文化主義教育（Multicultural Education）は、学校やその他の教育環境において、すべての階級、階層、人種、民族、ジェンダー、文化的背景の児童、生徒、学生に平等な教育の機会を保障するための概念であると同時に、教育改革運動であり、そしてその過程そのものである」となる。第一に低所得者層、人種・民族的少数派、女子生徒、障害を持つ生徒の声、経験などをカリキュラムに組み込むというカリキュラム改革であり、第二にこれらの集団に属する生徒の学力達成に向けての支援、第三にこれらの集団に属する生徒の間の教育を普遍化するということに置き換えられる。現在では、「脱中心化」、「多様性の多様化」、「ハイブリッド性」が多文化主義の概念とし

て研究のみならず教育の現場にも広がりつつある。

　ワスプを中心とする主流派が「アメリカ化教育」、すなわち文化的同化を推進してきたとしても、メリトクラシー（業績主義）が機能しにくい人種・民族的少数派、女性などの社会的少数派が同化するという構造的同化が達成されない限り、問題の解決にはつながらない。高等教育は構造的同化を達成するための機能を伴っている。したがって、アファーマティブ・アクション（少数者差別撤廃措置）が高等教育にも適用されたことが、社会的少数者の進学率の向上という成果をもたらし、構造的同化の一歩となったことは評価されるべき側面であろう。しかし、教育課程を変革するプロセスに、文化多元主義、および多文化主義の視点が反映されなければ、構造的同化を推進することは容易ではない。

　そこで、大学教育の根幹をなす教育課程という面に着目し、どのような点が批判の対象となり、どのような改革がなされたのかを考察する。

　第二次世界大戦以降、多くのアメリカの大学では「西洋文明」という科目が一般教育科目として提供されるようになった。この科目は1910年代に一般教育科目のカリキュラム構築にかなり力をいれたコロンビア大学において導入されたのが始まりである。ハーバード大学の一般教育に関する委員会は1945年に、「西洋文明」という科目の意味は、「アメリカの歴史と民主主義や自由社会の理念を教えるとともに、西洋文明の伝統を教え、国の統一の基礎となる知識をアメリカ人に教えること」にあるとした。ヨーロッパ史を中心とする歴史教育により、「文明」の考え方を教えるという価値がここには反映されていた。1950年代後半には、西洋文明と世界史が同義ではないこと、西洋が人間の発展の中心ではないという批判がなされ、その対応策として「東洋文明」に関する科目が多くの大学に導入されたが、あくまでも比較の対象としての「東洋文明」であり、西洋文明中心のパラダイムには変化はなかった。

　1970年代から80年代にかけて、公民権運動の広がりに伴う文化的多元主義の登場と80年代後半以降の多文化主義の浸透により、多くの大学の一般教育の見直しの流れのなかで西洋中心の歴史教育の改革が行われた。具体的には、黒人の歴史や研究、ヒスパニック、アジア系の歴史や研究などが一般教育および学問分野として教育課程やプログラムとして設置された。同様に、女性学

(Women's Studies)が女性学研究として女子大から始まって、その後多くの大学の教育課程に組み入れられたが、まだこの時期においては「脱中心化」、「多様性の多様化」、「ハイブリッド性」を枠組みとする多文化主義を反映した教育課程やプログラムの要素は含まれていなかった。

　一方で、多文化主義への反発も広がったが、その象徴的な出来事は1987年にスタンフォード大学の「西洋文化」科目をめぐる論争であろう。スタンフォード大学は1980年より「西洋文化」を新入生の必修としてきたことから、西洋中心主義であるとの批判を受け、1989年より「文化、思想、価値」科目にカリキュラム改革した。この動きは全米の大学に広がり、多くの大学で同様のカリキュラム改革を実施したが、この論争をきっかけに、西欧文化の退位を求める派と西欧文化の卓説性を主張する派との間の文化論争へと発展した経緯がある。しかし、多文化主義の広がりにより、それまで無視されてきた、社会的少数派の歴史や、価値、彼らの立場から考察した歴史などが大学教育のなかで教えられるようになった功績は大きく、スタンフォード大学のカリキュラム論争が大学における多文化化を促進する要因となったことは否定できない（山田2005：215-219）。研究の推進と研究者を再生産していくという高等教育機能は専門教育と大学院のプログラムで主に実施されるが、21世紀型市民に必要な教養のひとつが異文化間リテラシーであるという認識に立てば、スタンフォード大学のカリキュラム改革およびハーバード大学の2007年の一般教育に向けての報告書に反映されているように、教養教育あるいは一般教育を通じてより多くの学生を対象に、多文化・異文化関連科目が設置されることが必至となるだろう。

5　提言

　「学士力」の要素のひとつとして提示されている多文化・異文化の知識・理解は本章で検証してきたように、現在アメリカの高等教育機関で多文化主義にもとづいた教育課程や教授法を通じて培われている異文化間リテラシーとは様相も異なるものと思われる。さらに、高等教育段階のみで異文化間リテラシーは育成されるのではなく、そこには初等・中等教育との接続および教師教育に

包摂されている多文化・異文化の要素が統合されてこそ、総体としての異文化間リテラシーが社会に普遍化する。

『異文化間教育』第 25 号（2005）では「異文化間教育と教師」を特集として取り上げた。いわゆる異文化間リテラシーが 21 世紀には必須になりつつあるという状況のなかで、教員養成課程に異文化間リテラシーを育成する教育課程や教授法の導入が推進されるべきという認識があったのだが、実際の教員養成課程や 2008 年から始動した教職大学院の教育課程においても、多文化や異文化関連科目が必修として位置づけられているところはそれほど多くはない。田渕は「子どもたちの民族や文化の多様性を肯定的に評価し、日本の学校文化の「隠れたカリキュラム」への自覚を持つ」という異文化間教育的視点を挙げ、日本の教師教育のシステムにこの資質育成が本質的に欠如していることを指摘している（2007：45-57）。

研究動向の推移にも見られるように、近年では在日外国人やニューカマーを対象として取り上げた発表や論文が増加している。そして当該研究は、ニューカマーと深く関わっている教師の資質に関連しているだけでなく、教師教育全体の使命との関連性も見逃せない。

このことから鑑みると、異文化間リテラシーの獲得を教師教育に関する政策課題として掲げ、政策的に教育の場に浸透させてきているアメリカやドイツの[11)]教師教育と比較すると日本における教師教育はグローバリゼーションという 21 世紀の流れに十分に対処できているとは言いがたい。いうなれば、多文化主義を教員養成課程や教授法に反映させることを政策課題として掲げない限り、指摘されている本質的な問題の解決は容易ではない。

次に、研究の視点から異文化間教育が取り組むべき課題について考察してみよう。研究には基礎研究と応用研究が存在すると同様に知識のモードにも基礎と応用といった側面が内包されている。基礎部分が長く続く学問を支える土台であるとするならば、応用という側面は世の中に「知識・学」を広く普及させることにより、学会というひとつの共同体の内部だけで「学」を完結させるのではなく、一般の人たちがそうした学問を理解し、社会にも還元していくという外部に知や学を開いていく役割を担っている。学を体系化させる役割を、学会や学の後継者を育成する大学が担うとすれば、それらを一般社会に普及・還

元する過程における初等・中等教育を主とする学校現場の意味は重く、教師の役割も多大である。そして教師を通じて、学校現場をより意味体系から社会体系への架橋とするためにも「異文化間教育的視点」を教育の場に反映させるということが政策課題として取り上げられていかなければならない。この点において、21世紀を視野にいれて異文化間教育学がいかにマクロ的視点に立脚し、政策課題にも関わっていくかは今後の展望といえるのではないか。換言すれば、異文化間教育学にかかわっている会員が自らの研究や実践と政策との接点をどう見据え、つなげていくかという点も今後の大きな課題であろう。

　多文化共生社会を実現していくためには、多文化・異文化の知識だけではなく、さまざまな場においての「権力との関係性」、「多様性」、「ハイブリッド性」等に象徴される多文化主義を実践できる力が必至となる。そうであるならば、異文化間教育に携わっている研究者やすべての段階の教員に教育課程構築や教授法の開発において期待される役割は大きい。異文化間教育の研究者、実践者の専門領域は幅広く、活動の場も高等教育、初等・中等教育、地域等と広がりがあることから、国、地域、学校レベルにおける政策へのかかわり、あるいは学協会とのネットワーク化も視野にいれることも実現の範囲となる。研究と豊富な実践という特徴を併せ持つ「異文化間教育学」であるからこそ、実態をみて必要な政策を考える過程への貢献が期待できるのではないだろうか。

　最後に、具体的な提言案を提示する。現在、文科省による全国学力テストが小学生と中学生を対象に実施されている。本テストの目的のひとつに、ある学年の児童・生徒が望ましいとされるレベルに児童・生徒が到達しているかどうかを把握し、カリキュラムをはじめとする教育改善につなげていくことが挙げられている。しかし、ニューカマーの児童・生徒たちのグループを本調査では把握することは不可能となっている。欧米で実施されている同様の学力テストでは、既に移民の子供たちの学力到達度を把握し、その結果によってカリキュラム改革や教授法の改善など移民の子供たちの教育へ活かすような設計と実践がなされている。一方、現在の日本では、各教員や支援者がニューカマーの児童・生徒の学力に個別に対処するという状況、すなわち個人的な対処に留まっている。しかし、ニューカマーが増加し、かつ今後も国際間の移動や越境がより頻繁になるとすれば、学力調査結果とニューカマーの児童・生徒の教育との

関係性を把握し、もし支援策が必要であるならば、結びつけていくということを政策課題としてとりあげることが不可欠であろう。そして、こうした分野での研究・実践を持つ異文化間教育の関係者が政策の具現化に積極的に貢献することが求められる。

注
1) 『異文化間教育』第7号では、特集として多文化教育と外国人教育が組まれている。
2) 異文化間教育学会が2004年10月に実施した「異文化間教育に関する授業についてのアンケート」中間報告より抜粋した。
3) 前掲中間報告結果をもとに分類した。
4) 例えば高等教育学会における2004年度の大学院生の比率である12.4%よりも4ポイントほど高い結果を示している。
5) 江淵一公(1996)「異文化間教育学の可能性」『異文化間教育』第10号、異文化間教育学会(アカデミア出版会)、11ページ、15-16ページ。
6) 箕浦康子(1998)「異文化間教育の実践的展開」『異文化間教育』第12号、異文化間教育学会(アカデミア出版会)、7-15ページ。
7) 天野正治(1998)「ドイツの学校における異文化間教育」『異文化間教育』第12号、異文化間教育学会(アカデミア出版会)、45-63ページ。
8) 江淵一公(1996)「異文化間教育学の可能性」『異文化間教育』第10号、異文化間教育学会(アカデミア出版会)、15-16ページ。
9) 表1-1、図1-1に表示している自己評価はCSS2005、JCSS2005、JCSS2007の3つの学生調査結果をもとに作成した。CSS2005は米国の4年制大学に在学して3年から4年になる学生30,188人(男性11,367人、女性18,821人)という公表されているデータである。JCSS2005は、2005年10月から2006年1月にかけて調査を実施し、国公私立4年制大学8校の学生3,961人からの回答を得た。JCSS2007は国公私立4年制大学14校と短期大学2校の16校が2007年12月から2008年1月に調査に参加し6,228人からの回答を得た。
10) 全般的にアメリカの学生の自己評価が高いという傾向により、数値の比較の妥当性については検証していく必要がある。
11) 中山あおい(2007)「言語的、文化的多様性に対するドイツの教師教育」『異文化教育』25、異文化間教育学会(アカデミア出版会)、35-44ページ。

引用・参考文献

天野正治（1998）「ドイツの学校における異文化間教育」『異文化間教育』12、異文化間教育学会（アカデミア出版会）、45-63.
江淵一公（1996）「異文化間教育学の可能性」『異文化間教育』10　異文化間教育学会（アカデミア出版会）15-16.
小島勝（2005）「異文化間教育に関する横断的研究―共通のパラダイムを求めて―」『異文化間教育』23、異文化間教育学会（アカデミア出版会）、3-19.
小林哲也（1996）「指定討論Ⅰ　異文化間教育学の可能性―学会15年の回顧と展望」、『異文化間教育』10、異文化間教育学会（アカデミア出版会）、89-98.
佐藤郡衛（2008）「私と異文化間教育学とのかかわり」『異文化間教育』27　異文化間教育学会（アカデミア出版会）、20-31.
田渕五十生（2007）「日本の教師教育と異文化間教育」『異文化間教育』25　異文化間教育学会（アカデミア出版会）、45-57.
中央教育審議会（2008）『学士課程教育の構築に向けて』中央教育審議会答申.
中山あおい（2007）「言語的、文化的多様性に対するドイツの教師教育」『異文化間教育』25、異文化間教育学会（アカデミア出版会）、35-44.
濱中淳子（2008）『日本高等教育学会ニューズレター』No.21　July　日本高等教育学会、5-6.
松尾知明（2007）『アメリカ多文化教育の再構築―文化多元主義から多文化主義へ―』明石書店、209.
松浦真理（2006）「異文化間教育に関する授業の現状と課題―異文化間教育学会のアンケートの分析を手がかりに―」『異文化間教育』23　異文化間教育学会（アカデミア出版会）84-94.
箕浦康子（1998）「異文化間教育の実践的展開」『異文化間教育』12　異文化間教育学会（アカデミア出版会）、7-15.
森茂岳雄、2007、「アメリカにおける多文化教師教育の展開と課題―日本の教師教育に示唆するもの」『異文化間教育』25、異文化間教育学会（アカデミア出版会）、22-34.
山田礼子（2005）「大学における異文化間教育―多文化主義の挑戦に応えるカリキュラム構築にむけて」『教育文化学への挑戦―多文化交流からみた学校教育と生涯学習』同志社大学教育文化学研究室編、明石書店、210-237.
山田礼子（2008）「異文化間教育25年間の軌跡―大会発表と学会紀要から見る研究動向―」『異文化間教育』27、異文化間教育学会（アカデミア出版会）、47-61.
山田礼子（2008）『アメリカの学生獲得戦略』玉川大学出版部、190.
Alfaro, C. (2008). "Global Student Teaching Experiences: Stories Bridging Cultural and Inter-Cultural Difference." *Multicultural Education*, Vol. 15, Issue. 4, 20-26.
Banks, J. A., Banks, M. A., Cherry. (Eds). (1997). *Multicultural Education: Issues and Perspectives*, Boston: Allyn and Bacon.

Deardorff, D.K. (2004). "In Search of Intercultural Competence." *International Educator*, Vol. 13, No. 2, 13–15.

Fischer, K. (2008). "Flat World' Lessons for Real-World Students." *The Education Digest*, Vol. 73, No. 7, 10–13.

Gibson, K. L., Rimmington, G. M., Landwehr-Brown, M. (2008). "Developing Global Awareness and Responsible World Citizenship with Global Learning." *Roeper Review*, Vol. 30, No. 1, 11–23.

Kieran, J. (2005). "International Education: The Concept, and its Relationship to Intercultural Education." *Journal of Research in International Education*, Vol. 4, No. 3, 313–332.

Morrier, M.J., Irving, M. A., Dandy, E., Dmitriyev, U., Ikechukwu, C. (2007). "Teaching and Learning within and across Cultures: Education Requirements across the United States." *Multicultural Education*, Vol. 14, Issue.3, 32–40.

Munro, J. (2007). "Fostering Internationally Referenced Vocational Knowledge: A Challenge for International Curricula." *Journal of Research in International Education*, Vol. 6, (1), 67–93.

The Task Force on General Education. (2007). *Report of the Task Force on General Education*, http://www.fas.harvard.edu/~secfas/General_Education_Final_Report.pdf.11/25/08.

第2章

多文化共生をめざすカリキュラムの開発と実践

森茂岳雄

1　はじめに

　これまで、多文化共生にむけた教育の取り組みは、マイノリティである在日外国人児童生徒、特に近年はニューカマーの児童生徒のための教育支援の問題として実践され、語られてきた。なかでも、外国人児童生徒のためのカリキュラムづくりについては、国レベルでは、文部科学省が日本語を第一言語（母語）としない児童生徒を対象に、教室での学びに日本語で参加できる「学ぶ力」を養うための学習支援として「JSL（Japanese as Second Language）カリキュラム」の開発を行っている。また、学校レベルのカリキュラム開発の例としては、教師を始め、研究者、ボランティア、通訳、地域の外国人青年が関わって行われた神奈川県大和市立下福田中学校における実践的研究がある。同校では、正規のカリキュラムの枠内に「選択教科『国際』」を設け、外国人生徒自身が自国の歴史や伝統、親たちが日本に来るにいたった経緯、外国人として日本に暮らすことの意味等を学習する時間として位置づけた（清水・児島編2006）。この取り組みは、「日本人のための、日本の学校」の中で「外国人のための」カリキュラムづくりを実践したという意味で注目される。

　しかし、多文化共生にむけての教育の取り組みは、マイノリティの児童生徒のための教育支援と同時に、マジョリティである日本人児童生徒を含むすべての児童生徒に多文化共生にむけての資質をいかに育成するかという視点で考えることが重要である。なぜなら、マジョリティの意識（価値）変革なしに多文

化共生はあり得ないからである。この点については、オーストラリアにおける多文化共生の現実を分析したガッサン・ハージ（Ghassan Hage）の主張を受けて岩渕功一がまとめているように、「中心にいる不可視のマジョリティが自らを根本的に変革することなく、自分たちに有利な文化多様性だけを許容するなら、社会の一員として共に社会を構成してより包括的な社会へと変革していく共生の発想とは根本的に異なるだけでなく、それを抑圧するものでさえある」（岩渕 2010：16-17）。そこでマジョリティの意識変革のためには、教育においては日本の学校の持つ支配的な価値（日本的学校文化）を相対化し、カリキュラムを含む学校環境全体の構造的改革（Banks 2008: 36-38）が不可欠であり、特にカリキュラム開発についても包括的で継続的な取り組み（Banks 2008: 41）が重要になる。[1]

本章では、その包括的な学校環境の中からマジョリティの児童生徒を含むすべての子どものためのカリキュラム開発に焦点を当て、(1) 多文化カリキュラム改革のアプローチや基本的視点を示しているバンクス（James A. Banks）の理論の検討を通して、学校における多文化共生にむけてのカリキュラム開発の視点を提出し、(2) それらを分析視点として、日本において多文化共生をめざして取り組まれたカリキュラム開発の事例を検討し、多文化共生にむけてのカリキュラム開発の課題を提出するとともに、(3) 以上を踏まえ、多文化共生のカリキュラム開発にむけた実践の課題を提出したい。

2　多文化共生のカリキュラム開発の視点
──思考モデルとしてのJ. A. バンクスの多文化カリキュラム論

バンクスは、「多文化教育は有色で多様な言語をもつ生徒だけでなく、主流の白人生徒にもかかわるものである」（Banks 2008: 42）と述べ、多文化教育をすべての生徒のための戦略として概念化することの重要性を主張している。

カリキュラムについては、アメリカの学校や大学において白人中心、男性優位のカリキュラムが主流として支配していることを指摘し、「カリキュラムを改革することによって、より真実で、包括的で、そしてアメリカ社会を形成する多様な集団や文化の歴史や経験を反映」（Banks 2008: 47）したもの、すなわ

ち人種／民族、社会階層、ジェンダー、障害、宗教など、トータルな視点（Banks 2010: 14）から構想されなければならないことを主張している。そして、多文化カリキュラム改革へのアプローチとして次の4つのレベルをあげている（Banks 2006: 59-62; Banks 2008: 47-49）。

レベル1：貢献アプローチ（The Contribution Approach）
　　民族集団および文化集団に関する内容が、基本的に各集団の祝祭や英雄に限定されているもの。
レベル2：付加アプローチ（The Additive Approach）
　　各集団の文化的内容、概念、テーマを既存のカリキュラムに付け加えるもの。
レベル3：変換アプローチ（The Transformative Approach）
　　カリキュラムの原理やパラダイム、及び基本的な前提を変え、生徒が異なった視点から概念や論点、テーマ、問題を考察することを可能にするもの。
レベル4：社会行動アプローチ（The Social Action Approach）
　　変換カリキュラムをさらに発展させて、学習した概念や問題、論点に関連した個人的、社会的、市民的な行動プロジェクトや活動に取り組む能力を生徒に身につけさせるもの。

　レベル1・2のアプローチは、従来からのカリキュラムの基本的な構造や原則を変えるものではないとし、理想的には多文化カリキュラムは、レベル3・4のようなカリキュラムのパラダイム転換を伴うものでなければならないとしている。すなわち、従来のカリキュラムを支配していたマジョリティ中心の教育内容を脱中心化し、生徒が多様な民族や文化の視点に立って、概念や出来事、人々を理解し、また知識を社会的に構築されたものとして理解するよう支援することである[2]。
　バンクスはこのようなカリキュラム改革の基本的視点に立って、多文化カリキュラム開発のアプローチとして「概念的多文化カリキュラム」（Conceptual Multicultural Curriculum）を提唱している。そのカリキュラム開発は、次の5

つの手順によって行われる (Banks 2008: 67-69)。

① 基本概念 (Key Concepts) を選択し、その概念を中心にカリキュラムを組み立てる。
② 選ばれた各基本概念に関連した基本的、または普遍的な通則 (Generalizations) を示す。
③ 各基本概念に関連した中間レベルの通則を示す。
④ 基本概念が教えられる各教科の領域において、基本的な通則に関する低次レベルの通則を示す。
⑤ 概念や通則を教えるための教授戦略と活動を定式化する。

ここで、多文化カリキュラムを構成する基本概念は学際的でなければならないとして、次のような概念群をあげている（**表2-1**）。

表2-1　多文化カリキュラムの基本概念（Banks, 2009：58）

- 文化、エスニシティとそれに関係する概念（文化、民族集団、民族的少数集団、民族意識の段階、民族的多様性、文化同化、文化変容、コミュニティ文化）
- 社会化とそれに関する概念（社会化、偏見、差別、人種、人種差別、自民族中心主義、価値）
- 異文化間コミュニケーションとそれに関係する概念（コミュニケーション、異文化間コミュニケーション、知覚、歴史的偏向）
- 権力とそれに関係する概念（権力、社会的抗議と社会的抵抗）
- 民族集団の移動に関する概念（移住、移民）

ここで概念が学際的であるというのは、それによって構成される学習内容が多様な教科からアプローチできるということである。例えば、「権力とそれに関する概念」の一つである「社会的抗議」(Social Protest) という概念は、政治システムや社会制度において現れたものとしては社会科の領域で、言語や文学による「抗議」表現は国語で、美術や音楽やダンスによる表現は芸術で扱う

ことができる（Banks 2009: 56）。

以上のバンクスの多文化教育論（多文化カリキュラム論）の検討を通して、多文化カリキュラム開発の視点として、次の7つが明らかになった。これらは、多文化教育のカリキュラム開発を考える際の思考モデルとなる。

① 多文化カリキュラムは、マジョリティ、マイノリティを含むすべての児童生徒のための戦略として考えられなければならない。
② 多文化カリキュラムは、マジョリティの視点で構成された教育内容を脱中心化し、多様な視点で構成されなければならない。
③ 多文化カリキュラムは、人種／民族、社会階層、ジェンダー、障害、宗教など、トータルな視点から構想されなければならない。
④ 多文化カリキュラムは、学際的な概念で構成されなければならない。
⑤ 多文化カリキュラムは、単に知識（概念や問題）の習得だけでなく、それに関する意思決定や行動の形成につながっていかなければならない。
⑥ 多文化カリキュラムの開発には、包括的で継続的な取り組みが重要である。
⑦ 多文化カリキュラムの開発には、それと密接に関わるトータルな学校環境の改革の視点が必要である。

以下では、上記を分析視点にして、日本における多文化共生にむけたカリキュラム開発の先行事例の中から学会、学校、教師によって取り組まれた3つの事例を取り上げ、その特色と意義について検討する。

3　国際理解教育のカリキュラム開発と学習領域「多文化社会」の構想
　　——学会の取り組み

まず、日本国際理解教育学会が行ったカリキュラム開発の共同研究の取り組みを取り上げる。同学会は、2003年〜2005年度に科学研究費補助金を受け、学会に所属するさまざまな分野の研究者・実践者を集結し、「グローバル時代、多文化共生時代に対応した国際理解教育のカリキュラム開発に関する研究」[4]を

行った。その実践研究分科会では、国際理解教育のカリキュラム開発に関する先行研究の検討を通して、従来の研究の問題点や課題を抽出し、それを踏まえて主に総合的な学習の時間を想定した国際理解教育の学習領域や主な学習内容等の基本枠組み（構想カリキュラム）を設定し、それぞれの学習領域ごとに研究者と実践者がチームになってモデル・カリキュラム（実践カリキュラム）を開発し、実践検証を行った。

　まず、上記の手続きによって国際理解教育の学習領域及び主な内容（括弧内）として、「A 多文化社会（1. 文化理解、2. 文化交流、3. 多文化共生）」「B グローバル社会（1. 相互依存、2. 情報化）」「C 地球的課題（1. 人権、2. 環境、3. 平和、4. 開発）」「D 未来への選択（1. 歴史認識、2. 市民意識、3. 参加・協力）」を設定し、この各領域の主な学習内容を学際的なキーワードで構成した。ここでキーワードとは、国際理解教育学の主な基盤学問である文化人類学、異文化間コミュニケーション学、国際経済学、国際政治学、国際社会学、平和学、国際開発学などにおける基礎的な概念を学習内容として、学習者の発達段階に応じて厳選したものである。このように学習領域を設定して、それを構成する概念（キーワード）を抽出し、それを中心に学習内容を設定する概念カリキュラムの方法は、先のバンクスの「概念的多文化カリキュラム」の方法と共通するものである。

　構想カリキュラムの特色の一つは、学習領域「A 多文化社会」の中に「文化理解」「文化交流」と並んで「多文化共生」を位置づけたことである。従来の国際理解教育では、主に他国理解（異文化理解）や地球規模の相互依存関係（「B グローバル社会」）と、それに伴う「C 地球的課題」を学習内容にすることが多かった。しかし、グローバル化と国内（地域）の多文化化が連動して進行する今日において、「多文化共生」を国際理解教育の学習内容として設定し、実践することが多くなってきている。なぜなら、身近な地域に異文化をもつ人々が増加している今日、身近な異文化との相互理解と共生は、世界のさまざまな文化の理解やそれとの共生にむけた礎となり、架け橋となると考えられたからである。

　本カリキュラムでは、国際理解教育の学習領域を縦軸に、学習者の発達段階を横軸として、学習内容例（表2-2）が示された。[5]

　ここで、学校（学年）段階を小学校以上、小学校高学年・中学校以上、高校

表 2-2　学習領域「A 多文化社会」「3 多文化共生」の主な学習内容例（多田編 2006：27）

学習領域		主な学習内容		
		小学校以上	小学校高学年・中学年以上	高校以上
A 多文化社会	3 多文化共生	○地域に暮らしている外国人や異なる文化をもつ人々と共に生きていくことの大切さに気づく。	●日本の地域にはアイヌなどの先住民、コリアンなどの在日外国人、さまざまな国からの外国人労働者など異なる文化をもつ人々が生活している。 ○文化的マイノリティは自らのアイデンティティをたえず意識させられるが、マジョリティはほとんど意識することはないということに気づく。 ○異なる文化を理解することは、ときに容易ではないが、ただ排除するだけではなく、異なる文化を相互に認め、理解しようとする。 ○異なる文化をもつ人々と交流するためのコミュニケーションスキルを向上させる。	●地球上に存在するさまざまな文化は、ときとして相対立する価値観をもち、それぞれの利害ともからまってジレンマを抱える場合もある（例えば外国人労働者問題）が、共に生きていくのできる社会をめざすことが重要である。 ○さまざまな文化をもつ人々が共に生きようとしていることに関心をもち、自らも共生社会の実現に向けて積極的にかかわろうとする。

(＊●は知識・理解を中心として、○は関心・意欲・態度、技能の側面を含む。)

　以上としたのは、あくまでもおおまかな段階を示すものであり、中学校段階は小学校段階の内容を含み、高校段階は小・中学校段階の内容を含むものとされている。また、学習によっては学習活動を工夫することによって同様の内容を別の学年、学校段階に設定して実施することもできるし、ある学年段階に設定された内容を学年・学校段階を通して実施することも可能である。

　本カリキュラムのもう一つの特色は、国際理解教育の学習領域の中に「D 未来への選択」を設定したことである。この領域は、A、B、Cの3領域の学習の上に立ってそこで学んだことと「学習者自らの生活や存在とのかかわりを見いだし、自己の生き方につなげていこうとする学習領域である」（多田編 2006：22）。そしてその学習領域の構造図 2-1 を示し、「どの領域を学習しても知識・理解のみに終わるのではなく、『未来への選択』にどういう形でかつながっていくのが望ましい」（多田編 2006：24）としている。このことは、「多文

図 2-1 学習領域の構造

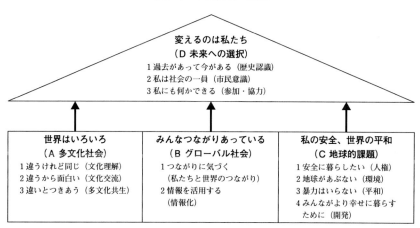

出典）日本国際理解教育学会編 2010：39.

化共生」をめざすカリキュラムが単に知識・理解の問題ではなく、最終的には学習者の主体的な参加（意思決定）や行動にむけて未来に拓かれたものとして構想されなければならないことを示唆している。

本研究は、すべての児童生徒を対象にした（視点①）国際理解教育の学習領域の一つとして「多文化社会」を設定し、その中に「多文化共生」の内容を位置づけ、それを構成する概念を抽出し（視点④）、それを中心に主な学習内容例を学習者の発達段階に従って構想し、学年を通したカリキュラムの構造を示した点、また「多文化共生」をめざすカリキュラムが単に知識の習得だけでなく、学習者の未来にむけての主体的な参加や行動につながっていかなければならないことを示した点（視点⑤）で意義がある。

4 渡日児童と共に歩む多文化共生教育のカリキュラムづくりと実践
―― 学校全体の取り組み

次に、学校全体で取り組まれた事例を取り上げる。大阪府松原市立恵我南小学校は、2003・2004年度に文部科学省委託の「帰国・外国人児童生徒と共に進める教育の国際化推進地域事業」センター校の指定を受け、「地域・未来・

ともに歩む──多文化共生の町づくり・学校づくりをめざして」をテーマに研究を行った。同校では、1986年から中国渡日児童が在籍するようになり、1990年あたりから徐々にその数が増えはじめ、1995年以降からは中国から直接編入してくる児童数が目立って増え出し、渡日児童数が急増した。このような状況に対応して、同校は1992年に文部省から「帰国子女教育研究協力校」の指定を受け、日本語教室が設置され、これを機会に中国渡日児童教育の取り組みがはじめられた。

　この取り組みの中で、中国渡日児童への差別や偏見をなくし、真の共生を実現するには日本語教育など渡日児童への教育支援だけでなく、「渡日者の問題を周りの児童が自分の問題として共感的に受けとめることをめざす学習」（中国渡日問題学習）（松原市立恵我南小学校 2005：13）が必要との認識に立って、従来の中国渡日児童教育の取り組みの成果を引き継ぎ、さらに発展させる形で1995年から「渡日児童とともに歩む国際理解教育」という新たな実践研究に取り組んだ。

　当初の渡日教育の取り組みの柱は、①日本語指導法の研究と教材収集、②周りの児童との相互の異文化理解、③渡日児童保護者と学校との連携、④地域への啓発の4点であった。（松原市立恵我南小学校 1996：53）このような「中国渡日児童教育」から「渡日児童とともに歩む国際理解教育」へという実践の歩みの上に立って、2003・2004年度の委託研究では「多文化共生教育としての広がりと深まり」が求められた。その大きな特色は次の3つである。

① すべての児童を対象に
② 他の人権課題や地域と結んで
③ 集団づくり・学力づくりとむすんで

①は、渡日児童に対する日本語指導をはじめとする適応指導や母語である中国語学習によるアイデンティティ形成だけではなく、渡日児童を含むすべての児童が自分や仲間の中にあるさまざまな「違い」をありのままに受け止め、理解し合い、共に生きて行くことのすばらしさを認識させることを目的にしている。②は、同校の多文化共生教育が地域や家庭と連携して、人権部落問題学習、平和教育、障害教育、福祉教育、環境教育、男女共生教育等の多くの人権教育課題とつながって取り組まれているということである。③は、この取り組みに

おいて最も大切なことは児童自身が持つ多様な「違い」をまず教師がしっかり受け止め、その「違い」を大切にし合いながら共に生きる集団、児童一人ひとりにとって居場所のある学級や学校をつくっていくことが大切で、それによって「生きる力」の土台としての基礎・基本の習得が可能になるということである。

　特に②の学校と地域・家庭との連携については、「子どもたちの生きている地域、この地域の中に"国際化"の現実がある」という認識に立って、1996年から同校が所属する松原第七中学校区の地域の人々でつくる「松原第七中学校区新育成協議会」が中心となって、「七中校区がすべての国々の人々を温かく迎え、共に楽しく暮らせる地域となれる」こと、すなわち「"共生の地域"づくり」をめざして多文化交流の取り組みである「国際文化フェスタ」が行われている。このような地域の人権課題を真正面に据えた地域全体での取り組みを学校のカリキュラムと連携させて実践している点も同校の多文化共生教育の大きな特色となっている（藤井 1998：144-147）。

　同校では、以上のような視点に立って、総合的な学習の時間の導入を契機として、人権を基盤にした人権総合学習と結びついて多文化共生教育の取り組みが行われている。2003年度の多文化共生カリキュラムの学年ごとのテーマの系統性は次の通りである（松原市立恵我南小学校 2005：5）。

	人権・総合プログラム	多文化共生カリキュラム
学年の系統性	低「ともだち・だいすき」	「遊び」「家族」「校区」
	中「出会い・つながり」	「環境」「福祉」
	高「違いを豊かさに」	「労働」「生き方」「人権」

　また、これまでの多文化共生に関わる領域別の主な取り組み・教材として、**表2-3**（1～3学年部分省略）があげられている。これらの取り組みから同校の多文化共生カリキュラムの全体像が概観できる。このカリキュラムでは、「学級・学年の渡日児童の在籍有無に関わらず、全校集団づくりの観点に立って、『日本語教室』の役割や『世界の部屋』の意義、渡日児童・保護者との出会い、異文化理解等について系統的に取り組む」（松原市立恵我南小学校 2005：5）とし

表 2-3　今までの多文化共生に関わる領域別主な取り組み・教材 (松原市恵我南小学校 2005：22)

	4年	5年	6年
目標	・相手の立場に立って考え、お互いに助け合っていこうとする態度を育てる ・外国の生活や文化に関心をもち、自分たちの生活と世界の国々とのつながりを知る	・自分のくらし、仲間、そして自分と社会のつながりを考え、自分の問題としてとらえることができる ・「ちがい」の中にあるすばらしさに気づき、異文化への理解を深める	
渡日理解	◆渡日児童保護者の聞き取り 日本と中国の2つのルーツを大切にしてほしいという渡日児童に関わっての親の願いを知る ◆「わかってくれるかな」	◆渡日児童保護者の聞き取り 保護者の生い立ちや日本に来てからのこと、仕事のことなどの話を聞くことで渡日児童への理解を深める	◆渡日祖父母の聞き取り 戦争の悲惨さや「中国人・日本人」という差別に気づくとともに、強く生き抜く人々の強さに学ぶ ◆「蒼い記憶」
国際理解	◆水でつながるアジアのくらし ◆世界の国を知ろう 自分の国や文化に誇りをもって生きる人の姿に学び、自分や仲間を認め合う ◆「カレーの旅」	◆働く人の姿から地域を見つめる 「労働」の学習の中で日本で働く外国の人や渡日保護者の話を聞き、違う文化の中で働くことの苦労やがんばりを知る	◆「世界の中の日本とわたしたち」 それぞれの国に文化と伝統があることを理解し、グローバルな視野を持つ
フェスタ	◆水遊び体験 ◆中国語大型紙芝居	◆和太鼓 —地域の神社の順行太鼓・花太鼓—	◆チャング演奏
人権・同和	◆すみよい環境をもとめて 環境に関わっての自分の課題を見つけ、実践しようとする態度を身につける ◆「郷土を開いた人々」 大和川やため池の学習を通して、郷土を開いた先人の苦労を知る ◆「心の答え合わせ」	◆働く人の姿から地域を見つめる 地域の仕事場見学を通して、働く人の苦労やがんばりを知る 自分の父母の仕事の聞き取りを通して親の苦労やがんばり、誇りに気づく ◆「水俣から」	◆自分史・見つめよう伝えよう自分のこと 多くの人の願いや苦労の中で今の自分があることに気づく これからの自分について考え、希望や目標を持つ ◆渡日生の先輩の聞き取り 違いを認め合うことの大切さや前向きに生きる強さに学ぶ
男女共生	◆「じゅんこの仲間」 ◆「わたしたちの成長」 第二次性徴について理解し、それぞれの性について尊重する態度を身につける	◆CAP体験 だれもが安心して自由に生きる権利を持っていることを理解し、お互いの人権を守ることの大切さを理解する	◆「二人の猛」 「自分らしく」という観点を大切にし、違いを認め合う関係を育てる
障害学習	◆たんぽぽ学級との交流 交流を通して障害のある児童のことを理解し、共に生きる大切さに気づく ◆「共に生きたい」 ◆全校障害者理解講演会	◆たんぽぽ学級との交流 交流を通して障害のある児童のことを理解し、共に生きる態度を育てる ◆全校障害者理解講演会	◆たんぽぽ学級との交流 交流を通して障害のある児童のことを理解し、共に生きる態度を育てる ◆「ぼくのお姉さん」 障害のある人の生きざまや、その家族の思いを知る ◆全校障害者理解講演会
平和学習	◆戦争体験の聞き取り 戦争のころの様子を知り、平和を求める態度を養う ◆「一つの花」	◆戦争体験の聞き取り 戦争のころの様子を知り、平和を求める態度を養う ◆「手紙」	◆戦争体験の聞き取り 戦争のころの様子を知り、平和を求める態度を養う ◆修学旅行 ◆山岡ミチ子さんの聞き取り ◆「川とノリオ」
英会話	◆英会話体験 ゲーム等の体験活動を通して英会話に親しみ、異文化を受け止める	◆英会話体験 ゲーム等の体験活動を通して英会話に親しみ、異文化を理解する	◆英会話体験 ゲーム等の体験活動を通して英会話に親しみ、異文化を理解する

(*1～3学年省略)

ている。

　このように同校の多文化共生教育の実践は、「渡日理解」を学校の特色ある課題としながら、すべての児童を対象に（視点①）、学校―家庭（渡日保護者）―地域（地域教育協議会）が連携して、人権・同和、男女共生、障害、平和といった他の人権課題と結んで、バンクスのいう「トータルな視点」から「人権総合学習」として構想・実践され（視点③）、その継続した蓄積を各学年を通した年間のカリキュラムに整理して示したという点（視点⑥）で学校におけるカリキュラム開発の一つのモデルになるものである。

5　継続的・包括的多文化教育のカリキュラム構想と実践
　　――教師による取り組み

　第三の事例として、個人の教師による取り組みを取り上げる。上記の恵我南小学校のように、学校全体の取り組みとして継続的で、包括的な多文化共生教育のカリキュラム開発を行っている学校はあっても、一教師個人が行うことは難しい。

　中山京子（現帝京大学、元東京学芸大学附属世田谷小学校）は、教師によって「これまで報告されてきた多文化教育実践は、数年をかけて継続的に構想したものではなく、すべて一学習単元もしくは一活動事例を提案・報告したものである」と述べ、「多文化教育は一学習単元、一活動で完結するものではない。発達段階に合わせて継続的に、繰り返し多文化共生にむけた姿勢を培っていく必要がある」としている（中山 2005：209）。この主張は、バンクスの「学校における多文化教育の実施は、数週間や数年では完了しえない継続的なプロセスである。多文化教育を実施するには、学校の改善や構造的改革に向けた長期にわたる取り組みが必要である」（Banks 2008: 41）という主張に支えられたものである。

　中山はこのような問題意識に立って、以前勤務していた小学校において、一教科、一学年にとらわれず、継続的に取り組んでいくための包括的多文化教育のカリキュラム構想の視点を提示した（**図2-2**）。

　中山の構想から、ここで言う「包括的」とは次の3つの意味を持っていると

考えられる。第一は、多文化教育を実践するカリキュラムの領域（教科、道徳、特別活動、総合的な学習の時間等）の包括性である。第二は、教材や施設・設備、学校のスタッフ、地域の人的物的資源等を含むカリキュラムを支える学習環境の包括性である。第三は、民族だけではないジェンダー、障害、言語、宗教といった学習内容としての「多文化」の内実の包括性である。

そして児童の発達段階に合わせた学習の場や環境を用意する目安として、低学年から高学年にかけて「触れる」→「親しむ」→「知る」→「考える」→「行動す

図2-2　小学校における包括的多文化教育カリキュラムを構想するための視点
　　　　（中山 2005：210）

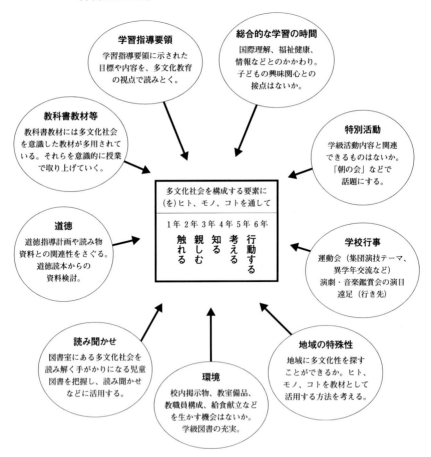

る」といった傾向性を意識してカリキュラムを構成することを提案している。すなわち、低学年期には、意味や概念を深く理解できなくても、多文化社会を構成する要素に「触れる」時間をとり、そのための環境をつくる。中学年期には、多文化に対する「親しみ」を深め、その存在や意味、社会的問題に気づいたり、「知ったり」する場や環境を用意する。高学年期は、気づきから、どうなっているのだろう、どうしてだろう、と「考え」「行動する」段階ととらえ（価値変容）、追求する場や環境を用意する。そして、中学高等学校にあがっていくにつれ、その事象をめぐる事実を把握し、歴史的背景をさぐり、多文化共生社会に生きる資質を高めていく（態度化）実践の場を用意する。ここで重要なのは、学年があがらなければ価値変容が起こらず、態度化もないということではなく、発達段階をふまえた傾向としてとらえ、それぞれの段階にあった場や環境を用意する目安とするものである。低学年期においても「考え」、「行動する」こともある一方で、高学年期に慣れ「親しむ」ことも可能であり、必要である。しかしあえて発達段階の傾向性を意識することで、教材の準備や単元づくり、包括的なカリキュラムづくりに明確な視点を示すことができる、としている（中山 2005：209）。

　中山は、図2-2で示した多文化教育のカリキュラム構想の視点をもとに、みずからが行った第4学年での実践の全体的流れをまとめている（表2-4）。

　図2-2で示した9つの包括的多文化教育カリキュラムの視点のうち、「教科学習内容（学習指導要領）」「道徳」「総合的な学習の時間」「教科書教材」「読み聞かせ」「学校行事」「環境」「地域の特殊性」の視点から、多文化共生に関する一連の学習を構成している。レベルの違う多様な視点が混在して盛り込まれているため読み取りにくいが、中山が包括的な学習の展開を意図してデザインしていることが読みとれる。例えば、教材文「手と心で読む」の学習は国語学習において展開されているが、その中の一時間分の学習から手話はろう者独自の言語形態であることをおさえ、「日本にはどんな言語を使う人がいるのだろう」と発展させ、外国語を話す人々、在日韓国・朝鮮人への気づきに導く。そして国内の民族の多様性に気づかせると同時に、アイヌをテーマとした演劇鑑賞を行っている。これは全校鑑賞であることから、中山は時期も周到に計算してこのカリキュラムを構想していたと考えられる。演劇鑑賞から先住民である

表2-4 包括的に構成した多文化教育実践例（小学校4年生）（中山 2005：211-212）

時数・認識領域等	学習内容と子どもの意識 （C：子どもからの問い、発言 T：教師からのなげかけ）	多文化教育カリキュラムを構想するための視点 *印備考
第1時： 国語	T：「手と心で読む」を読もう C：言語とは何だろう。 C：手話や点字も言語なのだろうか。 C：言葉はその人をあらわすものということがわかった。 C：点字で手紙を書いてみよう。 C：日本に違う言語を持つ人がいるとは考えていなかった。〈学習感想を書く〉	教科書教材 教科学習内容 *教材文「手と心で読む」（光村図書）は国語として全10時間学習。そのうちの1時間をあてている。
第2時： 国語	T：日本にはどんな言語を使う人がいるのだろう。 C：点字、手話を使う人。 C：関西弁とかの方言を使う人。 C：日本語と中国語を話す中華街の人に会ったことがある。 C：国際結婚をした両親の言葉を覚えた子どもは二つの言語を使える。 C：近くに仕事で外国から来た人が住んでいる。ドイツ語で話している。 C：韓国朝鮮から来た人やその子ども C：知ってる！「ざいにち韓国人」と呼ばれる人たち？	教科書教材 教科学習内容 地域の特殊性 *「言語」についての学習にかかわることから「国語」の時数に計上。
第3時： 総合的な学習の時間	T：在日韓国朝鮮人とはどのような人々？ C：知らない。 C：ワールドカップ日韓共催の時に子ども新聞で読んだ。 C：お父さんが戦争中に連れてこられた韓国人がいるって言っていた。 C：拉致問題のニュースで北朝鮮が日本人をやったって言っている。 C：無理矢理つれてこられて外国で生活させられるなんて。 〈アンケート調査実施〉	総合的な学習の時間 *拉致被害者帰国の時期と重なり時事問題が話題になる。教科領域をこえることから「総合的な学習の時間」に計上。
第4・5時： 学校行事	T：演劇「カムイが来た！」をみよう C：カムイとはどんな意味なのだろう。 C：アイヌとは何か。 C：カムイはアイヌの人たちの心を表している？〈鑑賞感想を書く〉	学校行事 *全校演劇鑑賞。この日程を合わせて国語の教材文を選定した。
第6時： 道徳	T：絵本『パヨカカムイ』を読もう C：自分はアイヌですという人が日本にいることに驚いた。 C：自分がアイヌの人について「いる」ということも知らなかったら恥ずかしいことがあるかもしれない。 C：自分は北海道で生まれたからアイヌ人？ C：アイヌの人の話や物語をもっと読んでみたい。 C：北海道にはアイヌの言葉らしい地名があった。〈学習感想を書く〉	読み聞かせ 環境 道徳 *教室に図書コーナーを設け、常時マイノリティに関する図書を用意しておくことも環境整備である。本実践では劇鑑賞後に教室においた。
第7時： 社会	C：地図帳で地名を調べてみよう C：夏休みに旅行に行ったときに見た標識を報告します。 C：カタカナで漢字のように意味がわからない。 C：北海道にはアイヌの地名がたくさんあることがわかった。 C：沖縄にも沖縄の言葉の地名がある。	教科学習内容 *教科学習教材配列や学習内容を子どもの思考に合わせて柔軟に対応する姿勢を常にもつことで、多文化教育実践に効果的である。
第8時： 道徳	C：沖縄には琉球の人がいる？ C：ぼくには琉球の血が流れている。江戸時代に琉球の人は鹿児島に従わされたらしい。 C：琉球の言葉がある。沖縄出身の歌手の歌には日本語じゃない言葉がでてくる。 C：アイヌ人や琉球の人は自分の言葉を使えなくてかわいそうだと思う。 C：日本には日本人とか他の国から来た人だけだと思っていたけど、アイヌの人や琉球の人がいることを初めて知った。とても驚いた。〈学習感想を書く〉	道徳 *第7時から連続しての時間。子どもの意識にここまでが社会、ここからが道徳という区切りはない。子どもの発言が心情に追って考えるものが多かったことから本時を道徳に時数を計上。
第9・10・11時： 社会	T：北海道と沖縄のくらしについて調べてみよう C：資料や教科書から分かることは。 C：家の人に聞いてみよう。C：図書館で調べてみよう。 C：分かったことについて話し合おう。 C：気候風土をうまく利用して生活している。 C：東京にはない工夫があることがわかった。	教科学習内容 教科書教材 児童図書 *北海道や沖縄に関して「アイヌ」「琉球」といった視点だけが定着しないよう留意しながら教科書を中心に学習を進める。

36

アイヌに着目させ、学級文庫にアイヌ関連の児童図書を置き、その読み聞かせからアイヌへの関心を高め、中学年らしい素直で大胆な発言を引き出し、そこから社会科の北海道と沖縄のくらしの学習へと導いている。この展開において、中学年期として、多文化に対する「親しみ」を深め、その存在や意味、社会的問題に気づいたり「知ったり」する場や環境を用意することを意識していることも読み取ることができる。

この一連の学びには単元名はない。つまり、「単元」として存在するのではなく、教科学習、学校行事、総合的な学習の時間などが継続してつながり、多文化共生をテーマとした包括的学習が続いているのである。[7]

バンクスは、効果的な多文化学校を創造し、維持していくためのトータルな学校環境として、学校の政策と政治、学校文化と隠れたカリキュラム、学校教職員、教授スタイルやストラテジー、正規カリキュラムと指導計画、教材、評価やテスト、カウンセリング計画、コミュニティの参加、学校の言語や方言、学校の学習スタイルの11項目をあげ、これら密接に関わる要素全体を総合的に改革しなければならないとしている（Banks 2010: 24）。中山の一連のカリキュラムづくりは、バンクスのいう学校文化と隠れたカリキュラム、教授スタイルやストラテジー、正規カリキュラムと指導計画、教材、学校の言語や方言といった視点を意識したものといえる。

同実践は、継続的で包括的な多文化教育のカリキュラム開発の重要性とその視点を示した点で（視点③⑥）、またそのカリキュラム開発にはトータルな学校環境の改革の視点（視点⑦）が必要であることを具体的に示した点で示唆的である。

6　おわりに——多文化共生のカリキュラム開発にむけた実践の課題

以上の日本における多文化共生にむけたカリキュラム開発に関する理論的・実践的研究の検討を通して、日本の文脈においてバンクスの多文化カリキュラム開発の視点が、具体的にどのようにカリキュラムの開発や実践のなかに反映されているかが明らかになった。さらに、前記のバンクスの7つの視点の他に、恵我南小学校の事例に見るように、「⑧多文化カリキュラムの開発と実施には、

学校・家庭・地域の連携・協力が必要である」といった視点の重要性も明らかになった。
　このようなカリキュラム開発については、次のような「問いかけ」がなされてきている。

　「懸念するのは、カリキュラムをつくるということは、どこでも使えるという一種の標準化がなされていくことでもあり、そうしたカリキュラムが実施された場合の主語は誰になるのか？さらに、日本人がほとんどを占める状況とそうでない状況では、異なったカリキュラムが作成されるべきではないか」(馬渕 2009：6)。[8]

　これらの「問いかけ」に対しては、次のように答えたい。カリキュラムづくりは確かにある種のスタンダード（標準）づくりである。しかし、「学校カリキュラム」「学級カリキュラム」「足あとカリキュラム」という言葉があるように、日本においては学習指導要領というスタンダードを基準にしながらも、カリキュラムは学校の特色や学級の状況、子どもや教師の思いや願いなどによって学校ごと、学級ごとに多様につくられているのが現実である。また、ひとりひとりの児童生徒の学びの軌跡がカリキュラムになる場合もある。よって、「日本人がほとんどを占める状況とそうでない状況では、異なったカリキュラムが作成される」のは当然のことである。例えば、外国につながる子どもが学級に在籍した場合、教師はその子どもの存在を通して普段は意識しない異文化に敏感になり、既存のカリキュラムでは取り上げられていないその子の文化的背景に関わる内容を重点的にとり上げたり、その子のもつ文化にかかわる新たな教材開発を行って実践をしてみたりするかもしれない。有能な教師であるほど、目の前の子どもの背景をたくみにカリキュラムに反映させることができる。こうした学びの積み重ねが多文化共生にむけたカリキュラムとなるのである。
　またカリキュラム実施に際しての「主語」は、当然マイノリティ及びマジョリティを含むすべての児童生徒である。本論では、この「すべての児童生徒」を対象にしたカリキュラム開発について論じた。この点について、本論の冒頭において、「マジョリティの意識（価値）変革なしに多文化共生はあり得ない」

と述べた。ただし、金泰泳が指摘するように、いくら「マジョリティの子どもたちが『異文化理解』の名のもとに民族的マイノリティ子どもたちの民族文化を学んだとしても、ホスト社会における『差別・抑圧の構造』が残り続けているかぎり、『共生』は『絵に描いた餅』に終わってしまう。また多文化教育は、文化間の相互理解を強めることを目的とすることによって、『文化的差異の強調』と『支配関係や差別関係の隠蔽』という危険性をもつ」（金 1999：45）。このような危険性を回避するためには、バンクスの多文化カリキュラムの視点②をさらにすすめ、マジョリティ自身のもつ構築された権力性そのものを問い直し、それを脱構築するような実践をどうカリキュラムに取り入れていくかが重要である。これは、「差異の配列を通じて支配的な文化の規範性や、いわゆるマジョリティとみなされる社会構成員の正統性がどのように生み出され、維持されてきたかを問いただすことが不可欠である」（米山 2006：307）と説く「批判的多文化主義」（critical multiculturalism）の考え方である。

　これまで、多文化共生をすすめる議論の多くは、多様な差異の自立性と相対的価値を認め、これを既成の空間に包摂しようとする「リベラル多文化主義」（liberal multiculturalism）を前提になされてきたといってよい。しかし、リベラル多文化主義がもたらしてきた「文化的差異の強調」と「支配関係や差別関係の隠蔽」という危険性を回避するためには、より批判的かつ根本的に文化的差異の成り立ちを捉えようとする批判的多文化主義の視点に立つカリキュラム開発が今後の課題となる。

　アメリカでは1990年代以降の社会科学における「白人性」（whiteness）研究の影響を受け、教育の分野においても「白人性」が目に見えない権力作用として教育の中でいかに機能し、どのような教育上の不利益を形成しているかという問題意識のもと、人種主義を支えている白人性を脱構築していくための教育実践が模索されている。カリキュラム構築についていえば、学校知識の西洋中心主義的な構築性を露わにし、マイノリティの視点から、学校知識全体を再構築していくこと、具体的にはマイノリティの対抗的な語りを学校知識に取り込む必要性が指摘されている[9]（松尾 2007：65）。日本の学校カリキュラム開発においても、今後このような視点に立ったカリキュラム開発を含む「構築主義的授業づくり[10]」が求められる。

最後に、以上のような実践の改革視点を踏まえて、多文化共生のための教育（カリキュラム開発）にむけた提言について述べたい。アメリカでは、多文化教育の制度化に向けて多くの学会や研究団体が声明や指針を提出してきている[11]。ここでは、学校のカリキュラムや教材、教授や学習スタイル、試験や評価、カウンセリングプログラムから、学校給食や祝祭行事、学校教職員の構成、等々に至るまで、児童生徒の文化的多様性を反映させることが示されている。今後ますます日本の多文化化が進展する中で、教育の現場において多文化共生に向けて適切な支援を行えるためにも、関連学会が中心になって多文化共生に向けての教育に関する政策提言や、カリキュラム指針づくりに取り組むことが望まれる。

注
1) バンクスの多文化学校改革の特色については、森茂（2004b）参照。
2) 松尾知明も多文化主義からのカリキュラム改革の視点として、(1) マジョリティ中心の物語の脱中心化、(2) 多様な物語の掘り起こし、(3) ハイブリッドな物語の再構築の三点を挙げている（松尾 2007：118-121）。
3) バンクスによる「移民―移住」概念を例にした高次、中間レベル、低次の「通則」の構成については、森茂・中山編（2008：41-42）で論じた。
4) 研究成果報告書として、多田編（2006）がある。また、本報告書をもとに最新の研究成果や実践を補って編集されたものに、日本国際理解教育学会編（2010）がある。
5) 小学校における「多文化共生」を含む国際理解教育の低、中、高学年の内容構成例については、森茂（2004a）も参照。
6) 学校・家庭・地域の連携によってカリキュラムづくりを含む多文化共生の学校づくり取り組んだ事例として、横浜市立いちょう小学校が注目される（山脇啓造・横浜市立いちょう小学校編 2005）。
7) 社会科という一教科において、多文化共生の視点からの学習内容の再構成を試みた研究に、中村（2002）、中山（2006）がある。中山はここで、変換アプローチを用いた実践を示している。
8) この問いかけは、2008年度の異文化間教育学会第29回大会の「特定課題研究」における著者の報告に対して、同じ報告者であった清水睦美氏を中心に提出されたものである。
9) このような視点に立ったカリキュラム開発の事例として、台湾において漢族と先住民（台湾では「原住民」）との共生をめざした陳麗華の「族群関係カリキュラム」がある。このカリキュラムについては、森茂（2009）参照。

10) 構築主義的な授業づくりの試みについては、多文化社会米国理解教育研究会編（2005）参照。
11) 例えば、全米の教師免許を出す資格を持つ大学が加盟する最大の組織である全米教員養成大学協会（American Association of Colleges for Teacher Education）は、内部に「多文化教育に関する委員会」（Commission on Multicultural Education）を設け、1972年にはその委員会によって多文化教育に関する声明"No One Model American"を出した。また、同委員会は、1980年には多文化教師教育を具体的に推進するための実施指針（Guidelines）を策定した。その他、指導とカリキュラム開発のための協議会（Association for Supervision and Curriculum Development）も、1977年に多文化教育の政策声明を発表している。カリキュラムについては、全米社会科協議会（National Council for the Social Studies）が、内部に民族学習のカリキュラム指針に関する特別調査委員会（Task Force on Ethnic Studies Curriculum Guidelines）を設け、1976年に同委員会によって「多民族教育のためのカリキュラム・ガイドライン（声明）」（1991年「多文化教育のためのカリキュラム・ガイドライン」として改訂）を策定している（NCSS, 1991）。尚、AACTEの多文化教育についての声明や指針については森茂（2007）参照。

参考文献
岩渕功一（2010）「多文化社会・日本における〈文化〉の問い」岩渕功一編『多文化社会の〈文化〉を問う―共生／コミュニティ／メディア―』青弓社．
金泰泳（1999）『アイデンティティ・ポリティクスを超えて―在日朝鮮人のエスニシティ―』世界思想社．
清水睦美・児島明編（2006）『外国人生徒のためのカリキュラム―学校文化の変革の可能性を探る―』嵯峨野書院．
多田孝志編（2006）『グローバル時代に対応した国際理解教育のカリキュラム開発に関する理論的・実践的研究』（第1分冊）（平成15年度～平成17年度科学研究費補助金（基盤研究（b）（1））研究成果報告書）．
多文化社会米国理解教育研究会編（2005）『多文化社会アメリカを授業する―構築主義的授業づくりの試み―』国際交流基金日米センター．
中村水名子（2002）『多民族・多文化共生の明日を拓く社会科教育』三一書房．
中山京子（2005）「『多文化共生』への意識を高める国際理解教育のカリキュラム開発と実践―包括的な多文化教育カリキュラム開発をめざして」帝塚山学院大学国際理解研究所編『国際理解』36号．
中山京子（2006）「多文化教育の知の導入による小学校社会科学習内容の再構築―単元「海を渡る日系移民」の開発を事例として―」全国社会科教育学会編『社会科研究』第65号．
日本国際理解教育学会編（2010）『グローバル時代の国際理解教育―実践と理論をつなぐ―』明石書店．

藤井泰一（1998）「中国渡日児童とともに歩む国際理解教育」帝塚山学院大学国際理解研究所編『国際理解』29号.
松尾知明（2007）『アメリカ多文化教育の再構築―文化多元主義から多文化主義へ―』明石書店.
松原市立恵我南小学校（1996）「渡日児童と共に歩む多文化共生教育」解放教育研究所編『解放教育』26巻12号、明治図書出版.
松原市立恵我南小学校（2005）「多文化共生の町づくり・学校づくりをめざして（研究概要）」.
馬渕仁（2009）「多文化共生社会をめざして―3つの領域からのアプローチとその課題―」『異文化間教育』30、異文化間教育学会（アカデミア出版会）.
森茂岳雄（2004a）「グローバル時代の国際理解教育カリキュラムの視点と課題―会員のカリキュラム開発研究に学ぶ―」日本国際理解教育学会編『国際理解教育』Vol. 10、創友社.
森茂岳雄（2004b）「多文化教育学校をつくる―文化的多様性を尊重する学校づくり―」奈良女子大学附属小学校学習研究会編『学習研究』第411号.
森茂岳雄（2007）「アメリカにおける多文化教師教育の展開と課題―日本の教師教育に示唆するもの」『異文化間教育』25、異文化間教育学会（アカデミア出版会）.
森茂岳雄（2009）「多文化教育のカリキュラム開発と文化人類学―学校における多文化共生の実践にむけて―」日本文化人類学会編『文化人類学』74巻1号.
森茂岳雄・中山京子編（2008）『日系移民学習の理論と実践―グローバル教育と多文化教育をむすぶ―』明石書店.
山脇啓造・横浜市立いちょう小学校編（2005）『多文化共生の学校づくり―横浜市立いちょう小学校の挑戦―』明石書店.
米山リサ（2006）「多文化主義論」綾部恒雄編『文化人類学20の理論』弘文堂.
Banks, James A. (2006) *Cultural Diversity and Education: Foundations, Curriculum and Teaching, 5th. Ed.*, Pearson Education.
Banks, James A. (2008) *An Introduction to Multicultural Education, 4th Ed.* Pearson Education.
Banks, James A. (2009) *Teaching Strategies for Ethnic Studies, 8th. Ed.*, Pearson Education.
Banks, James A. & Cherry A. McGee Banks (2010) *Multicultural Education: Issues and Perspectives, 7th. Ed.*, Wiley.
The NCSS Task Force on Ethnic Studies Curriculum Guidelines (1976) Curriculum Guidelines for Multicultural Education, revised 1991, *Social Education*, Vol. 56, No. 5.

第3章

権力の非対称性を問題化する教育実践
――社会状況とマイノリティ支援の関係を問う――

清水睦美

1 はじめに

　教師は日本人にも外国人にも同じように接しているのだから、外国人の子どもに問題が生じるとしたら、それは外国人の個々人の問題である。

　このフレーズは、外国人の子どもが通う学校現場でよく聞かれるものであり、日本の学校の支配的な言説であるといっていいだろう。こうした言説は、「問題の個人化」（志水 2000）と称され、日本の学校文化の特徴の一つとされてきた。しかし、在日朝鮮人教育に関わるフィールドワークにおいて、中島（[1985] 1997）が同様の指摘をしていることから察するに、ここ 20 年間、日本の学校での外国人の子どもたちに対するまなざしには大きな変化がなかったと言ってよいだろう。
　さて、この冒頭のフレーズの何が問題であろうか。そのことにピンと来ない向きもあるだろうから、ここであえてその問題性を指摘してみたい。それは、このフレーズが、日本社会における外国人と日本人の対等性を前提として語られているということである。言い換えれば、社会が「作為」のない自然状態であれば、外国人と日本人は対等に存在するのであり、対等でないとすれば、そこには「作為」があるからであり、それを取り除けば問題は解決するという前提である。したがって、冒頭のような言説のもとにある学校では、外国人を日本人と区別するような「作為」が学校にないのだから、問題が生じているとす

れば、それは個人に帰結する問題であって、とりたてて学校が取り組む問題ではない、というわけである。しかし、本当にそうなのだろうか。親の移動に従属して社会状況の異なる国へ移動してきた子どもたちが、あるいは、親自身が移動先の社会状況に対して理解が十全でなく、そうした親のもと生まれた子どもたちは、学校に「作為」さえなければ、日本人の子どもたちと対等に存在できうるのであろうか。

このような問題意識は、当該社会におけるマジョリティとマイノリティの権力関係に注目する研究者の間では広く共有されるもので、そのもとでは、当該社会における権力の非対称性を明らかにするような研究が蓄積され、それと連動した教育実践も試みられてきている。そうした教育実践の一つの方向としては、エスニックマイノリティの子どもたちが自民族に関する知識や文化を学ぶことを通して、既存の権力関係を問題化する社会運動の担い手を育てる教育実践を生み出してきた。その代表例としては在日朝鮮人教育を掲げることができる。また、別の方向としては、マジョリティの子どもたちが、エスニックマイノリティの子どもたちの出身国の文化を学ぶことを通して、既存の権力関係を問い直す視角を提供する教育実践を生み出してきた。本書第2章において森茂が紹介する教育実践はまさにこの方向である。

しかしながら、これらの取り組みは、前者がマイノリティに対する教育として、後者がマジョリティに対する教育として捉えられており、学校という空間で、両者に対する教育がどのように接合するのかまでは問うてこなかったという問題を抱えている。だからこそ、これらの教育実践に対して、例えば、金（1999）のような問題提起がなされるのである。

　　彼らマイノリティの子どもたちが、いくら自民族の文化的素養を学び、またマジョリティの子どもたちが「異文化理解」の名のもとに、民族的マイノリティの子どもたちの民族文化を学んだとしても、ホスト社会における「差別・抑圧の構造」が残りつづけているかぎり、「共生」は「絵に描いた餅」に終わってしまう。また、多文化教育は、文化間の相互理解を強めることを目的とすることによって、「文化的差異の強調」と「支配関係や差別関係の隠蔽」という危険性をももつ（p. 45）。

さて、本章では、このような問題提起に答えて、「文化的差異の強調」が「支配関係や差別関係の隠蔽」を回避し、既存の社会における「差別・抑圧の構造」を問題化する教育実践の可能性はあるのか、という問いをたててみたい。検討するのは、神奈川県の横浜市と大和市にまたがる県営いちょう団地に住むニューカマーの子どもたちに関わる教育実践である。筆者は、1997年より現在に至るまで継続的にフィールドワークを行っており、本章で取りあげる教育実践は、既に、清水（2006）、清水・児島編著（2006）、清水・すたんどばいみー編著（2009）で取りあげている。本章では、まず、それらを概観しながら、権力の非対称性を問題化する教育実践の可能性を検討してみたい。

2　同和・在日朝鮮人問題とニューカマー問題

　日本の学校においてニューカマーの子どもに関わる「差別・抑圧の構造」は、多くの論者が指摘する（太田2000、志水・清水2001、清水2006）ように、「特別扱いしない」という制度的枠組みのもと、本章の冒頭のフレーズに象徴される、「日本人も外国人も変わらない」という平等意識がベースとなっているため、簡単には問題化されない。それは、学校現場に「日本人も外国人も変わらない」という平等意識があるから「特別扱いしない」という制度的枠組みができあがってきたというわけではなく、日本政府によって「特別扱いしない」ことを前提として外国人の居住を認めてきたことによって、「日本人も外国人も変わらない」という平等意識が醸成されてきていると言ったほうがよいだろう。その結果、日本の学校における「差別・抑圧」に関わる問題は、一般的に、ミクロレベルの心情や人間関係の問題として理解され処理される傾向が強くなり、マクロレベルの構造の問題として理解される傾向が妨げられてきたと言えよう。
　しかしながら、こうした傾向は「一般的」という冠つきのものであって、同和地区や在日朝鮮人に関しては、「構造」の問題として理解される傾向にあったことが指摘されている。例えば、苅谷（2001）は、1960年代以降の学力問題の一般的議論が、家庭的背景に目をむけない、つまり「構造」を問題にしない方向に展開していったのに対し、同和地区の問題に限っては、それと一線を画し、地区か地区外かという「構造」に目を向けた議論が展開されてきたとし、

こうした事態を「不平等問題のダブルスタンダード」と呼んでいる (pp. 110-124)。また、教育実践における在日朝鮮人教育に関わる語りを分析した倉石 (1998) は、それらの語りに共通するものとして、個々の子どもそれぞれの生活史や生活経験が、差別や抑圧の現存を証し立てるために動員されている点を指摘し、教育実践におけるそのような傾向を「素朴構造主義的な語り口」と呼んでいる。これらの知見から導き出される結論は、同和地区や在日朝鮮人の問題に限っては、「差別・抑圧の構造」が自明視されてきたという点である。ただし、苅谷も倉石も、そのような固有の問題のとらえ方が、問題領域を限定する傾向をもち、問題に対する新しいアプローチを遠ざけてきたことを、それぞれの論考の目的としていることは、後の議論のためにも、ここであらためて確認しておかなければならないだろう。

　とはいえ「差別・抑圧の構造」が自明視されてきた同和地区や在日朝鮮人の問題とは異なり、ニューカマーの問題は、そうした構造を捉えがたくしている。オールドカマー問題に造詣の深い中島智子氏によれば、氏が在日朝鮮人に関わる研究を始めた頃は、すでにそれを「構造」の問題として取り上げる教育実践が存在しており、研究者はそれとの関係を常に意識していたし、そうした教育実践を理論化する必要性を感じ、研究を進めてきたという[1]。

　一方、ニューカマー問題に関して言えば、ニューカマーの子どもたちに対する支援を目的として「国際教室」の設置などが試みられてはいたのだが、それは、阿久澤 (1998) が指摘するように、帰国子女教育の方法論をニューカマーにも活用することで、速やかに日本社会に適応させることをねらったものであり (pp. 100-104)、それは「差別・抑圧の構造」を捉えるような教育実践を生み出しがたく経路づけられていったと言えよう。加えて、日本国内の「国際化」を意識した取り組みが1980年代後半からスタートし[2]、教育の分野においても「国際理解教育」と銘打つ教育実践の報告がなされるようになる。しかし、それらの多くは、文化を鑑賞の対象としてしまうような「博物主義的」な視点に基づく教育実践であったため、外国人の児童生徒を取りあげつつも、結果としては日本人の児童生徒の教育として位置づけられてきている (阿久澤、1998: 104-107)。こうした教育実践は「文化的差異の強調」と同時に、その対等性 (日本人も外国人も同じ) を強調するため、日本人と外国人の権力関係の非対称

性へのまなざしを鈍らせてきたことに間違いはなかろう。

　こうした傾向の背後には、1970年代末から日本に長期間滞在する外国人（ニューカマー）の流入を日本社会がどのように理解してきたのかという認識枠組みの問題がある。そもそもニューカマーの日本への流入は、市場や経済の状況と日本の出入国管理における規制とのマッチングの結果として生み出されたものである（田中 1995、井口 2001、依光 2005）。にもかかわらず、かれらの流入は、出身国の政治・経済状況に依存した動きとして理解される傾向が強い。そのため、日本社会において注目されるのは出身国（送り出し国）の文化であり、摩擦が起きればかれらの文化を理解して、それに適合した対応をしようとするのである。それが「学校」という場では、先に述べた「博物主義的」な視点に基づく教育実践につながっていく。

　こうした傾向の問題点を鋭く抉ったものとして、梶田・丹野・樋口（2005）による『顔の見えない定住化』がある。そこでは、ブラジルから日本へのデカセギは「市場が作り、国家がお墨付きを与えて放置し、市場が支配するネットワークにより加速した」ことが実証的に示されると同時に、樋口はミクロレベルでの研究のあり方にも次のような警鐘を鳴らす。

　　一見すると問題は日本人対ブラジル人という単位で起こっているように見える。(中略)。しかし、現象形態の水準だけみてエスニックな対立とみなすのは表面的な把握でしかない。根本的には、これまで述べてきたような共進化の過程で、フレキシブルな労働力としてのブラジル人と、地域社会の構成員としてのブラジル人が引き裂かれた結果として問題は生じている。つまり、市場と地域社会の相克という、より抽象的な水準で事態を把握する必要があり、原因をブラジル人に帰属させても排斥の口実を与えるだけにしかならない（p. 290）。

ここで指摘される「より抽象的な水準で事態を把握すること」そのことは、「学校」というミクロレベルでの外国人の子どもの問題を検討する上でも極めて重要である。なぜならば、「より抽象的な水準で事態を把握すること」そのことは、かつて、同和地区や在日朝鮮人に関する教育実践の背後に「差別・抑

圧の構造」の理解があったと同様に、ニューカマーの子どもたちの問題にも、その背後に「差別・抑圧の構造」が存在することの理解につながっていくからである。そして、それによって初めて、本章冒頭の「学校」という場で生じる外国人の子どもたちの問題を「個人化」しない教育実践が生み出される可能性が拓かれると考えるのである。

3 ニューカマー問題の理解と新たな教育実践

(1) 変化の過程

　筆者は、1997年秋に、ニューカマーの子どもたちの学校適応を観察することを目的として研究をスタートさせたが、当初、その研究成果のオーディエンスは、研究者コミュニティを想定したものであった。しかしながら、フィールドに参入して約2年が経過した頃（99年秋）、筆者は研究成果の主なオーディエンスを、研究者コミュニティから研究対象者へ移すという転換をはかった。この転換は、その出発点において極めて模索的であったが、後に、その過程を振り返って、質的研究における「臨床」をめぐる議論のもとでは「教育社会学者の臨床的役割」[3] (清水 2004) として、また、質的研究の新たなパラダイムの議論のもと「参加型アクションリサーチ」の観点（清水 2009）から、検討を加えてきている。

　さて、こうした転換によってフィールドに生み出されたものは、第一に、ニューカマーの子どもたちに対する「問題をかかえている」というまなざし[4]、そして、それらの問題は、個人の問題ではなく、日本の学校に通うことで引き起こされる固有の問題群である、という認識である。第二に、そのまなざしと認識は、研究者、教師、地域のボランティア、そして、当事者であるニューカマーの子どもたちも集う場で生み出され、そこに構築されたのが「外国人の子どもたちの問題を考える」という新しいコミュニティである。

　これらのまなざし、認識、コミュニティは、研究者である筆者の方法論の転換によって生み出されたわけであるが、しかし、その中で、研究者の研究成果が参照されるべき絶対的な権威性をもっていたかと言えば、そうではない。実際には、筆者は、フィールドワークに基づいてエスノグラフィーを作成しよう

とする方向性のもとで思考していることを語り、オーディエンスからの反応を受け、また、語り、それに反応があり……ということが繰り返されたのである。そのうちに、研究者である筆者が語るだけではなくなり、教師、地域のボランティア、そして、ニューカマーの子どもたち自身が語り手となっていく。さらに、そうした語りは、その場に集う教師やボランティア、そして、ニューカマーの子どもたちが、それぞれ立場を同じくする者に向かって、何かを問い、何かを語る、という連鎖を生み出していく。そういう中で、まなざしや認識が鍛えられ、「差別や抑圧の構造」を射程にいれた「外国人の子どもたちの問題を考える」という新しいコミュニティが構築されたのである。

こうして、新しいコミュニティに集う者たちは、自らの立場において、でき得ることに向かうための語りを紡ぐようになる。教師が次のように語る。

> 我々がやらねばならない事柄はもう明確である。「疎外され、周辺の存在」となっている彼らを、中心にすえるよう、場面場面の構造を変化させていくことである。(柿本 2001：25)

ボランティアが次のように語る。

> 子どもたちが困難さを感じるのはボランティアの教室ではなくて、その外の「日常」である。「日常」の変革なくして、子どもたちの生きる場所の変革はありえない(家上 2006：160)

また、親の来日の経緯を知ろうとして、親と対立することになった出来事を傍らで見守っていたニューカマーの子どもが次のように語る。

> 「これからは自分達でやっていかなければならない」と強く思いました。というのは〇〇さんが親を知ろうとしたが知ることができずにいて、悩んでいるスタッフの人達にも支える限界があることに気がつきました。またある時点からは自分達で乗り越えていかなければならないと感じました。(下福田中学校 2002「選択国際授業のあしあと／2001年度」より抜粋)

このように、教師、ボランティア、ニューカマーの子どもたち、それぞれが立場を同じくする者に向かって、それぞれの立場性を問う語りが生み出された時、新たな教育実践の展開への一歩が踏み出されることになったのである。

(2) 生み出された新たな教育実践
◆学校における「選択国際」という授業

　「場面場面の構造を変化させていく」という教師の語りによって生み出されたのは、2000年度から実施された大和市立下福田中学校での選択教科「国際」（通称「選択国際」）である。当時の学習指導要領に位置づけられた「選択教科」という授業時間を使い、外国人生徒に対して外国人生徒のためのカリキュラムを編成し実践したものである。[6] 2000年度、試験的に始まったこの試みは、2001年度には方針が明文化されるようになる。

①教育課程の中に、「外国籍の生徒たちのための学習」を明確に位置づける。
②家族の移動過程を学習することにより、自分が日本にいる理由を理解する。
③国ごとの学習を通じ、母国的なるものを少しでも理解し、アイデンティティの形成に役立てる。
④自尊感情の回復をはかり、他の場面でも「自分の足で立つ」事を目指す。
⑤孤立化することのないよう、同学年・異学年の中で仲間意識をもてるようにする。
⑥様々な立場、様々な年齢、様々な人が関わる中で、一人一人へのサポート体制を創る。
⑦地域外国籍の青少年が年齢を超えてつながることで、地域の中での相互支援体制を目指す。
⑧日本人の子どもたちと外国籍の子どもたちが、多数と少数の力関係を超えた相互認知ができる素地を学校の中に創る。
⑨「日本の中での外国人として生きる」生き方を考える契機とする。
　「なぜ自分はここにいるのか、自分は誰なのか」そして「自分はどう生きたらよいのか」

（下福田中学校 2002『選択国際授業のあしあと／2001 年度』抜粋）

　こうして始まった「選択国際」によって、教師たちの認識が変化していくようになる。最も大きな変化は、日本語指導が必要とされる外国籍生徒が 5 人以上いることで設置が可能な教室として制度化されている「国際教室」の学校内における位置取りである。この変化を、国際教室担当教師は、「日本語と日本の習慣を習得する場所」から「外国人として生き抜くことを支援する場所」へと大きく変化してきたと語る（篠原 2006：38）。そして、そうした変化の背後に、自らのまなざしや認識の変化があったことを、次のように明らかにしている。

　学校全体が「日本語さえわかるようになれば外国人はうまくいくはず」と思い込み、うまくいかない場合には「困った外国人」と決めつけていた。当然のことではあるが、外国人生徒の来日の経緯や家庭生活、そして日本での生きにくさについて知る教師は皆無に等しかった。／そうした様子の中で、もちろん、私自身も「何も知らない教師」の 1 人であった。国際教室担当者として「早く日本語がわかるようにして、教室で日本人生徒と一緒に授業を受け、日本人生徒と一緒に生活できるようにすること」を目指して国際教室での学習支援に携わっていた。（篠原 2006：27–28）

　しかし、「選択国際」での教育実践を経て、次のように語るようになる。

　課題山積の国際教室ではあるが、外国人生徒の学習、生活、そして生きることへの支援の中心になりながら、外国人生徒に関わる課題に取り組む中心として学校に存在することが必要である。学校という社会の縮図の中で、外国人としての誇りを失わずに生き抜いていくことを支え、学校を外国人生徒にとって意味ある場所として位置づけていくようにしていかなければならない。（篠原 2006：39）

　もう一つの変化は、学級内で周辺化する生徒の教科指導での位置づけである。

「選択国際」での教育実践を経験した社会科の教師は、「外国人生徒を『お客さん』にさせないように、今日は誰の顔を見て授業をするかを考えることで、理解力の低い日本人生徒の理解も深まる結果につながった」と、自らの社会科の授業設計の変化に言及している（神戸 2006：21-24）。具体的には、1時間の授業を「大きなお話」として組み立て、それを組み立てるために必要なキーワードを厳選するという授業の工夫。また、調べ学習を通して、学習で「助っ人を探す目、利用する術を獲得」する試み。そして、教師は、教室における外国人生徒と日本人生徒の立ち位置の違いを意識した学級経営をする必要があると次のように述べる。

　授業の中で居場所を失っていく外国人生徒にとって、同じ教室で生活する日本人生徒は、学習面に限らず学校生活全般で助っ人になりうる存在である。しかし、そのような人間関係を、居場所を失っていく外国人生徒自身が作り出していくことは、非常に難しいことである。誰とつなげたらよいのか。学級の中で日常的に教員が意識して人間関係を構築することが、外国人生徒の居場所をつくるために重要な鍵になると思う。（神戸 2006：25）

　このように「選択国際」という教育実践は、外国人生徒に対する授業であったという意味において「文化的差異の強調」を基盤とした実践である。しかしながら、そうした実践を通して、教師が獲得した認識を概観すれば、それは「支配関係や差別関係の隠蔽」をするものではなく、むしろそれを回避する方向で実践が積み重ねられてきたと言えよう。
　ただし、このような教師たちの認識の変化は、常に「差別・抑圧の構造」を明らかにする方向へ教育実践を展開させていくことになるかということになると、ことはそう簡単ではない。この点を、児島（2006）は、「学校文化への挑戦として立ち上げられた『選択国際』が、予期せぬかたちで学校文化から挑戦されることになった」（p. 57）と、2003年度以降の「選択国際」を振り返っている。
　2003年度から「選択国際」は、外国人生徒を対象とするだけでなく、日本人生徒の参加が試みられることとなる。それは自らの境遇に関わる経験を語る

ことのなかった外国人生徒が「自分語り」を始めた時に、その聞き手としての日本人生徒を育てていく必要性が問われたからである。しかしながら、こうした教育実践は、意図せざる結果をもたらすこととなる。例えば、既存の日本人と外国人の権力関係を明らかにするような実践が、「良心的であること」が評価される学校文化のもとにある日本人生徒によって容易には明らかにならないということ。また、外国人生徒の「母国を学ぶ」という内容を通して、日本人生徒と外国人生徒の「対話」を学習の成果とする授業においても、合理的に学習するという「学習の型」を尊重する学校文化のもとにある日本人生徒は、外国人生徒との「対話」よりも「早く仕上げる」ことを目的として行動してしまうということ。

　ここからは浮かび上がるのは、「差別・抑圧の構造」を見据え、それを変革することを試みる教育実践であっても、「学校」という場は、教師の認識の変化によって容易に変わるものではなく、新たな実践によってより深く刻まれた「支配関係や差別関係の隠蔽」が浮かび上がり、その特質を捉えて、さらにその変革を試みるという終わりのない営みが必要であるということである。

◆地域でのニューカマーの子どもたち自身による「すたんどばいみー」という活動
　一方、「『日常』の変革なくして、子どもたちの生きる場所の変革はありえない」というボランティアの立場性の問い直し、そして、「ある時点からは自分達で乗り越えていかなければならない」というニューカマーの子どもの当事者意識によって、地域に新しく生み出され展開してきた実践が、2001年5月に立ち上げられた外国人児童生徒による自治的運営組織「すたんどばいみー」である。活動内容としては、外国人の小中学生や高校生を対象とする学習補充教室の開催、母国語教室、加えて、それぞれの教室のニーズにあわせたスポーツ、遠足、キャンプ、合宿などが必要に応じて行われている。そして、8年間の継続的な活動を通して、立ち上げ当初から活動に関わってきた子どもたちが、個々に「当事者性」を獲得してきていることをうかがうことができる。詳しくは、清水・すたんどばいみー（2009）に譲るが、ここではその経過の概略を追っておきたい。

　「すたんどばいみー」は、「ボランティア教室」という場で、「日本人（支援

する人）―外国人（支援される人）」という関係のもとから生み出された。なぜなら、こうした場に集まるニューカマーの子どもたちは、そもそも日本社会での日常に困難さや違和感を感じており、それらへの何らかの対処を求めているからである。しかし、感じられている困難さや違和感が、どのように解消されていくのかという点で、「ボランティア教室」と「すたんどばいみー」では大きく隔たっている。

　まず、「ボランティア教室」は、「日本人（支援する人）―外国人（支援される人）」という関係のもと、支援される側が困難さや違和感を感じなくなることを最大の目的としているため、それらを感じなくなれば、支援される側は「ボランティア教室」に姿を現さなくなる。固定化された「日本人」スタッフのもとを、困難を抱えた「外国人」が訪れ、そして、去っていく。つまり、場の主体は「日本人」なのである。したがって、「私財を投げうって」や「私生活を犠牲にして」といった形容に象徴されるような強力な固定的支援者を失うことによって、ボランティア教室の多くが継続困難になると言われるが、それはこのような関係のもとに生じていると考えられる。

　一方、こうした「ボランティア教室」の支援のあり方を問い直す形で立ち上がったのが、「すたんどばいみー」である。試みられたことは、活動の主体を「外国人（の子どもたち）」にしていくことである。かれらが「やりたい」と思うことや「必要」と感じることを「声」にし、それを「活動」として位置づけ実践していく。可能な限り日本人のボランティアが仲介せずに自ら交渉する、方法がわからなければ有効なアドバイスをもらえそうな日本人を捜して相談する、そうして「活動」を実現させていく。そこには「日本人（支援する人）―外国人（支援される人）」という関係は残りつつも、支援される外国人が支援する日本人を選択していく過程を組み込むことによって、ニューカマーの子どもたちの主体性を介在させることが可能になっているのである。

　興味深いことに、こうした場ができあがると「ボランティア教室」に顔を見せることのなかったニューカマーの子どもたちが活動に参加するようになっていく。そこに見出されるのは、日本社会での日常に困難さや違和感を感じつつも、それらを感じないように振る舞うことで生き抜いている者たちの存在である。かれらにあっても、支援は必要なのである。しかし、それは、これまでの

「日本人(支援する人)─外国人(支援される人)」という関係のもとにある「ボランティア教室」では、決して拾い上げられることのなかった「声」の主たちである。こうして「すたんどばいみー」の活動は、ニューカマーの子どもたちの多様な「声」を拾い上げつつ実践されることで、それらを通して、日本社会、特に「学校」における外国人の「差別・抑圧の構造」を明らかにすることができている。

　さて、ここまできて検討しなければならないのは、本章の第2節で示した苅谷(2001)による「不平等のダブルスタンダード」、倉石(1998)による「素朴構造主義的語り口」によって提示された課題である。「差別や抑圧の構造」が自明視された同和地区や在日朝鮮人の教育は、そうした構造を問題化することに傾注するあまり、問題領域が限定され、当該の問題に対する新しいアプローチを遠ざけてきたという指摘である。果たして、「差別・抑圧の構造」を明らかにする「すたんどばいみー」の活動は、同様の傾向をもっているのであろうか。

　これについては、現段階では「否」を提示しておきたいと思う。なぜならば、8年にわたって継続されてきた実践を通して、現段階で、当事者間をつなぐ典型的な語りは次のようなものだからである。

　　あの子(支援の対象者)に対して、自分が言えることもあるけど、お前にしか言えない事がある。いいか悪いかも、成功も失敗もない、それぞれの関係から開かれるものがあって、そこから何をあの子と生み出していけるかはそれぞれの勝負だ。(清水・すたんどばいみー、2009：13)

　ここには「同じ外国人であっても、それぞれの当事者性は違う」という認識が確認できる。だからこそ「すたんどばいみー」という実践において、問題や課題は固定化されずに引き受けられ、多様な活動を生み出しているのである。

　本節で検討してきたのは、1997年に筆者がニューカマーの子どもたちの学校適応を観察することを出発点として始めた研究が、研究成果の第一義的オーディエンスを調査対象者とすることで「外国人の子どもたちの問題を考える」という新しいコミュニティが構築され、その結果生み出された新しい実践であ

る。これらの実践は、「文化的差異の強調」という本質主義的な側面を伴っている。しかしながら、そうであるからこそ、日本人と外国人の間に横たわる「支配関係や差別関係の隠蔽」を回避し、既存の社会における「差別・抑圧の構造」を問題化していくことにより、これらの実践に触れた「外国人」の子どもたちの個々人をエンパワーメントしてきているということは、あらためて確認しておきたい。

4　社会状況の変化に伴う新たなる取り組み

　ここまで「学校」とそれを取り巻く「地域」というミクロレベルでの、ニューカマーの子どもたちの支援にかかわる実践を概観してきたが、本節では、これらの実践のその後の展開に触れることで、ミクロレベルでの実践とマクロレベルの社会状況との関係を検討してみたい。
　大きな変化は、「選択国際」「すたんどばいみー」という実践を生み出した「外国人の子どもたちの問題を考える」というコミュニティが、さらに多くの支援者を集めて 2007 年 9 月に「教育支援グループ　Ed. ベンチャー」という市民団体を立ち上げ、2010 年 6 月には NPO 法人化されたことである。ここでは、この変化を探るために、少し長くなるが、この団体の立ち上げの「設立趣意書」に触れてみたい。

　「学校の機能低下」が指摘されるようになって、ずいぶん長い時間が流れたような気がします。この間、その指摘は、学校だけでなく、子どもの「おかしさ」、家庭教育の機能低下へと波及し、一部では、教育に関わるものすべてが問題であるかのようなムードが作り出され、その改善を目的として、数々の教育改革が様々な立場から叫ばれました。しかし、そうして実行された「教育改革」は、一貫性に欠け、行政主体の一部の改革は、教育現場を混乱に陥れているようにさえも聞こえてきます。／こうした「教育改革」の背景である社会状況を俯瞰してみると、「改革」の旗の下に吹き荒れる「新自由主義」の嵐は、「いたみ」を分かつことなく、弱い者へと押しつけ、大人さえも生きづらい時代を迎えています。規制緩和が進み、大手企業が地域へ

進出する中で、私たちの生活に身近な商店街や中小企業は苦しい経営を迫られ、地域社会のありようも大きく変わり始めています。／当然、こうした流れの中で、競争原理至上主義に学校も生徒も巻き込まれ始めました。学校も、教職員も、そして子どもも、競争させられ、評価される時代がやってきているといえます。「自己選択・自己責任」の言葉のもとに、個人や家庭に教育問題が矮小化され、学習に遅れる者や、家庭の経済状況が苦しい者、障害を持つ子どもたち、外国人などのマイノリティの存在は、「弱いもの」としてますます取り残され始めています。／そして一方では、巨大な教育産業が「教育への不安感」をあおり立てながら、大手を振って教育界に参入してきています。／（中略）／しかし、取り残される「弱いもの」が、最後までよりどころとするのはやはり「学校」でしかあり得ません。子どもたちに未来を生きる力をつけるのは、やはり教育による以外にはありません。／そこで、どんなに学校や教育が大きく変わろうとも、「学校をよりどころとするしかない弱い子どもたち」を、そして、そうした子どもたちを支えようとする先生や学校を、ちょっと離れたところから支え、応援する教育支援グループを立ち上げました。／（後略）。[7]

　先にも述べたように、この団体の前身は、「外国人の子どもたちの問題を考える」というコミュニティである。そして、このコミュニティが「選択国際」「すたんどばいみー」という実践を生み出し、そこでは日本社会における外国人に対する「差別・抑圧の構造」をミクロレベルで明らかにすることが試みられてきた。しかし、この設立趣意書に示されるのは、コミュニティの射程を外国人の子どもたちに限らず、既存の体制のもとでも周辺化される可能性の高い者たち――例えば、学習に遅れる者、家庭の経済状況が苦しい者、障害を持つ子どもたち――に広げるということである。

　では、なぜ、そのように展開していったのか。設立趣意書には、現在の「教育改革」は、「新自由主義」を背景とした「自己選択・自己責任」の言説のもとで、既存の体制において周辺化される「弱いもの」の問題は、これまで以上に個人や家庭の問題として処理される可能性があるという時代認識が示されている。そして、そうした社会状況のもとでは、「外国人の子どもたちの問題を

図 3-1　戦後日本型循環モデル　　図 3-2　戦後日本型循環モデルの破綻

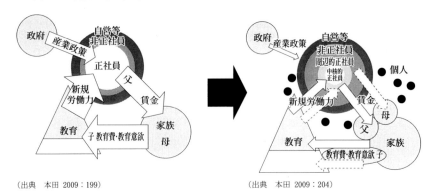

（出典　本田 2009：199）　　　　　　（出典　本田 2009：204）

考える」という課題設定だけでは限界があり、「学校をよりどころとするしかない弱い子どもたち」までにその射程を広げて課題を立ち上げる必要性があるという認識である。

　このような課題設定は、「外国人の子どもたちの問題を考える」というコミュニティにおいて常に意識されてきた「問題の個人化」を避け、「構造の問題」として理解するという認識枠組みと共通するところがある。それを読み解くために、まずは、1990年以降の社会の変化を、教育の観点から鋭く読み解いている本田（2009）を手がかりに概観してみたい。

　本田は、戦後日本の社会構造を、仕事と家族と教育という3つの社会領域がたいへん緊密で密接な関係、つまり各領域が次の領域に向けて自らのアウトプットを注ぎ込む循環関係というもので成り立ってきたとして、「戦後日本型循環モデル」を提示している（図3-1）。

　ところが、石油ショック以後、仕事と家族と教育という3つの領域を結ぶ矢印が太くなりすぎたがゆえに、3つの領域が次の領域のアウトプット投入のみを存在目的とするようになり、それぞれの中身が空洞化して様々な矛盾が露呈し始めた。そして、それがずたずたになり始めたのが90年代以降で、それは特に仕事の世界の変化によってもたらされたと分析されている（図3-2）。正社員層の縮小により、中核的正社員は限られた一部分となり、その周りには周辺的正社員や非正社員が分厚い層として現れた結果、家族を支える経済基盤の格

差が拡大し、家族から子どもの教育に注ぎ込むことができる資源の格差を生み出している。この循環にまだなんとか潜り込めている層は、潜り込むための必死さがヒートアップするのに対し、この循環構造や社会領域のどれにも入れずに、さまよい始めているばらばらの個人が、非常にたくさん現れ始めているというのである。

　さて、このような構造の変化は、外国人の子どもたちの視角から見た場合、どのように捉えうるのであろうか。まず、確認しなければならないことは、そもそも「戦後日本型循環モデル」（図3-1）の中に、外国人の子どもたちは位置づけられていないということである。もちろん、モデルであるから、当然あてはまらない日本人も存在するわけだが、それらの日本人が無視されてきたのと同様に、外国人も（オールドカマーもニューカマーも）無視されてきたわけである[8]。では、その破綻（図3-2）状況において、そもそも無視されてきた者たちはどこに位置づけられるのであろうか。残念ながら、本田の分析には、この観点は組み込まれていない。

　そこで、この問いの前に立って、「外国人の子どもたちの問題を考える」というコミュニティが試みたのが、「教育支援グループ Ed. ベンチャー」の立ち上げである。つまり、モデルの破綻によって「さまよい始めているばらばらの個人」を「集団」として捉えて支援する枠組みとして設定されたのが「Ed. ベンチャー」なのである。そこでの支援される集団には、既存のモデルで無視されてきた外国人の子どもたちだけでなく、障害をもつ子どもたち、学習に遅れる者、家庭の経済状況が苦しい者など、既存の体制のもとで周辺化される可能性がある者すべてが含まれることになる。

　こうした理解は、第2節でもその必要性を強調した「より抽象的な水準による事態の把握」である。そして、その把握は、社会状況の変化に伴って常に問い直される必要がある。もし、そうした認識枠組みを持ち得ず、第3節で示した実践のみに固執し続ければ、それは既存の体制のもとで周辺化される者どうしのパイの奪い合いになりかねないのである。もちろん、だからといって、日本人と外国人が同じように捉えうるわけではない。少なくとも既存の体制のもとで周辺化される可能性のある「弱いもの」として括られるそれぞれの「集団」の境界維持は、その集団内部の多様な個人のエンパワーメントなくしては

第3章　権力の非対称性を問題化する教育実践 ｜ 59

成り立ち得ないことは肝に銘じなければならないだろう。

5　おわりに

　本論では、ニューカマーの子どもたちを研究対象とする筆者が、1997年から2010年の今日に至るまで、研究者として、学校の教師、地域のボランティア、そして、ニューカマーの子どもたちと関わりながらともに展開してきた研究活動を概観してきた。それらを通して、マクロレベルでの社会状況のもとで、ミクロレベルでの日本人と外国人の権力関係を批判的に検討することが必要であり、それによって、「学校」を中心として編み出される「日本人も外国人もかわらない」というミクロレベルの平等意識を解体する教育実践が可能となることが提示できたと思う。

　ただし、第4節の「社会状況の変化に伴う新たなる取り組み」で示したように、社会状況の変化とともに、ミクロレベルでの日本人と外国人の権力の非対称性が置かれる状況も変化するのであり、したがって、本章では、そうした変化に伴い、教育実践が変化する必要があることも指摘できたと思う。この観点から振り返れば、本章の前半で紹介した「選択国際」という教育実践は、「戦後日本型循環モデル」の破綻以前の「学校」を中心とするミクロレベルでの権力の非対称性を問題化する教育実践ではあるが、そのモデルの破綻とともに導入される「新自由主義」的改革のもとにおける「学校」での教育実践として同じ取り組みを行えば、それは日本人VS外国人という構図を招く恐れもある。だからこそ、そうした構図を回避する課題設定をする仕組みとして、「NPO法人教育支援グループEd.ベンチャー」が立ち上がったのである。では、この社会状況にあって「学校」は何をするべきか。今のところこの問いに応える明確な回答にはたどりついてはいない。ただ、この時点で確実に言えることは、マイノリティを研究対象としてミクロレベルにおける権力の非対称性を問題化する教育実践に普遍的な方法はなく、社会状況（マクロレベル）と絡んで、それは常に問い直される必要があるということである。

注
1) この点は、本稿のアウトラインを報告した異文化間教育学会の特定課題研究の後に、中島智子氏からの「オールドカマー問題とニューカマー問題に取り組む研究者のスタンスの違いを明らかにしたい」という依頼により実現したディスカッションによって明らかになったことである（2008年6月1日、内容は清水の筆記録による）。氏の問題状況を把握する慧眼と研究に対する真摯な取り組みに敬意を表するとともに、記して感謝申し上げたい。
2) 樋口（2005）によれば、この端緒は、1986年の自治省（当時）の国際交流プロジェクト構想であり、1990年代に入って、各自治体での外国人施策に関する指針が整備されたという。
3) 清水（2004）は、清水（2006）の第4章で若干の加筆修正し再録している。
4) 詳細は、清水・児島・家上（2008）を参照のこと。
5) 具体的には、フィールドの全体像をどう把握しているのか、リサーチクエスチョンをどう立てているのか、どのような焦点観察を行っているのか、理論に導かれた事象の選択的観察をどのように行っているのか、データを分析してどのような解釈をしようといているのか、どのようなエスノグラフィーを書き上げようとしているのか等である、これらの問いの立て方については、清水（2009）を参照されたい。
6) 詳細は、清水・児島編著（2006）を参照のこと。
7) http://www.edventure.jp/download/setsuritsu.pdf（2010年7月20日検索）
8) 問題の詳細は、清水（2006）「ニューカマーの子どもの青年期」において指摘している。

参考文献

阿久澤麻里子（1998）「マイノリティの子どもたちの教育」中川明編『マイノリティの子どもたち』明石書店、pp. 88-113.
神戸芳子（2006）「外国人生徒のためのわかる授業―授業の中での居場所づくり」清水・児島、嵯峨野書院、pp. 15-26.
樋口直人（2005）「共生から統合へ――権利保障と移民コミュニティの相互強化に向けて」梶田・丹野・樋口、名古屋大学出版会、pp. 285-305.
本田由紀（2009）「教育・労働・家族をめぐる問題」芹沢一也・荻上チキ編『日本を変える「知」――「21世紀の教養」を身に付ける』光文社、pp. 149-215.
家上幸子（2006）「『ボランティア』ではないものに向かって」清水・児島、嵯峨野書院、pp. 148-162.
井口泰（2001）『外国人労働者新時代』ちくま新書.
梶田孝道・丹野清人・樋口直人（2005）『顔の見えない定住化―日系ブラジル人と国家・市場・移民ネットワーク』名古屋大学出版会.
柿本隆夫（2001）「外国籍席をめぐる『言葉の状況』と国語教育」神奈川県教育文化研究所『外国人の子どもたちとともにⅡ―学習と進路の保障をもとめて』、

pp. 23-30.
苅谷剛彦（2001）『階層化日本と教育危機―不平等再生産から意欲格差社会へ』有信堂.
金泰泳（1999）『アイデンティティ・ポリティクスを超えて―在日朝鮮人のエスニシティ』世界思想社.
児島明（2006）「学校文化への挑戦としての「選択国際」」清水・児島、嵯峨野書院、pp. 49-61.
倉石一郎（1998）「「教育の語り」における画一性と多様性の問題―在日朝鮮人の場合」中島智子編『多文化教育―多様性のための教育学』明石書店、pp. 189-218.
中島智子（1997［1985］）「日本の学校における在日朝鮮人教育」小林哲也・江淵一公編『多文化教育の比較研究―教育における文化的同化と多様化』九州大学出版会、pp. 313-335.
太田晴雄（2000）『ニューカマーの子どもと日本の学校文化』国際書院.
志水宏吉（2000）「裏側のニッポン―日系南米人の出稼ぎと学校教育」『教育社会学研究』第66集、pp. 21-40.
志水宏吉・清水睦美（2001）『ニューカマーと教育―学校文化とエスニシティの葛藤をめぐって』明石書店.
清水睦美（2004）「学校現場における教育社会学者の臨床的役割の可能性を探る―ニューカマーを支援する学校文化変革の試みを手がかりとして」『教育社会学研究』第74集、pp. 111-126.
清水睦美（2006）『ニューカマーの子どもたち―学校と家族の間の日常世界』勁草書房.
清水睦美（2006）「ニューカマーの子どもの青年期―日本の学校と職場における困難さのいくつか」『教育学研究』第73巻第4号、pp. 457-469.
清水睦美（2009）「エスノグラフィーの限界と可能性―ニューカマーの子どもたちと参加型アクションリサーチをめぐって」箕浦康子編『続フィールドワークの技法と実際II』ミネルヴァ書房.
清水睦美・児島明編著（2006）『外国人生徒のためのカリキュラム―学校文化の変革の可能性を探る』嵯峨野書院.
清水睦美・児島明・家上幸子（2008）「『当事者になっていく』ということ（前編）」『東京理科大学紀要（教養篇）』第40号、pp. 219-236.
清水睦美・すたんどばいみー編著（2009）『いちょう団地発！　外国人の子どもたちの挑戦』岩波書店.
下福田中学校（2002）『選択教科国際　授業のあしあと／2001年度』.
篠原弘美（2006）「学校の中の国際教室―外国人生徒の変化を通して」清水・児島、嵯峨野書院、pp. 27-39.
田中宏（1995）『在日外国人（新版）―法の壁、心の壁』岩波書店.
依光正哲編（2005）『日本の移民政策を考える―人口減少社会の課題』明石書店.

第Ⅱ部

可能性への模索

第4章
多文化共生をどのように実現可能なものとするか
——制度化のアプローチを考える——

金　侖貞

1　はじめに

　本章では、多文化共生を実現可能にするためにはどのようなことが考えられるのかを中心にみていきたい。但し、その際には、多文化共生を「実践的概念」として捉え直すことと、「制度化」していくことが必要である。このような視点は、多文化共生の今日的状況から導き出される2つの論点を踏まえ、さらに、韓国で進展している多文化教育政策に着目したもので、持続可能かつ実現可能なものとして「多文化共生」を具現化していく道筋を考えてみたい。

2　多文化共生をめぐる今日的状況

　多文化共生と関連して政府レベルで動きをみせた2005年以降の主な動きをあげると、2006年3月総務省「多文化共生の推進に関する研究会報告書—地域における多文化共生の推進に向けて—」、同年12月外国人労働者問題関係省庁連絡会「『生活者としての外国人』に対する総合的対応策」、2007年3月（社）日本経済団体連合会「外国人人材受入問題に関する第二次提言」、同年3月総務省「多文化共生の推進に関する研究会報告書2007」、2008年6月自由民主党外国人人材交流推進議員連盟「人材開国！日本型移民政策の提言」中間とりまとめ、同年6月文部科学省「外国人児童生徒教育の充実方策について」、同年10月（社）日本経済団体連合会「人口減少に対応した経済社会のあり方」

などがある。

　以上のような2005年からの動きには、多文化共生とともに「移民」という言葉も登場し、移民政策として外国人をどのように受け入れるのかに関する議論までもが行われている。

(1) 多文化共生の対象とは誰か

　この中で2006年に出された総務省「多文化共生の推進に関する研究会報告書」と「『生活者としての外国人』に対する総合的対応策」をみてみたい。

　総務省の報告書では、地域の多文化共生を「国籍や民族などの異なる人々が、互いの文化的ちがいを認め合い、対等な関係を築こうとしながら、地域社会の構成員として共に生きること」とし、そのための課題をコミュニケーション支援、生活支援、多文化共生の地域づくりから検討、地方自治体に「多文化共生推進プログラム」を策定するようにとしている。今まで地方自治体中心だった多文化共生施策において、この報告書では、国の多文化共生体制の整備を促し、より総合的な取組みの必要性を明示している[1]。

　同年12月の「『生活者としての外国人』に関する総合的対応策」においても、暮らしやすい地域社会作り、子どもの教育、労働環境の改善・社会保険の加入促進等、在留管理制度の見直し等の4つの柱を中心にその対応が提示され、外国人が「社会の一員として日本人と同様の公共サービスを享受し生活できるよう環境整備」が必要であるとしている[2]。

　総務省の報告書や対応策において、それぞれ外国人と想定している対象は、前者の総務省報告書の場合、在日韓国・朝鮮人に関する言及はみられるものの、榎井縁が、「第一回研究会が開かれる直前に対象者が限定されたという経緯がある。すなわち、先住民族、旧植民地出身者、オーバーステイの問題がその対象から外され、日本語でコミュニケーションできない人たちに共生の対象が限られた」[3]と指摘しているように、日本語で意思疎通のできない人々を対象としている。後者においても、「生活者としての外国人」が「日本語能力が十分でないこと、日本の文化、習慣等社会システムに対する理解が十分でないこと」など、同様にニューカマー外国人である。

　ニューカマー外国人を多文化共生の主な対象としているのは、在日外国人の

多くがニューカマー外国人であるという現実がその背後にあると思われるが、多文化共生の対象の中にオールドカマーの視点が抜け落ちている。これが多文化共生の第一の論点となる。

(2) 多文化共生概念の「両義性」

　もう一つの論点は、多文化共生概念の拡散による「両義性」である。多文化共生概念が拡がるにつれ、多文化共生に対する危惧や批判が見受けられるようになった。例えば、ハタノは多文化共生という言葉が「マイノリティ、または社会的に弱い立場に置かれている人たちの側から発生した言葉ではない」とする。なぜなら、マジョリティとの共生がマイノリティにとっては、「常に直面せざるを得ない『前提』」で、「しかも、多くの場合、マジョリティによって権利を侵害されている、あるいは認められていない状態にある。そのため、マイノリティがマジョリティ側に何かを要求する場合、『多文化共生』といった抽象的で丸みを帯びた言葉を使って『多文化共生を実現してほしい』と言うことはな」く、「『自分たちのこの権利を認めてほしい』『侵害しないでほしい』といった形で切実な要求を掲げるのが自然」[4]だからである。

　ハタノの指摘からは、多文化共生という言葉がマジョリティとマイノリティの不平等な関係の中からマジョリティによって発せられたものという側面を明らかにしており、多文化共生がマジョリティのイデオロギーや思惑によって都合よく使われることへの危険性を喚起してくれる。つまり、「多文化共生」が政府や自治体などの政策用語として頻繁に使われていることに対しては、「多文化共生」という言葉が現実のマジョリティとマイノリティの不平等な関係を覆い隠してしまう恐れがあるのである。

　このように、多文化共生という概念の曖昧さとも相まってその危うさを指摘する論者も少なくないが、金泰泳が「1960年代以降、アメリカで使われるようになった『多文化主義』と共生がむすびついて『多文化共生』というかたちで、日本社会で広まるようになった[5]」と説明しているように、日本の多文化を考える際には、共生概念により焦点をおくことによって日本独自の多文化とは何かを明らかにすることができる。

　それに、多文化共生という言葉が一般的に使われていく背景には、多文化共

生センターの設立など市民運動との関係を抜きにしては論じることができず、多文化共生概念には、「上」からの多文化共生―「官製的概念」と「下」からの多文化共生―「実践的概念」が存在しているということができる。要するに、多文化共生が、上から押付けられるような「行政的・官製的概念」として用いられ、それがマイノリティである外国人のおかれた状況をみえにくくする側面を有する一方で、地域社会で共に生きるための実態をつくっていく努力の中で「実践的概念」として多文化共生が生成されてきた側面があるという、多文化共生概念の一般化、拡散がもたらした概念の「両義性」が今日の多文化共生をめぐる第二の論点である。

このような両義性をもつ多文化共生を、日本独自の理念として考えるためにも、多文化共生を「実践的概念」として認識することは重要である。なぜなら、多文化共生の実践的形成が1970年代、80年代の地域実践の中でみられるからである。

3　実践的概念としての「多文化共生」

多文化共生を「実践的概念」として把握することは、「外国人あるいは異文化との共生」という文脈における共生が、在日韓国・朝鮮人と日本人による民族差別撤廃運動から生まれたことから多文化共生の中のオールドカマーの視点の弱さを補う視点にもなる。

（1）多文化教育の「連続性」への手掛かり

近年の多文化社会や多文化教育における論議をみると、ニューカマーの増加に伴ってニューカマーに焦点が当てられることが多く、そこには、オールドカマーとニューカマーとの間にある一種の「断絶性」がみられる。このような「断絶性」には、オールドカマーとニューカマー外国人の形成史やそれぞれ抱える課題の違いが大きく関わっているが、日本の多文化教育、多文化共生を捉えていくにあたっては「断絶性」を「連続性」に置き換えて考える必要がある。そして、この「連続性」というスタンスに立ったときに、「多文化」でない「多文化共生」を日本独自の理念として認識することが可能となる。

多文化教育においてニューカマーとオールドカマーをどのように連続的に考えるかにおいては、中島智子の研究が多くの示唆を与えてくれる。
　中島は1990年以降ニューカマーの児童生徒が増えている状況の中で在日朝鮮人教育に関わった教師などの関係者に2つの言説―「断絶」の言説と「繰り返し」の言説―が見られたと指摘する。中島によれば、『断絶』の言説とは、戦前の植民地支配に由来するという歴史的背景を持って定住する在日朝鮮人(や中国人)と新しく渡日してきた外国人とは、歴史的背景が異なるのでカテゴリーを厳しく峻別する言説」で、「『繰り返し』の言説とは、現在ニューカマーが経験していることは、在日朝鮮人が経験してきたことの繰り返しであるというもの」である。このような言説がある中で、中島はオールドカマーとニューカマーをつなげて考える「連続の視点」を提起する。
　学校教育における連続性に焦点を当てた中島の先駆的視点を踏まえ、ここではニューカマーとオールドカマーの連続性、多文化教育における連続性を、「共生」を切り口に考えたい。なぜなら、「共に生きる」という「共生」が1970年代から始まった日本人と在日韓国・朝鮮人による民族差別撤廃運動や教育実践から生まれることから、「共生」を手掛かりにすることによって、多文化教育を「断絶的」でない「連続的」なものとして捉えられるからである。

(2) 地域社会からの「共生」の生成

　「多文化共生」が使われる前に、「共生」は「共に生きる」という形で使われていた。「共に生きる」は、在日韓国・朝鮮人問題に日本人と在日韓国・朝鮮人が「共に闘う」という「共闘」から生まれたのであり、これは、日本人が在日韓国・朝鮮人問題に主体的に関わることから発せられたものである。
　「共生」の前段階として「共闘」が出てくるのは、1970年からの日立就職差別闘争の成果から1974年11月に結成された「民族差別と闘う連絡協議会」(以下、民闘連)によってである。在日2世青年の就職差別から日本人と在日韓国・朝鮮人青年が一緒に取り組むという新しい運動のスタイルを生み出した「日立就職差別闘争」の勝利集会で初めてその構想が出された民闘連は、「『在日』の生活を見つける中で、民族主体性とはどのようなものか、在日韓国・朝鮮人と日本人が共闘するとはどういうことなのか、といった課題を追求してい

くことを主軸」とするものであった。[9]

　民闘連において、「在日韓国・朝鮮人と日本人が共闘していく」という「共闘」は、第4回の全国交流集会で「連帯、共闘」が出され、1979年の第5回全国交流集会で公式化される。つまり、「①在日韓国・朝鮮人の生活現実をふまえて民族差別と闘う実践をする、②在日韓国・朝鮮人への民族差別と闘う各地の実践を強化するために交流の場を保障する、③在日韓国・朝鮮人と日本人が共闘していくこと」が確認され、在日韓国・朝鮮人問題に対して日本人と「共に闘う」ことが運動の中に位置づけられるのである。[10]

　しかし、この「共闘」原則が確立される前の段階に「日本人ヘルパー論」が存在していた。在日韓国・朝鮮人問題に日本人と最初から一緒に闘うのではなく、在日の問題を日本人は助けるのだという論理が、在日韓国・朝鮮人問題を「自分自身の問題」「日本人自身の問題」、また、「地域全体の問題」として捉えることを通して共に闘うという水平的関係へと変わる。1977年から日本人との連帯・共闘が模索され、民闘連の1977年集会「在日韓国・朝鮮人の民族主体性と日本人の共闘」、1978年集会「民族差別との闘いに向けての在日韓国・朝鮮人と日本人の共闘」を経て1979年に公式化されるのである。

　その後、「共闘」は「共生」へと深められていく。例えば、民闘連の1982年集会は「共に生き、共に闘う新たな展望をきりひらこう」で、1986年集会は「地域でも共に生き共に闘う輪を広げよう」がテーマに議論された。1982年の集会以来「共に生きる」は民闘連の課題となり、1984年の基調報告では、「共に生きる」について次のように言及された。[11]

　　"共に生きる"とは、妥協を前提とするものではない。異質なものを互いに尊重し、認めあうことの上に成り立つことをめざす、民族として自立した関係を求めるものである。民闘連には、その基盤がある。これまで築き上げて来た地域活動の場を拠点とし、それぞれの持ち場における実践活動を通し、"共に生きる"地域社会の創造をめざそうではないか。在日韓国・朝鮮人にひきつけて言うならば、そのことによって具体的かつ日常的に民族として生ききれる拠点を構築して行くことである。……"共に生きる"ことを民闘連運動の"潮流"としなければならない。そうした"潮流"を形成して行く歩

みのなかで、より鮮明に在日韓国・朝鮮人の将来が展望されるであろう。

　在日韓国・朝鮮人問題に日本人と在日が一緒に闘うことから、「異質なものを互いに尊重し、認めあうことの上に成り立つことをめざす、民族として自立した関係」である「共に生きる」ことへの形成が、1984年に民闘連の中で確認され、1980年代半ばの指紋押捺拒否運動のスローガンとして「日本人へのラブコール」とともに「共に生きる」は広がっていく。「共に生きる」という「共生」理念の形成は、在日韓国・朝鮮人だけでなく日本人それぞれの自己変革を潜り抜け、そして、「地域」を拠点と捉えることから生まれたのである。民闘連の三大原則が「実践、交流、共闘」で、地域実践の場をもつことが求められたのは、差別が起こる地域にこそ目を向け、そこから共闘、共生を実現していくことを目指したからである。「共闘」が公式化された第5回民闘連交流集会では、地域と「共闘」関係が次のように明示された。[12]

　　われわれは、民族差別と闘う拠点を地域に定める。地域をわれわれはこう定義したい。在日韓国・朝鮮人の問題が存在するところ、つまりは生活の場である。……なぜ地域に固執するのかといえば、それは地域にこそ矛盾や不条理の表出である民族差別が凝縮されているからである。そして、何よりも民衆が存在しているからである。民衆とはわれわれ自身であり、親であり、兄弟姉妹であり、そして隣人である。そしてさらには、民族差別と闘う仲間である。

　　われわれは、相対的距離を持ちつつ、在日韓国・朝鮮人と日本人との共同闘争を維持する。民族差別との闘いは、在日韓国・朝鮮人と日本人の自己変革をめざす闘いでもあるからである。なぜ自己変革を求めるのかと言えば、それは双方の解放を達成したいからである。その意味において、われわれは在日韓国・朝鮮人と日本人をふくめた「地域」の変革を志向するものである。それは、究極的には、日本の差別社会の変革であり、在日韓国・朝鮮人社会の分断の克服であるとも言える。

地域の問題として在日韓国・朝鮮人問題を捉え直すときに、それは地域の住

民である自らの問題となり、そういった「当事者性」に基づく視点に立ったからこそ、「共闘・共生」の関係の土台ができたのである。そして、「共闘・共生」が在日韓国・朝鮮人に対する差別を是正していく中で積極的に使われたことは、今日の多文化共生の状況を考える際に有意義であろう。[13]

　ここで、さらに実践的に形成された「共生」がどのようにオールドカマーとニューカマーをつなぐものとして機能しているのか、川崎市ふれあい館を事例にみていきたい。

(3) 持続性・実現可能性を有する「多文化共生」

　川崎市ふれあい館は、民闘連運動の中心メンバーとしても関わってきた社会福祉法人青丘社の1982年からの青少年会館設立運動によって開館した社会教育施設と児童館の合築施設である。日立闘争や民闘連運動の拠点であった川崎市桜本に位置するふれあい館は、まさに「共生」理念を体現化していく施設として、1988年から今日まで20年にわたり活動を続けている。

　ふれあい館を多文化共生・多文化教育の連続性を示す事例とみなすのは、第一に、活動内容の連続性である。1970年代から取り組んできた教育実践がニューカマーの増加を受け、形を変えながらふれあい館の実践として根づいているからである。中島が大阪の実践から連続の視点として指摘した「①母語・母文化の場の提供と生徒のアイデンティティ確立への熱意、②集団づくり」の観点と関連するものとなるのが、民族アイデンティティを確立する場としての「民族クラブ」の活動である。[14]

　在日韓国・朝鮮人の子どもだけの民族クラブ「ケナリ（れんぎょう）クラブ」がつくられたのは、1981年のことである。ふれあい館が開館する前から青丘社による桜本保育園・桜本学園の中で本名をよび文化を学ぶことで在日韓国・朝鮮人のアイデンティティを確立する場としてつくられた。今は、ダブルやニューカマーの子どもなども参加しているが、「自分を隠さず活動できる場」「韓国・朝鮮人である自分をさらして生きていこうとする在日の子どものための空間」として、ケナリクラブは仲間づくり、民族アイデンティティの確立のための場として機能している。そして、このような活動は、フィリピン人の子どもの民族クラブ「ダガット（DAGAT）クラブ」へとつながっている。

フィリピンの文化をとおしてフィリピンを背景にもつ子どものアイデンティティ形成を助けるための活動は、1990年代後半から始まり今日にいたっている。これは、まさにアイデンティティの問題を抱える在日韓国・朝鮮人の子どもの経験がニューカマーの子どもの教育実践に活かされたものであり、民族クラブ以外にも、桜本学園で取組まれた学力の問題が、2003年から始まった中学生を対象とする学習サポートとして始まるなど、在日韓国・朝鮮人の子どもの問題とその実践が、ニューカマーの子どもの実践に活かされ、オールドカマーとニューカマーをつなぐ実践の連続性を有しているといえよう。
　第二には、「当事者性」に基づく共同体制があげられる。「共闘・共生」が模索されていた時から関わっていた人々が、ふれあい館のスタッフとして関わり続け、持続的な実践を担うアクターとなっている。青丘社では、1978年から韓国・朝鮮人と日本人主事体制となり、ふれあい館においても、共に生きる地域社会の創造が在日韓国・朝鮮人だけでなく日本人の課題であるとの認識の上、日系ブラジル人やフィリピン人もスタッフに迎え、日本人と外国人が「共生」の課題にむけて「当事者性」に基づいた活動を展開している。
　第三に、持続可能な実践を可能とした「制度化」である。ふれあい館は行政との地道な交渉や、ふれあい館以前から学童保育の委託などの協力関係を踏まえて「官設民営」で運営されている（2006年度から指定管理者制度導入）。ふれあい館条例第1条に「日本人と韓国・朝鮮人を主とする在日外国人が市民として相互のふれあいを推進し、互いの歴史、文化を理解し、もって基本的人権尊重の精神に基づいたともに生きる地域社会の創造に寄与する」ことが目的に掲げられているように、「共生の地域社会の創造」という施設の目的が明確化され、市の施設として施策の中に位置づけられることによって活動の安定性・持続性が保障されてきた側面があった。
　このようなふれあい館の活動から、「実践的」概念として「多文化共生」を現実に根付かせていく持続的活動のために考えられるのは、「政策化」「制度化」へのアプローチである。

4 「多文化共生」を実現可能なものとするためには

　多文化共生を官製的なものではない実践的概念として現実に根づかせていくために今求められるのは、「制度化」へのアプローチである。多文化共生に対する理解を共有し、広めていくためには制度という枠組みの中に多文化共生を位置づけていくことが必要である。

(1) なぜ「政策化」「制度化」なのか

　先述した総務省報告書にも指摘されているように、日本では多文化共生施策が自治体中心で政府による政策は不十分であると言わざるを得ない。
　多文化共生を制度化、政策化していくことが必要なのは、現にオールドカマーの問題がそのままニューカマーに再生産されている現状があるからである。[15]このような再生産の構造を改めていくためにも、外国人だけでなく日本人をも多文化共生の対象と位置付けて政策化していくアプローチが必要不可欠である。つまり、多文化共生を具現化していくために、問題の再生産構造を是正し、多文化共生の「他者」としての日本人の存在を位置づけるために、多文化共生を制度化していくことが求められる。
　在日外国人の問題の再生産という側面と、多文化共生の対象として日本人をも位置づけることとが密接に関係しているのは、共生が実践的概念として生成されていくプロセスを想起すると一目瞭然である。自分をカムフラージュする方便として日本名を使っていた在日韓国・朝鮮人が、1970年代以降の民族差別撤廃運動や民族教育実践の中で民族名を取り戻し名乗るとともに、日本人にも呼ばせる活動をしていたのは、彼らが民族アイデンティティをもって生きていくためには、自分だけでなく彼らを受け入れる日本人側の意識変化を必要としていたことを示すものである。
　また、共に闘うことのできない地域においては、政策化し制度として実施することによって、多文化共生が広がっていく余地も生まれてくる。むろん制度化することによってそこから抜け落ちてしまうケースが出てくるおそれはあるが、社会全体の枠組みを、まず、少しずつでも変えていくことが、急務なので

表4-1 教育人的資源部「多文化家庭の教育支援対策」

ビジョンと目標	文化民主的統合（Cultural Democratic Integration）をとおして韓国を文化的溶解の場（Cultural Melting Pot）へと転換
主な内容	－多文化家庭支援のための部処間の協力体系の構築、我が国民の多文化主義意識を高める －地域社会の多文化家庭支援の協力体制構築の支援 －'学校'の多文化家庭子女の支援機能の強化 －多文化家庭子女の教育のための教師の力量強化 －教育課程及び教科書に多文化教育要素を反映 －大学生 mentoring 事業を多文化家庭子女に拡大 －国際結婚家庭子女の二重言語学習の支援、不法滞在者子女の身分安定のための部処間の協議推進

出典：김이선・황정미・이진영『다민족・다문화사회로의 이행을 위한 정책 패러다임 구축（Ⅰ）―한국사회의 수용현실과 정책과제』한국여성정책연구원、2007년、p. 170. 에서 발췌（キム・イソン、ファン・ジョンミ、イ・ジンヨン『多民族・多文化社会への移行のための政策パラダイム構築（Ⅰ）―韓国社会の収容現実と政策課題』韓国女性政策研究院、2007年、p. 170. より抜粋）。

はないだろうか。

　外国人だけに向けられがちな多文化共生を、日本人という存在にもそのベクトルを転換させ、一緒に考える多文化共生の仕組みを作り、負の問題の再生産構造を改めるためには、政策として多文化共生の枠組みを作っていくことが必要である。[16]

　ここで、どのように制度化が可能となるのか、韓国の事例に注目したい。なぜなら、韓国も日本と同様、長い間単一民族神話が根強かった社会であり、社会的・文化的同質性の高い社会である一方で、多文化政策、多文化教育政策が政府のイニシアチブによって進められているからである。

(2) 韓国における多文化教育政策の進展[17]

　日本に比べて多文化をめぐる動きが遅れた韓国では、多文化社会への模索が政府の政策によって始まっている。2000年以降急増している国際結婚による「多文化家庭」の子どもが学校教育制度に編入するにつれ、多文化教育への関心が高まり、多文化政策が政府の諸機関から出される「2006年」に多文化教育政策が当時の教育人的資源部から出された（表4-1）。

　2006年5月の「多文化家庭子女教育支援対策」においては、「文化民主的統

表 4-2　2009 年度初等教員養成大学多文化教育課程の開設計画

	大学名	講座名	講座数/区分（単位）	開設学期	対象学年	受講予想人員	対応投資（万ウォン）	支援金額（万ウォン）
1	晋州教育大学	多文化社会の倫理	3／教養選択(2)	前期	1年生	120	200	1,000
2	京仁教育大学	多文化教育の理解	2／自由選択(2)	前・後期	4年生	60	100	1,000
3	公州教育大学	多文化教育の理解	2／教養選択(2)	前・後期	1・2年生	60	500	1,000
4	全州教育大学	多文化教育論	1／選択(2)	前期	4年生	25	100	800
5	大邱教育大学	－多文化時代と市民教育 －多文化社会と多文化教育	4／教養選択(2)	前・後期	1年生	160	410	1,000
6	光州教育大学	－多文化教育の理解 －現代多文化社会と家庭	2／教養選択(2)	後期	全学年	210	420	1,000
7	ソウル教育大学	多文化教育の理解	3／教養選択(2)	前・後期	1年生	120	150	1,000
8	清州教育大学	多文化の理解	4／教養選択(2)	前・後期	1年生	120	100	1,000
9	釜山教育大学	多文化と韓国語教育	3／教養選択(2)	前・後期	1年生	120	200	1,000
10	韓国教員大学	多文化理解と多文化家族教育	6／教養選択(2)	後期	全学年	141	430	1,000
			30			1,136	2,610	9,800

出典：교육과학기술부「'09 초등교원양성대학『다문화교육과정개설지원사업』추진상황보고」2009 년
（教育科学技術部「'09 初等教員養成大学『多文化教育課程開設支援事業』推進状況報告」2009 年）．

合（Cultural Democratic Integration）をとおして韓国を文化的溶解の場（Cultural Melting Pot）へと転換」することがビジョンに掲げられ、翌年 5 月にはより具体的な計画を盛り込んだ「2007 年多文化家庭子女教育支援計画」を発表する一方、ソウル大学を中央多文化教育センターに指定し多文化教育関連研究を進めるなど、多文化教育の動きが急速に進展した。

そして、このような多文化教育政策の一環として、2009 年 3 月から始まったのが小学校教員養成大学における多文化教育課程の開設である。

2008 年 10 月に発表された「多文化家庭学生の教育支援方案」において政策課題の一つに多文化教育の基盤構築がすえられ、その政策課題の内容に多文化教育教養科目の開設支援が位置づけられた。[18] 多文化家庭の学生だけでなく韓国社会の多文化に対する理解を促すことを目的にしたこの事業は、2009 年 1 月に「初等教員養成大学の多文化教育課程開設事業」に具体化される。この事業において、「多文化家庭の学生たちが急増している教育現場の変化に対応して小学校の教師たちが正しい多文化関連認識及び態度を持ち、社会統合的な教育

を実施する[19]」ことが目的とされ、小学校教員養成大学13校に多文化教育関連科目を開設することが明確化された。国庫補助金から運営されるこの事業は、初年度の運営結果に基づき1年間延長し、3年目からは大学の予算で開設するようになり、委託先のソウル教育大学が事業の運営、評価などを担う[20]。2009年3月現在13校の中の10校が申請し、開設計画は表4-2のとおりである[21]。

　この表から分かるように、選択科目ではあるものの、教員養成課程の一つに多文化教育を入れたことの意義は大きく、教育科学技術部では、この事業と連動して、多文化家庭学生のメンタリング事業と、多文化教育学習サークル事業を進めている[22]。

　例えば、ソウル教育大学では、「多文化教育の理解」を開設するとともに、「多文化家庭学生のメンタリング事業」と学習サークル事業が2009年4月から始まっている。メンタリング事業は、4月に参加する学生を選抜し、自主学習や事前教育を実施、教育を受けた128人の学生がメンターとして国際結婚のダブルの子どもとのメンタリングを行う。実施時間は、事前・事後教育8時間、学校への事前訪問3時間、結果報告書作成4時間を含む60時間で、それをボランティア活動として単位を認める仕組みとなっている。また、メンタリングに参加する学生の中には、同じく4月から始まった多文化教育学習サークルの学生が一部参加している[23]。将来小学校の教師として教育現場に関わる学生たちにとっては、多文化教育に関する知識や実践の理解を深める機会を与える一方で、多文化家庭の学生たちには学習支援を受ける機会を持つという多文化社会をつくっていくアクターがそれぞれ主体的に関わる制度として、その試みは始まっている[24]。

　韓国の多文化教育政策の場合、特に、国際結婚といういわゆる多文化家庭に政策の比重が置かれ、外国人労働者の子どもが政策の中でおろそかになっているという課題を抱えてはいるが、制度化し政策として展開していくことによって多文化共生に対する社会的認識が広まり、政策に後押しされ、政府だけでなく各自治体においても独自の多文化教育施策を展開している。

　以上のように、日本と韓国は単一民族主義が長らく社会に根づき、社会の文化的同質性が高いという共通性を有しながらも、どのように外国人との共存・共生をはかっていくのかについては、違いを呈している。それは、何よりもそ

のアプローチがボトム・アップかトップ・ダウンであるというところである。国を中心に強力な推進体制を整えながら制度設計や体制整備を進めていく韓国の動きは、日本の市民団体を中心としたそれとは異なる様相を示している。日本とは違う背景を持つ韓国の事例を参考にしながら、日本社会における多文化共生政策はどのように考えられるのか、次節では、その道筋について考えてみたい。

5　どのように多文化共生の制度化を日本社会で可能とするか

　日本の状況を踏まえ多文化共生の制度化を可能とするために何が考えられるのか、いくつかの提言を試みたい。
　まず、第一に、オールドカマーとニューカマーに関わる研究や実践の連携を図ることである。
　第3章にもあるように、ニューカマーとオールドカマー研究はそれぞれ違う流れの中で形成され、それは社会教育研究においてもみうけられる。むろん本文で言及したふれあい館のように、オールドカマーの経験に基づいてニューカマーへの対応をとおしてその「連続性」の視点を活用している現場がないわけではないが、多くの場合、現場や研究の視点においてある一種の断絶がみられるのも事実である。
　この断絶は、やはり形成の歴史が異なることが関わっていると思われ、在日の特殊性がニューカマー外国人と同じ土壌に乗せることによってそれを見えにくくする側面があることは否定できない。しかし、実質的にニューカマーが在日外国人のマジョリティとなり、毎年約1万人の在日が帰化しているといわれている中で、ニューカマーとオールドカマーをつなげて在日外国人として総体的に捉えることによって、在日は再び見える存在と浮かび上がってくるのではないだろうか。
　連続と捉えることによって、日本における在日外国人の枠の中に在日を再び位置づけることが可能となり、それは在日の実践の蓄積をニューカマー問題の対応に活かしていくことにとどまらない、日本の戦前・戦後の歴史に日本社会がどのように向き合っていくのかとも関連してくる。在日韓国・朝鮮人の形成

は、戦前の日本の植民地政策から生まれた歴史的産物であり、在日を見えなくする、在日が見えなくなることは[25]、日本の多文化政策の論議の中に在日の位置づけが不十分であることからも分かるように、ある意味政府の意図があるようにも思われる。オールドカマーとニューカマーをつなげて考えることによって、在日の存在を顕然にさせなければならない。

　また、外国人や外国にルーツをもつ人々を抑圧する構造が日本社会や日本人というマジョリティの意識にあるのであれば、そこにはオールドカマーであれニューカマーであれ、共通するメカニズム（例えば「日本的オリエンタリズム」[26]）が作用するのであり、それを根本的に改めない限り、「多文化共生」はただ言葉だけのものになってしまう。つまり、オールドカマーとニューカマーをつなぐ観点を通して日本社会の抑圧・差別構造を捉えることで、多文化共生を可能にしていくために、日本社会やマジョリティの日本人に何が必要かがみえてくる。それは、多文化共生がマジョリティがマイノリティに押し付けるスローガンにすぎないという多文化共生をめぐる批判からも脱するものであり、繰り返しとなるが、多文化共生を外国人にむけてのではなく日本社会、日本人に投影するという多文化共生のベクトルの転換でもある。

　オールドカマーを対象とした豊かな実践や研究、在日の主体としての関わり方など、ニューカマーのそれへとつなぐ努力、対話を直ちに始めるべきである。それは、多文化共生を「実践的概念」として具現化していくことでもある。

　第二に、多文化政策という総合的なフレイムワークの構築における研究者のコミットメントのあり方を考えることである。

　韓国の場合、教育科学技術部が多文化教育政策を具体化していくにあたって、2008年に研究者に依頼し作成した委託研究『多文化家庭学生の教育支援中長期計画樹立のための研究』[27]などを参考にしている。また、先述した多文化教育課程の評価などをソウル教育大学に委託していることや、ソウル大学が中央多文化教育センターの指定を受けることなど、政策を担う拠点として大学や研究者が関わる道筋が確保され、政策にその意見を反映させている。

　韓国では研究者が大臣に抜擢されることもあり、中央政府や自治体の施策に研究者が関わっていくことを、行政側も研究者側も前向きに捉える傾向がある。政策形成・決定プロセスに研究者が入ることは、必ずしも実践との関係が希薄

になることを意味するものではなく、研究者側も自ら考えることを政策に反映させ制度化するために積極的に働きかける動きも見受けられる。行政との対立や批判を乗り越え、現場や政策に対してどうするべきか、どうあるべきかを、政策提言や政策形成の中に入ることで、具現化の可能性が担保されている。だからこそ、研究を発信していく対象の一つに政策という柱を設定し、考えや研究を社会を具体的に変えていく「行動、行為」へと、研究者のコミットメントのあり方が考えられている側面がある。

　もちろん研究者の政策との関わり方や構造が全く異なる日本においては、研究者の専門的知識や識見を政策提言として反映していく通路をつくる第一歩として、まず、研究者自らの考えを転換していく作業や具体的な提言を社会により積極的に発信していく作業が必要ではないかと思う。

　本書第1章で山田が詳しく述べているように、例えば、2007年に中央教育審議会から出された「学士課程の構築に向けて」に「学士力」の一つとして「多文化・異文化に関する知識の理解」、つまり「多文化・異文化リテラシー」が位置づけられたが[28]、どのように多文化・異文化リテラシーを身につけることができるのかという、カリキュラム開発などの政策提言を積極的に行うことや、韓国の多文化家庭のメンタリング事業のように大学の科目として大学生のメンタリング活動を単位として認めたり、多文化教育に関わる実習や科目履修を教職科目に必須としたりするなど、外国人だけでなく日本人をも視野に入れた多文化共生を政策として展開していくことの具体策を社会に発信していくことが必要である。それが、また、現場で培われてきた「実践的概念」としての多文化共生を社会に広めていくことにつながる。

　第三に、外国人のアイデンティティ及び集団形成における「文化」の位置づけを見直すことが、日本の多文化共生を具体化していく上で必要である。

　金泰泳の『アイデンティティ・ポリティクスを超えて』などでは、在日韓国・朝鮮人の民族差別撤廃運動や民族教育実践の文化本質主義が、かえって在日自らを抑圧し排除する機制になってしまうことが指摘され明らかになっている。さらに、21世紀になって、新自由主義の流れの中で外国人個々人が「個人化」してしまい[29]、集団としての力が以前より弱くなってしまったことも事実である。

しかし、文字通りマイノリティである外国人が自らの声をあげていくためには、個人だけでなく集団としてのエンパワーメントが必要となり、その土台となりえるのが「文化」なのである。国際結婚によるダブルの子どもが増加している中で、彼らのアイデンティティの根拠としても「文化」の重要性は大きく、文化本質主義に対する批判的視点は保ちつつも、多様化していくアイデンティティの拠り所、権利要求や差別撤廃を求めていく動きを形成していく基盤としての「文化」を再び多文化教育の中で位置づけさせるべきである。

　このようなアイデンティティや集団形成も、また、「実践的概念」としての多文化共生を制度化していく上で、当事者の声を反映させていくために重要であり、外国人の主体形成における「文化」の捉え返しを、個人化し社会の中で見えにくくなったダブルを含めた外国人の存在を可視化していくためにも必要である。

　本質主義に対するストラテジーとして「戦略的本質主義」や自らの本質を崩していく行為など[30]も指摘されているが、多様化・流動化していくアイデンティティにおいて、外国につながる人々がアイデンティティをつくり選択していく材料として「文化」の重要性を捉え返していくことを提言したい。

　多文化共生という言葉が日本社会に広まり市民権を得ている中で、多文化共生に対する批判的観点も数多くみられるようになった。多文化共生の拡散がもたらした多文化共生の「両義性」に対して、何が多文化共生なのか、何をもって多文化共生が達成されたと見るのかに関する研究が今後も求められるのはいうまでもないが、多文化共生への批判的検討とともに、どのようにして多文化共生を実現していくことが可能なのかという、その道筋への模索も見落としてはならない。

　どのように、日本社会に外国人と日本人が共に生きる社会をつくっていくのか、大きな選択、決断のときが迫って来ている。

注
1) 総務省（2006）『多文化共生の推進に関する研究会報告書―地域における多文化共生の推進に向けて―』、p. 5.
2) 外国人労働者問題関係省庁連絡会議「『生活者としての外国人』に関する総合的対応策」（2006年12月25日）．

3) 榎井縁（2008）「『多文化教育のいま』を考えるにあたって」『解放教育』No. 493、p. 7.
4) リリアン・テルミ・ハタノ（2006）「在日ブラジル人を取り巻く『多文化共生』の諸問題」植田晃次・山下仁編著『「共生」の内実』三元社、pp. 55-56.
5) 金泰泳（1999）『アイデンティティ・ポリティクスを超えて』世界思想社、p. 43.
6) 中島智子（2008）「連続するオールドカマー／ニューカマー教育」志水宏吉編著『高校を生きるニューカマー』明石書店、p. 58.
7) 詳しくは、金侖貞（2007）『多文化共生教育とアイデンティティ』明石書店、pp. 162-166.
8) 戴エイカは、共生が1990年代に一般的に使われる前に"「共に生きる」という言い方では、すでに1970年代末から、民闘連（民族差別と闘う連絡協議会）が在日朝鮮人と日本人の関係というコンテクストで使いはじめている"ことを指摘している。戴エイカ（2003）「『多文化共生』とその可能性」『人権問題研究』No. 3 大阪市立大学、p. 45.
9) 金侖貞、op.cit., p. 69.
10) 裵重度（1979）「民闘連運動の位置づけ」『第5回民闘連全国交流集会 特別基調報告』民族差別と闘う連絡協議会、pp. 59-60.
11) 民族差別と闘う連絡協議会「基調報告」『第10回民闘連全国交流集会資料集』1984年、pp. 19-20.
12) 裵重度、op.cit., p. 60.
13) 戴エイカも、共生が「社会的不平等のコンテクストにおいてそれを是正するために用いられてきた」と指摘する。戴エイカ、op.cit., p. 45.
14) 中島智子、op.cit., p. 58.
15) 問題の再生産構造を改めるということは、中島の「繰り返し」の言説の指摘があったように、オールドカマーの抱えていた問題がニューカマーにも明らかに見られることである。特に、在日韓国・朝鮮人の民族教育においてもっとも重要な問題であった日本名‐民族名の問題がニューカマーにおいてもみられるのは、日本社会の抑圧構造がまだ厳存していることの現われにほかならない。戦前の創氏改名から自分をカムフラジュする方便として日本名を使っていた在日韓国・朝鮮人にとって民族名を取り戻すという民族的アイデンティティの問題は重要な課題であり続けてきた。それが、フィリピンやベトナムなどからきたニューカマーの子どもたちが自分の名前を日本名にするという現状がみられる。
16) 近藤敦は、「本来、統合政策とは、移民と受け入れ社会の双方の受容を前提としている。しかし、移民の側の受け入れ社会への適応を強調する場合は、同化政策に近い意味合いを帯びてくる。他方、多文化共生政策という場合は、同化政策としての意味合いをもたせにくく、多文化主義的な統合政策を意味する。筆者は、当初、ヨーロッパ諸国のような（社会）統合政策という用語が適当と

考えたが、近年は多文化共生政策という用語の方が日本では適当と考えている」と述べ、多文化共生政策という概念が日本社会の状況に適していると指摘する。近藤敦「なぜ移民政策なのか―移民の概念、入管政策と多文化共生政策の課題、移民政策学会の意義」『移民政策研究』Vol, 1、2009 年、p. 12.
17) 詳しくは、金侖貞「社会的統合に向けて変動する韓国社会―移住女性の多文化施策への始動を中心に―」(『東アジア社会教育研究』No. 12、2007 年)と「韓国における多文化共生社会に向けての多文化政策の形成」(『人文学報』No. 441、2009 年)を参照されたい.
18) 교육과학기술부 잠재인력정책과「'09 년 다문화가정 학생 교육지원 계획」(教育科学技術部潜在人力政策課「'09 年多文化家庭学生の教育支援計画」2009 年 3 月).
19) 교육과학기술부 잠재인력정책과「초등교원양성대학 다문화교육과정 개설지원사업」(教育科学技術部潜在人力政策課「初等教員養成大学多文化教育課程開設支援事業」2009 年 1 月 20 日).
20) 서울교육대학교「다문화가정 학생 멘토링 근로장학사업 운영 및 성과분석 사업계획서」(ソウル教育大学校「多文化家庭学生のメントリング勤労奨学事業の運営及び成果分析事業計画書」2009 年 3 月 9 日).
21) 2009 年 12 月現在、小学校教員養成大学の多文化講座の開設の状況は、10 の大学で前期 395 人、後期 705 人の 1,100 人が受講し、釜山教育大学の場合、4 年生は必須にしていた。学校によっては、小学校や関連機関へのフィールドワークや教育実習などを授業の中に入れる形で進められた。2010 年からは、小学校教員養成大学だけでなく、中学校・高校教員養成の師範大学までに拡大する計画であるという。김정원・이인재「다문화교육정책의 현황」『글로벌시대의 다문화교육』(주) 사회평론(キム・ジョンウォン、イ・インジェ(2010 年)「多文化教育政策の現況」『グローバル時代の多文化教育』(株)社会評論)、pp. 257-258.
22) 教育科学技術部が 2009 年 3 月から実施している「多文化家庭学生のメンタリング事業」は、①多文化家庭学生の韓国社会に対する正しい理解や学校適応能力の伸長、相談と人性指導、②小学校教師になる教育大学学生の多文化理解能力の向上、③多文化家庭学生に特化されたメンタリング・サービス提供、④小学校予備教師としての専門性の伸長と教育体験機会の拡大による教職遂行能力を高めることが目的で、13 の小学校教員養成大学が参加し、2009 年 1 年間 3,457 人の大学生が参加したという。メンタリングは、学校やメンティの家などで一対一やグループ・メンタリングなどの多様な形で運営され、この事業に参加した学生たちには、メンタリング・ボランティア活動に対する勤労奨学金と教育ボランティア単位(2 単位)が付与されたという。

　また、多文化家庭の子どもに対する理解やボランティア意識を高め、多文化家庭学生のメンタリング事業の効率的運営のための人的インフラを提供するなどの目的で始まった「多文化教育学習サークル運営支援」では、2009 年現在、

12 の大学で 13 の学習サークルがつくられ、545 人が参加、ワークショップやメンタリング事前教育、ボランティア活動、フィールドワークなどの活動をしていた。Ibid., pp. 258-259.
23) 「서울교육대학교 다문화가정학생 교육지원사업」『2009 년도 교육과학기술부 다문화가정학생 교육지원사업 워크샵』다문화교육연구원 (「ソウル教育大学多文化家庭学生の教育支援事業」『2009年度教育科学技術部多文化家庭学生の教育支援ワークショップ』多文化教育研究院)、2009 年 7 月 9 日、pp. 135-146.
24) 教師養成関連機関における多文化関連教育課程を調べた、モ・ギョンファンによると、全国の 42 師範大学の中では 8 大学が、幼児教育科の場合は 69 大学の中で 3 大学が、多文化関連講座を開設していると指摘し、教育科学技術部の支援を受けた教育大学以外は、多文化教育課程の開設状況が低いとしている。모경환「다문화 교사교육의 현황과 과제」『제 2 차 평생교육정책포럼 다문화사회로의 이행, 평생교육의 새로운 정책 패러다임』평생교육진흥원・한국다문화교육학회 (モ・ギョンファン「多文化教師教育の現況と課題」『第 2 次生涯教育政策フォーラム 多文化社会への移行、生涯教育の新しい政策パラダイム』生涯教育振興院・韓国多文化教育学会) 2009 年、pp. 120-136.
25) 金侖貞「不可視化される在日コリアンと日本社会、そして教育を考える」『解放教育』2011 年 2 月号、明治図書、pp. 53-59.
26) 姜尚中「『日本的オリエンタリズム』の現在」『世界』第 522 号、1988 年、p. 134.
27) 오성배 외『다문화가정 학생교육지원 중장기계획 수립을 위한 연구』교육과학기술부 (オ・ソンベ他『多文化家庭学生の教育支援中長期計画樹立のための研究』教育科学技術部)、2008 年.
28) 馬渕仁 (2008)「多文化・異文化リテラシーにおける『文化』のとらえ方」小島勝編著『異文化間教育学の研究』ナカニシヤ出版、p. 247.
29) 塩原良和 (2005)『ネオ・リベラリズムの時代の多文化主義―オーストラリアン・マルチカルチュラリズムの変容』三元社.
30) 馬渕仁 (2010)『クリティーク多文化、異文化―文化の捉え方を超克する』東信堂、pp. 215-218.

第 5 章

共生社会形成をめざす日本語教育の課題

石井恵理子

1　はじめに

　人はことばによって思想や情報を共有し、互いの関係を深め共同体意識を形成し、またことばを共有できることで連帯を確認する。ことばは人をつなぐものである。一方、どのようなことばを使うか、どのようにことばを使うかということばの選択や使用およびその能力獲得は、人が社会的活動に参加できる範囲や程度の制約となり、それによって人は社会的に振り分けられ、位置づけられる。ことばは人を分けるものでもある。ことばの教育は、人々をどうつなぎ、分けるかという社会の方向性と常に密接に関係し、社会形成において、極めて重要な役割を担う。

　国際社会および日本国内の政治的・経済的情勢を背景に、多文化状況が確実に進んでいる日本の地域社会において、異文化の人々との接点である日本語教育の現場では、多くの議論や模索が続けられてきている。都市部以外には日本語教育機関がほとんど存在せず、多くは日本語教育の専門家も不在の全国各地で、地域社会に定住する外国人が急増した 20 世紀末、日本語教育は地域住民[1]によって運営される「日本語教室」という住民ボランティアの活動として展開し始めた。日本語教育はそれまでの教育機関において専門家主導で行われる組織的体系的教育から、地域社会における生活を基盤とした活動へと変容した。本稿では、地域日本語教育[2]と呼ばれる地域社会を基盤とした日本語教育の展開から見えてきた多文化共生社会の形成に向けた課題を考える。

2　地域社会を基盤とした日本語教育の展開

　1980〜90年代、中国帰国者、インドシナ難民、日本人と結婚した外国人配偶者、日系人就労者など、日本社会に永住あるいは長期的に滞在する定住外国人に対する取り組みが日本語教育の新たな重要課題として認識されるようになり、多文化共生社会の構築をことばの側面から支える「地域日本語教育」という領域が形成されてきた。
　1970年代後半から国策として行われた中国帰国者やインドシナ難民などの受け入れについては、中国帰国者定着促進センターやインドシナ難民定着促進センターが開設され、入国初期の生活及び日本語指導等の支援が制度化された。しかし、中国帰国者やインドシナ難民が呼び寄せた家族、外国人配偶者、1990年の入国管理法改正後に急増した日系人就労者とその家族など個人として入国した圧倒的多数の人々については、公的な支援体制は皆無といってよい状況で、各地域の住民ボランティアによる草の根の活動として生活・日本語学習支援が進められた。日本語教室は受け皿のない外国人住民の多様な問題の相談窓口となり、医療や法律等の専門知識が必要となる深刻な相談など「隣人」の立場では担いきれない問題を抱え、行政による包括的な地域の外国人住民に対する生活・日本語学習支援の体制づくりを訴える動きが高まった。1990年代に入ると各地域で外国人の受け入れをテーマとするシンポジウムや研究会等が開催され、日本語ボランティアと行政あるいは日本語教育、医療、法律など関連諸領域の専門家などとの連携が模索されはじめた。1990年代後半には、区市町村あるいは都道府県をまたがる広域の「日本語ボランティア」のネットワーク構築が進められた。
　地域における草の根の日本語学習支援活動が広がっていく一方、中央省庁や地方自治体、財界では、1994年度からの文化庁による地域日本語教育推進事業（〜2000年度）にはじまり、2000年以降には外国人住民・労働者の問題に関する国の政策的対応の必要を求める提言[3]や、多文化共生社会のための施策の指針・答申[4]がまとめられ、生活者としての外国人の生活・学習支援事業[5]が実施されはじめた。「生活者としての外国人」「多文化共生」ということばが行政によ

る施策においても使われるようになり、一部住民による地域の日本語教室が担ってきた外国人住民の生活・学習支援は行政や企業もそれぞれの責任を担うべき地域社会全体の課題であるとの認識が徐々に広がってきている。

3　日本語教育の理念と方法の問い直し

　皇民化政策として日本語教育推進が図られた時代の終焉以降、国内の日本語教育は主に留学生やビジネスパーソンなど、特定の活動のための日本語能力を獲得するために日本語教育機関に通う学習者に対して効率的に日本語を教える「学校型日本語教育」（石井 1999）として展開し、社会形成の議論とはほとんど無縁であったといってよい。しかし、定住外国人に対する日本語学習支援が地域社会を基盤とする住民ボランティア活動を中心とした「社会型日本語教育」（石井 1999）「地域型日本語教育」（尾崎 2004）として拡大していくにつれ、学校型の日本語教育では受け止めきれない多様な問題が噴出した。

　学校型日本語教育の教育内容や方法は、出身国で高い教育を受け、出身国及び日本での生活基盤が安定し、一定期間学習に集中する環境を整えられる「学習者」を対象として考えられてきたものである。しかし、地域の日本語教室が受け入れた人々の多くは来日した時点から自力で生活を成り立たせていかねばならず、予習・復習どころか教室に通う時間を作ることも容易ではない。効率重視の知識積み上げ型の学習を想定した教室は、厳しい労働環境にある人々の受け皿になりにくい。そうした学習形態に不慣れでうまく学べない人たちは学習を諦め、教室から遠のいていく。教える側が日本語の習得を熱心に促すほど学習者は日本語力不足であることに不安を募らせ、日本語接触場面を避けて引きこもってしまう場合もある。

　また、日本語教育の知識や技術を身につけていない一般市民が教師となり、従来の学習者像と異なる多様な人々に対して従来の日本語教育の方法を適用しようとした多くの地域日本語教室では、教室運営が混乱し、日本語教育によって対応しようとした「外国人住民の問題」の根本は何であるかという疑問が生まれた。地域の隣人のためにと始めた支援活動であるが、学校的な枠組みの日本語教育によって、同じ地域の住民である日本人と外国人が「教える―教えら

れる」「支援する—支援される」関係に固定される。日本人の学習観をベースに作られた学習の場に適応するか否かで良い学習者である外国人とそうでない外国人に分けられる。良い日本語学習者でない外国人は日本社会で苦労するしかないのか。日本語を身につけさえすれば、幸せに暮らせるのか。外国人住民の問題を日本語能力不足の問題として捉え、地域住民の活動として学校型の日本語教育を行うことが、本当に外国人住民を彼ら本来の姿として尊重し、彼らが自分らしく生きていく支援となるのだろうかという、地域における日本語教育の理念の問い直しである。

　地域日本語教育の対象者は「学習者」である前に「生活者」である。文化庁（2006）や内閣府（2008）など行政が支援策の対象として使うようになった「生活者としての外国人」の定義について、ファン・サウクエンは日本の地域社会のさまざまな活動に参加し人々と関わりながら生活する、社会の一員という意識を持つ外国人、またそうありたいと思う外国人、さらに「そう期待される外国人」も含むものとする（日本語教育学会 2008：8）。集住地域などでは同国人コミュニティが充実し、日本語を使用せずに生活できるため、日本語を学ぶ必要を感じていない人々が存在する。このような人々は従来の日本語教育の対象者ではない。しかし地域社会形成のための日本語教育の枠組みにおいては、日本社会の成員間の相互コミュニケーションのために日本語を学んでもらいたいという日本人側のニーズによって対象者と考える。日本語学習意欲の高い「良い学習者」を支援するための日本語教育ではなく、「生活者」として日本社会に暮らす全ての人々を社会の一員として受け入れ、彼らの社会参加を日本語の側面から支えることが地域日本語教育に求められているのである。

4　共通言語としての日本語

　「多文化共生」ということばは、将来の理想的な社会像として多用されているが、多様な言語文化を背景とする人々が公的生活空間を共有し、折り合いをつけながら生活するという具体的で生々しい現実は、互いの文化の尊重という理念を唱えるだけではすまない。めざすものは言語文化を同じくする集団ごとに、ある一定の空間領域を相互に浸食しないように棲み分ける「複数の単文化

社会（Plural monocultural society）」（Sen 2006）としての共存ではなく、国あるいは地域としての社会的まとまりを維持しながら、かつ互いが尊重される共生社会である。家庭内など私的空間でそれぞれの言語を用い、それぞれの文化習慣に則って生活することについては問題になることは少ないが、公的空間を共有すれば摩擦や衝突が生じる。その摩擦や衝突を何度も経験し、解決の努力を重ねていくことは他人事ではなく、「我が事」なのである。

　総務省が設置した多文化共生推進委員会の報告書（多文化共生推進委員会 2006）では、多文化共生を「国籍や民族などの異なる人々が、互いの文化的ちがいを認め合い、対等な関係を築こうとしながら、地域社会の構成員として共に生きていくこと」と定義している。対等の関係を築こうとしながら、地域社会の構成員として共に生きていくこととは、現在の社会の在り方についてそれぞれの立場のからの問題点を協議し、双方が納得できる具体的な社会の形を作っていく交渉と調整のプロセスにほかならない。そのプロセスには双方の対話を成立させる共通言語が必要となる。

　しかし、対等な関係での対話以前の問題として、十分な日本語能力を持たない外国人は、「日本語能力」と「国籍」の２つの壁によって社会生活のさまざまな面で制約を受け、本来守られるべき権利や平等に与えられるべき機会が確保されない状況にある。就労に関する法律や雇用契約、医療補助や子どもの就学の制度や手続きに関する情報等、基本的な人権に関わる情報がきちんと届けられるようになっておらず、あるいは故意に隠されて大きな不利益を被っているケースもまれではない。声をあげようにも日本語の壁があり、彼らの声を反映できる場やシステムも作られていない。個人の努力では乗り越え難い構造的な問題を放置したままでは、互いの文化を認め合い対等な関係を築こうとする姿勢を個人に求めても、真に対等な関係にはなり得ない。多文化共生を実現するには、少数派が置かれている社会構造の不平等を克服していく努力が求められる（Inglis 1995、桂木 2003）。双方の対話を成立させるための共通言語の確保は、その努力と共に考えていかねばならない。

　ことばに関する社会構造の不平等を克服する方策として、多言語化の推進がある。言語習得には時間がかかり、年齢や学習経験、認知能力など個々人の特性によって日本語習得が困難な場合もあることを考えると、外国人住民の日本

語能力向上を図ることだけで問題は解決しない。少なくとも、基本的人権や生活基盤の確保、生命の安全に関わる医療や緊急時の情報等について多言語対応を進めていくことは必須である。しかし、多言語化を進めるとしても、全ての住民の言語に対応することは現実的に難しい。また、言語問題は日本人と外国人の間だけでなく、異なる背景を持つ外国人住民間のコミュニケーションにおいても存在する。日本社会には多様な言語文化を背景とする人々が接点を持って暮らしており、多くの場面で日本語が共通言語として使われている。同じ地域コミュニティの多様な成員間の相互理解という観点からも、共通言語としての日本語の役割を考える必要がある。

5　多文化共生コミュニケーション能力

多文化社会形成における言語問題に関して、内閣府規制改革会議（2008：101）は「言葉の壁を克服する制度的インフラの整備無くしては、「多文化社会（Multicultural society）」は成立せず、（中略）「複数の単文化社会（Plural monocultural society）」を地域に生み出す危険を増大させるだけである。（中略）社会における言葉の壁を少しでも低いものとすべく、在留外国人の日本語能力向上に資する制度的インフラを整備し、在留外国人の日本語習得をサポートする体制を構築することが、真の多文化共生社会の実現のためには死活的に重要である」と、「言葉の壁」を克服する外国人の日本語能力向上のための社会制度の整備を強く主張した。これまで外国人住民の日本社会参入に伴う問題の解決を参入者本人の能力と努力に任せてきた行政の姿勢からすると、社会制度の整備の必要性を明言したことは前進である。しかし、社会における言葉の壁を低くするための方策は、外国人住民の日本語能力向上だけではない。

コミュニケーションの媒介となることばをどのように使うかということは、相互理解において非常に重要な問題である。しかし、異文化コミュニケーションというと外国語に堪能な人たちがやりとりするイメージが強く、双方が十分に意思疎通ができる共通言語がないことによる問題より、言語の背景にある文化的差異の問題に注目がいくことが多い。学校等で行われる異文化理解プログラムでも、多様な価値観を受け入れる姿勢や態度などに比べ、言語使用の問題

が取り上げられることは少ない。しかし、日本の地域社会における異文化コミュニケーション場面の多くは、日本語が共通言語として使われ、双方の日本語能力に大きな差があるという状況である。そのような状況でのコミュニケーションには、相手を理解しようとする態度や姿勢が重要であることはもちろんであるが、自分の言語使用を内省し、相手の理解を確かめながらことばを調整して使う能力の有無が相互理解の成立に大きく関わる。

　キム・ヒョンギョンは、多文化共生社会形成のために不可欠な異文化間の対話を可能にする能力を「多文化共生コミュニケーション能力」と呼び、「多文化共生の現実における問題解決には、少なくとも「問題解決能力」「異文化理解能力」「言語の調整・管理能力」の3つが必要であろう」（日本語教育学会 2008：25-26）と、言語の調整・管理能力の重要性を指摘している。一般に日本語による接触場面では外国人の日本語能力が問題とされるが、コミュニケーションは双方の努力で成り立つものであり、もう一方の当事者である日本人の日本語能力やコミュニケーション能力も当然問われなければならない。多文化共生を目指した日本語教育は、地域住民の人間関係構築と、地域の問題の共有および解決のための対話に不可欠な、地域社会に生きる全ての人々の多文化共生コミュニケーション能力の育成を目的とする。

6　多文化共生社会をめざした社会システムの構築

　総務省の設置した「多文化共生の推進に関する研究会」は、2006年に各自治体が地域の実情を踏まえた多文化共生の推進に係る計画を策定・実施するためのガイドラインとして「多文化共生推進プラン」（以下、「総務省プラン」とする）を示した。これに基づいて、2006年以降多くの自治体で多文化共生推進プランが作られている。総務省プランでは、地域における多文化共生の意義について、(1) 外国人住民の受け入れ主体としての地域、(2) 外国人住民の人権保障、(3) 地域の活性化、(4) 住民の異文化理解力の向上、(5) ユニバーサルデザインのまちづくり、の5側面から目指すべき方向性を述べ、地方自治体における多文化共生施策の策定にあたり以下の4項目の指針と施策の具体例を挙げている。

（1）コミュニケーション支援
　　1）地域における情報の多言語化　　2）日本語・日本社会学習支援
（2）生活支援
　　1）居住　　2）教育　　3）労働環境　　4）医療・保健・福祉
　　5）防災　　6）その他
（3）多文化共生の地域づくり
　　1）地域社会に対する意識啓発　　2）外国人住民の自立と社会参画
（4）多文化共生施策の推進体制の整備
　　1）地方自治体の体制整備　　2）地域における各主体の役割分担と連携・協働

　多文化共生の推進策として、外国人支援のためのコミュニケーション支援と生活支援制度を作り、その基盤となる地域の住民意識醸成と自治体の体制整備によって地域社会全体の取り組み体制の確立を目指そうというものである。施策の第一の項目として言語問題への対応策であるコミュニケーション支援が挙げられ、（2）の生活支援の居住以下の各項目についても、情報へのアクセスや支援の手段としてことばの問題が深く関係している。

　社会構築の方向性についての国としての確固たる理念が示され、それに基づく政策が立てられることは、各地域社会での取り組みに大きく影響する。例えば上記の総務省プランが示され自治体に通達があったことによって、初めて多文化共生推進プランを作成した自治体も多い。外国人を「労働力」としての側面のみの受け入れ体制ですませてきた政府や経済界において、社会の一員である「人」を地域社会に受け入れる体制づくりの必要性が認識され、対応策が示されるようになったことは望ましいことである。しかし、示された対応策のほとんどは参入側の外国人を対象とした取り組みであって、受け入れ側の日本人が我が事として取り組むべき具体的課題への言及はわずかである。前述の総務省プランでは、（3）の「1）地域社会に対する意識啓発」の中に「ア．地域住民等に対する多文化共生の啓発」「イ．多文化共生の拠点づくり」「ウ．多文化共生をテーマにした交流イベントの開催」の3項目が含まれる。しかし、そこに示されている具体案は「啓蒙活動を行うこと」「地域住民が交流する機会を

もうけること」と、いずれも地域住民は与えられた場に参加するという受け身の立場にとどまる。日本人側の当事者としての主体的で継続的な関わりを促す具体策とは言えず、実効性が期待できる案ではない。行政の施策には、日本人住民を多文化共生社会の形成過程において生じる種々の問題を我が事として受け止め、主体的に取り組む当事者として位置づける視点が不可欠である。

　地域社会の形成は、行政が中心となった社会システムの整備と地域住民の行動によって実現する。さまざまな立場の地域住民がお互いの問題を共有するためには、「多文化共生の理念を学習する」のではなく、「当事者として問題と向き合う経験」を通して、自分の意識の外にあった問題に気づき、何をすべきか、自分に必要な力は何かを考えることが必要である。住民活動としての日本語教室を日本人・外国人が当事者として向き合う対話の場として地域日本語教育の中核に位置づけ、行政が社会システムを整備していくことが具体的な方法のひとつとして考えられるのではないか。

7　生涯学習支援としての地域日本語教育

　多文化共生のための日本語教育という理念は掲げられたものの、具体的な方法は模索を始めたばかりの状況で、多くの日本語教室が外国人に日本語・日本文化を教えることを目的とした従来の日本語教育の枠組みのまま運営されているのが現実である。日本語の文法や語彙、あるいは日本文化に関する知識的学習活動からは、相互の対等な関係での対話は生まれにくい。教室に集まった一人一人が自分の中にある思いや考えを表現する活動によって、お互いの意識は表現の手段である日本語ではなく、表現された内容・メッセージに向けられ、理解し合うために話し手と聞き手とが協力して双方のことばを検討し、意味を確認し合う。対話とはそうした作業をくり返しながら内容に関するお互いの理解を深めていくことであり、その過程においてそれぞれが必要なことばを学び、相手と自分の前提知識や常識のずれに気づき、わかりやすく伝えるための試行錯誤を行う。同時に、対話によってお互いの人となりに触れ、人間関係が作られていく。

　対話の場とは、参加者自身の持つ内容・メッセージを伝え合う活動を通して、

日本語コミュニケーション能力を向上させ、人間関係を作る場である。対話が十分に成立するには、参加者にとって内容が有意義であり、それを共有する必然性があることが重要である。日本語力が弱い参加者がいる場合、言語コミュニケーション中心の活動ではなく、具体的な物や行動など非言語情報が豊富な活動が適している。日本語能力の差を人としての力の差とせず、各自が持てる力を発揮する場面を確保しながら、共通の目標達成のために協力し合って進める協働活動を運営することで、一人一人のペースとニーズに合った日本語コミュニケーション能力の向上が図られる。

　このような活動の場が機能するためには、少なくとも簡単な会話が成立する日本語能力を参加者が身につけている必要がある。しかし、行政側の受け入れ体制がほとんど未整備で、外国人住民が生活のための初期会話能力指導を受ける場を行政が設けている地域はまれである。あらゆる問題を日本語教室が引き受けており、日本語教室は前述のような住民活動としての理念を追求できる状況にない。在留を許可し日本社会に受け入れた外国人に、よりよく生きていくための基礎となる力を身につける機会を提供することは行政の役割である。個々の学習者要因と社会環境要因の両面に配慮して日本語能力育成のプログラムを組み、指導するには専門性が必要となり、一般住民にそれを求めることは適当ではない。

　受け入れ初期段階で、あるいはその後のライフステージの展開の要所において、地域日本語教育の理念を十分に理解した言語教育の専門性を有する教師による日本語教育を提供する制度は、外国人住民の自己実現のために必要な支援である。そのような日本語教育制度が一方にあるという前提のもとでこそ、外国人が地域住民として社会に根付いていくための長期的な支援として、住民同士の対話の場が機能する。この2つが地域日本語教育の中核となってこそ、日本語教育が外国人を生活者として受け入れ、多文化共生をめざした地域社会づくりに資するものとなり得る。

　地域日本語教育は、地域社会の構成員である人々の人生を視野に入れた、生涯学習支援システムとして考えられなければならない。「いま、ここ」に展開する生活場面から抽出した日本語表現を教える「生活日本語」の教育ではなく、「生活者を支える」という視点による日本語教育のシステムである。人が安心

して暮らし、よりよく生きることには、災害や疾病など命に関わるような緊急時の対応や予防に関すること、将来設計のために必要な情報を得たりライフステージの変化に対応し可能性を広げていくために必要なこと、そして次世代を担う子どもたちを育てていくための見通しを持つことなど、「いま、ここ」だけを見ていては見えない多くのことがらが関係している。生活者を支える日本語教育は、生命の安全が守られ安心して暮らせること、日々の生活を快適で豊かなものにしていくこと、自分らしい人生を実現していくこと、この3つの視点を持った「Life（生命、生活、人生）を支えることばの教育」（石井 2008a、同 2008b）であることが不可欠である。この3つの視点から見えてくる問題の中には、ことばの側面からの対策では解決できないことや、個人レベルでの行動調整能力の範囲を超え、社会の構造や制度の問題として考えていかねばならないことも多々ある。したがって、日本社会に根を張って生きていく人を支える生涯学習支援としての日本語教育は、人が生きていくことの全体を、そして人を取り巻く環境としての地域社会全体を視野に入れ、多文化共生をめざして構築される総合的な社会システムの中に位置づけ、構築されるべきものである。

8　人を支える言語教育として

日本語教育推進の問題点

　さて、ここまで地域に暮らす日本人・外国人が互いの存在を地域社会の構成員として認識し、多様な文化を背景とする人々が共生する豊かな社会をめざして、社会の制度や人々の意識に潜む不平等や不公平を変えていくために、日本語教育をどう位置づけ、共通言語としての日本語をどう機能させるかということについて論じてきた。

　しかし、これまで外国人住民に対する支援を日本語教育に集中して行ってきたことの問題点が数多く指摘されている。例えば、学校教育における多様な言語文化的背景を持つ子どもたちの教育に関して、佐藤（1996）は、在日の子どもたちへの「同化教育」が民族的差別と偏見を助長し、子どもの民族的アイデンティティの形成と保持を妨げてきたこと、そして現状の外国人の子どもたちに対する日本語教育がその歴史から学ぶことなく、言語を子どものアイデンテ

ィティとの関係で位置づけることもせず、母語教育の問題も不問にし、教育の理念や目標が不在のまま適応を課すものとなっていることを糾弾した。田中（1997、1999）はアジアからの外国人女性問題に関わる実践から、日本語は抑圧の言語であり、日本語だけをコミュニケーションの手段とする限り日本語を母語として使う日本人と外国語として使う外国人とのパワーリレーションが固定化してしまうと指摘する。

地域日本語教育のあり方を問い直す多様な試み

　多文化共生社会の形成を目指す日本語教育として、日本語教育は自らのあり方をどのような形で実現していくのかという課題に対する実践が90年代から少しずつ現れ、多文化共生の理念の問い直しや日本語教育の方法に関する議論が特に21世紀に入り盛んになされている。

　1991年に開設された愛知県豊橋市の「めだかの学校」は、一つの空間の中で日本語を学ぶ者、スペイン語やポルトガル語を学ぶ者、おしゃべりを楽しむ者など学びや交流が自由に展開する場を作った。場に集う人々もそれぞれの言語も、対等で自由な構造の中で、活動と共に動的に変化する関係性を作り、双方向の学びを形成しようとする実践である。田中（1996）はことばによらないコミュニケーションの方法として演劇など地域住民との共同活動による「教えない日本語教育」の実践を提案した。西口（2001）は状況的学習論に基づき、正統な参加者として位置づけられた共同体の活動の中での学びを地域日本語教育の方法として用いている。これらは、全ての参加者が共通の目標と自身の役割とを持った活動によって生まれる、共同体としての連帯や参加者相互の人間関係構築の中での学びを目指したものである。また、岡崎敏雄（2003）、岡崎眸（2007）は、同化要請として機能しない日本語教育の方法として、共生のための言語である「共生日本語」を日本人と外国人とが共に学ぶ、「共生日本語教育」の構築を提案した。これらはいずれも「教える―教えられる」あるいは「ホスト―ゲスト」という関係性を排除し、日本語能力に規定されることなくその場において自ら主体的に活動することを保証しようという意識を形にしようとする試みである。田中、岡崎は、母語話者と非母語話者との力関係や場におけるふるまいを規定する力として働く「日本語」そのものを問題の本質とし

ており、その解決として、ことば（日本語）からの解放（田中 1999）、母語話者も所有権を主張できない「共生日本語」の創造と学び（岡崎 2007）を提唱しているが、検討すべき重要な論点である。

母語の保持・継承が保障された社会
　「互いの文化的違いを認め合う」とは、単に異文化を理解するということではない。理解するか否かではなく、すべての人が言語を含む自文化の価値観によって生きる権利を社会の中で認められ、言語・文化を保持・継承していける社会制度が整えられるかの問題であり、そうした環境なくして真に互いの文化的違いを認め合うことにはならない。
　マイノリティの言語教育を進める際に留意する点として、朝倉（1997）は、①母語の処遇、②主流言語としての日本語の教育の緊急性、③多文化教育の視点からの日本語教育および母語教育の組織化、の３点を挙げている。異なる言語文化の人々が互いに交流を持ちながらともに生きる社会を作るためには共通言語が必要であり、主流言語である日本語を学ぶ機会の保障は外国人の人権に関わる問題であることは前節までに述べたとおりである。しかし、日本語教育の緊急性に優先して、留意点の第一には母語の処遇が挙げられている。日本社会において圧倒的な力を持ち、同化作用として働く可能性のある日本語を、共生社会を支える共通言語として機能させることは、外国人が母語を使用して社会生活を営むことを妨げられず、母語・母文化を保持・継承していける社会であること、つまり外国人の母語の教育、母語の尊重が保障された社会を作ることと切り離して考えることはできない。
　外国人の人権を守り日本社会における豊かな可能性を広げるための日本語教育、日本人と外国人が十分な関わりを持ちまとまりある社会を形成するための多文化共生コミュニケーション能力の育成、そして日本社会に暮らす人々の母語である日本語以外の言語がどのように扱われているかを注視し、各人の母語が真に尊重される社会環境の整備に対する働きかけをすることのいずれも日本語教育の役割である。

年少者日本語教育における母語の意識化

　外国人の母語の問題については、年少者に対する日本語教育においていち早く取り上げられた。1990年代から、日本の公立学校では受け入れ体制も教育の方法も未整備の状況で、多様な言語文化を背景とする子どもたちの受け入れが始まった。外国につながる子どもたち[6]が学校生活に適応するにはまず日本語教育であると、子どもの日本語力のみに目を向けて問題を捉え、家庭でも日本語を使用することを求めるなど、日本語習得と日本の学校文化への適応を最優先にした指導が行われた。その結果、子どもたちが母語・母文化に対して否定的態度をとるようになる、子どもの母語が十分に育たず親子間のコミュニケーションさえままならなくなるなど、さまざまな深刻な問題が多数報告され、日本語と母語との両側面から子どもの言語生活、言語能力、言語教育を考えることの重要性が日本語指導の担当者にも意識されるようになった。

　子どもの母語を視野に入れた教育は、子ども自身にとって重要であると同時に、親にとっても大きな意味がある。「生活者」という視点を得ることによって、人々の人生を視野に入れ、全ての生活者がよりよく生きていけるような社会構築を目標とした日本語教育の中には、次世代の育成という大きな課題が含まれる。しかし、日本語だけに閉じた教育において日本語力の弱い親はほとんど関与する余地がない。学校で子どもたちが何を学び、どのような状況にあるかということすら親が十分に情報を持ち得ず、必要な支援をすることも、教育の方針や内容に対して意見することもできない環境は、親としての力を削いでしまう。日本語で行われる授業に子どもが参加できるよう日本語の側面から支援するとともに、母語の側面からもその子の学びを支え、高めていくことを教育の視野に入れることによって、親が子どもの教育に関与できる余地が広がっていく。全ての子どもの豊かな学びを保証することにおいても、次世代の育成に主体的に関わるという「生活者」としての基本的な営みを親が十全に行う権利を守るためにも、日本語だけに閉じた教育であってはならない。

　学校教育において多様な言語の存在が見えるようになることは、日本人の意識変革を促すことでもある。英語一辺倒の日本社会のあり方は、英語以外の言語への無関心を生む。複言語主義を推進する欧州各国、そして中国、韓国などアジアの近隣国など多くの国で複数の外国語教育を中等教育段階から導入して

いる中で、日本は未だに英語一辺倒であり、小学校での「外国語活動」の導入も実際は「英語活動」にすり替わってしまっている。

　多数派の日本人が日本語と英語という社会的に力の強い言語のみに価値を認めるような社会においては、少数派言語話者の母語の継承は危うい。母語の継承は家庭あるいはその民族コミュニティの問題として片づけられるものではなく、社会全体がそれを保障しようとする意思を社会制度として整えていく必要がある。岡崎敏雄（1994）は、多言語・多文化間の共生に必要な要件に（1）複数主義（言語間に序列がなく、言語・文化的多数派、少数派ともに複数の言語・文化的能力を獲得する）、（2）加算的二言語併用教育（第一言語能力の上に第二言語の言語レパートリーを加える）（3）交替（多様な状況に合わせて自他の言語を使い分け、文化的にも即応した行動をとる）の3つを挙げている。社会において複数主義を実現し、また個人において交替が可能になるためには、全ての人々が複数の言語の学習機会を得る教育制度が整えられる必要がある。

　日本の公立学校に在籍する日本語非母語話者の子どもたちの母語は、文部科学省の平成20年度調査[7]によると、ポルトガル語、中国語、スペイン語の上位3言語で全体の7割強、続いてフィリピノ語、韓国・朝鮮語、ベトナム語、そして英語という順である。日本人の子どもたちが英語以外は周囲に大勢いる友だちの言語に関心も向けず学ぶこともしなければ、場面に応じた言語の交替など不可能である。そして、対等な立場どころか異なる文化を認め合う姿勢や、異文化の相手との摩擦に対してもしっかり交渉・調整を行い関わりを深めていく力を日本人は持てるだろうか。

　年少者に対する日本語教育において、石井（2006）は日本語教育を人としての成長・発達を支える教育の一部であると位置づけた。「人としての成長を支える教育であることを基本理念とすることによって、年少者日本語教育の視野は、学習者ニーズに応じた日本語の知識や運用能力の育成という従来の対象別日本語教育の枠組みを大きく越える。一人ひとりの子どもの日々の生活およびこれからの人生のためにどのような力が必要であり、その育成に日本語教育がどう貢献し得るのかという『日本語教育の意義』を問うことが、年少者日本語教育の基本となる」（石井 2006：4）。子どもを取り巻く多様な言語環境において、家庭や地域社会、学校などそれぞれの場での子どもの言語生活がどの言語

によって支えられ、アイデンティティの形成にそれぞれの言語がどう関わっているか、その全体像の中でこそ日本語の側面からアプローチする教育の役割を考えることができる。人を支える言語教育という理念は、地域日本語教育の理念と共通する。学校教育は多文化社会の担い手の育成という社会形成の要の一つであり、年少者日本語教育と地域日本語教育はこの点で重なるのである。

9　おわりに

それぞれの地域社会の特性に即して多様な形で展開してきた地域日本語教育の現状を見ると、格差是正という課題がある。

外国人が生活するそれぞれの地域は、自治体の規模や社会の産業構造も違えば、外国人住民の数や背景もさまざまであり、地域住民の人間関係のありようも多様である。地域日本語教育のシステムは、地域特性に合わせ、地域主体で構築していくものであり、地域ごとの多様なあり方が確保されることが望ましい。しかし、自治体の経済状況や、人材等地域内で得られるリソースの多寡、行政および住民の問題認識などによって、各自治体の取り組みには極めて大きな差がある。居住地域によって外国人住民が利用できる制度や得られる支援の充実度が全く異なり、基本的人権も守られずに放置されていることさえあるような差異は問題である。各自治体まかせでは地域格差の是正は難しく、より広域かつ多領域の協力体制の構築と、なにより生活者の一定水準の生活を保障する法整備など国としての基本姿勢の明示が必要である。[8]

地域格差と並んで、言語格差の問題も考える必要がある。例えば日系ブラジル人集住地域では、ポルトガル語については通訳・翻訳サービスやバイリンガルの人材を活用した学習支援など様々な対応が取られている一方、それ以外の言語についてはほとんど対応がないなど、日本語以外の言語の中でも多数派言語と少数派言語間での格差が生じている。すべての言語に対応することは予算やリソースなど現実的な問題があり、一自治体での対応には限界がある。多様なメディアの活用や、全国的あるいは国際的な協力体制の構築の努力を進め、多様な言語文化を背景とする人々にも理解しやすい日本語使用も含めて言語面でのバリアフリー化が社会全体に求められる。

こうした格差の是正には、「生活者としての外国人」受け入れに対する国としての明確な方針に基づく政策が不可欠である。政策に基づいて行政が予算措置をし、制度化することで受け入れ体制は持続可能なものとなる。しかし、前述のように中国帰国者やインドシナ難民など国として受け入れた人々と、その他の個人として入国してきた人々とでは国としての支援体制が全く異なる。国や自治体の政策としてトップダウンで進める対応には、国籍や滞在資格などの属性によって人を分けていく力が働く。一方、ボランティア住民が立ち上げた日本語教室は、身近にいる「異文化の日本社会で苦労している人」全てに開かれ、多様な人々を受け入れ、繋げていっている。日本社会で生活する全ての人が、国籍や言語文化によらず、自分らしく生きていけることを目指した社会形成は、行政側からのトップダウンで推進する制度や環境の整備と、ともに生活する地域住民が展開する地域社会の人間関係を基盤としたボトムアップの活動とが両輪となって、試行錯誤をくり返しながら進められるものと考える。

　そして、言うまでもなく最も大きな格差は、圧倒的多数派である日本人／日本語母語話者と少数派である外国人／非母語話者との格差である。格差をなくすための多文化共生を理念とする社会構築の議論は、依然として多数派の日本人の中で行われ、行政による施策も市民活動も、ほとんどが支援する側の日本人と支援される側の外国人という構図で進められている。意見の集約や決定、全体計画から個々の活動における主導権や役割分担など、社会形成のプロセス自体が、多様な立場の人々が社会の構成員として対等な立場でものが言え、多文化・多言語の視点が活かされるような体制になってない。

　さらに、社会システムとしての日本語教育が、多文化共生を目指して社会構造を変革していく大きな社会システムの内部システムとして機能するためには、「ことばの問題に取り組む言語教育」としての立ち位置を中心に据え、他の言語に関わる人々や組織との連携・協力関係を築くことが重要である。すべての人々が自分のことばを大切に思うとともに周囲の人々のことばに関心を持ち、学ぶ機会を広く得られるような社会基盤作りのためにも、他言語との連携協力によって、多様な言語教育の力を活かすことができる。

　日本語教育は、言語教育の専門家による教育機関での教育から、地域社会を基盤とした市民活動の場として学習や交流、協働活動など多様な活動が行われ

るものまで、その内容・方法も活動に関わる人々も多様である。言語文化の違いによる格差、不公平のない多文化社会形成のために、幅広い層の人々が関わり、多様な活動が展開している地域日本語教育の模索とその蓄積は、多言語との連携協力において共有すべき財産となるものと思われる。

注
1) 人がどのことばを第一言語とするかは国籍によるものではなく、日本語教育の対象には、中国帰国者など日本国籍である人々（「日本人」）も含まれる。日本語教育においては、言語能力の観点から「非母語話者」という表現を用いることが多い。日本語能力は社会参加において重要な側面の一つであるが、母語を特定することが困難なケースも少なくない年少者の問題などに顕著に現れているように、「母語話者／非母語話者」の概念にもさまざまな議論がある。こうしたことをふまえつつ、「生活者としての外国人」という用語によって政策の議論が行われていること、地域日本語教育の問題の中には国籍による法的権利等の違いもあることなどを考慮し、本稿では便宜的に「外国人」ということばを用いる。
2) 近年「地域日本語支援」「生活者としての外国人に対する日本語教育」等の用語も使われている。
3) 外国人集住都市会議（2001）『外国人集住都市会議　浜松宣言及び宣言』、日本経済団体連合会（2003）『外国人受け入れ問題に関する中間とりまとめ―多様性のダイナミズムを実現するために「人材開国」を―』、同（2004）『外国人受け入れに対する提言』。
4) 多文化共生の推進に関する研究会（2006）『多文化共生の推進に関する研究会報告書』、同（2006）『多文化共生推進プラン』、同（2007）『多文化共生の推進に関する研究会　報告書2007』、外国人労働者問題関係省庁連絡会議（2006）『「生活者としての外国人」問題に対する総合的対策』、内閣府規制改革会議（2008）『中間とりまとめ』、同（2009）『規制改革推進のための第3次答申―規制の集中改革プログラム―』など。
5) 文化庁地域日本語教育支援事業（2006年度～2008年度）、文化庁地域日本語教育体制整備事業（2009年度～）、三井物産と東京外国語大学の協力事業として在日ブラジル人児童向け教材開発を進めた「プロジェクト・トゥカーノ」（2007年度～）、トヨタ自動車の寄付金を元に豊田市が名古屋大学に委託して実施している「とよた日本語学習システム」（2008年～）など。
6) 子どもの場合、中国帰国者の子どもや孫、インドシナ難民などの日本国籍取得者、外国で育ち教育もある程度受けた後に日本人と再婚した親に伴われて渡日し、日本人の戸籍に入り名前も日本人名となっている例など、戸籍上は「日本人」であり、名前などからも多様な言語文化環境を背景に持っていることが見えにくい例が多々ある。さらに、両親とも外国人であるが日本生まれ、あるい

は幼少期に日本に入国して、成育過程で母語環境と日本語環境があった子どもなど、日本語教育の対象として考える必要がある子どもたちの状況は極めて多様である。そのため、総称としてさまざまな呼び方が使われているが、「外国につながる子ども」あるいは「JSL（Japanese as a Second Language）の子ども」という呼び方が比較的よく使われている。
7) 文部科学省の『日本語指導が必要な外国人児童生徒の受入れ状況等に関する調査（平成20年度）』(H. 20. 9. 1現在の調査結果) による。公立の小学校、中学校、高等学校、中等教育学校、特別支援学校を対象に毎年実施されてきたが、平成20年度以降は、隔年実施となった。
8) 日本語教育保障法研究会が試案として示した「日本語教育保障法案」(2009)や、日本語教育学会日本語教育振興法法制化ワーキンググループの活動など、法制化に向けて国に働きかける活動が始められている。

参考文献

朝倉征夫（1997）「民族的マイノリティの文化的権利と言語教育」『多言語・多文化コミュニティのための言語管理―差異を生きる個人とコミュニティ』国立国語研究所、127-133.

石井恵理子（1999）「国内の日本語教育の動向と今後の課題」『日本語教育』94、日本語教育学会、2-12.

石井恵理子（2006）「年少者日本語教育の構築に向けて―子どもの成長を支える言語教育として」『日本語教育』128、日本語教育学会、3-12.

石井恵理子（2008a）「Lifeを支える日本語教育」『日本語教育学世界大会2008（第7回日本語教育国際研究大会）予稿集分冊1』大韓日語日文学会、307-310.

石井恵理子（2008b）「3. 地域日本語教育システムづくりの課題と展望」、国立国語研究所編『日本語教育年鑑2008年度版』（特集　生活者としての外国人のための日本語）くろしお出版、30-42.

岡崎敏雄（1994）「コミュニティにおける言語的共生化の一環としての日本語の国際化―日本人と外国人の日本語」『日本語学』Vol. 13、No. 13、明治書院、60-73.

岡崎敏雄（2003）「共生社会の形成―接触場面の固有の言語形成」ヘレン・マリオット、宮崎里司編『接触場面と日本語教育』明治書院、23-44.

岡崎眸監修（2007）『共生日本語教育学―多言語多文化共生社会のために』雄松堂出版.

尾崎明人（2001）「序章　日本語教育はだれのものか」青木直子、尾崎明人、土岐哲編『日本語教育学を学ぶ人のために』世界思想社、3-14.

尾崎明人（2004）「地域型日本語教育の方法論試案」　小山悟、大友可能子、野原美和子編『言語と教育―日本語を対象として』くろしお出版、295-310.

桂木隆夫（2003）「言語権と言語政策について」『ことばと共生―言語の多様性と市民社会の課題』成蹊大学アジア太平洋研究センター叢書、三元社、13-40.

佐藤郡衛（1996）「日本におけるに言語教育の課題　学校における多文化主義の実現へ」広田洋編『多文化主義と多文化教育』講座外国人定住問題第3巻、明石書店、67-92.
志賀幹郎（2002）「愛知県豊橋市の『めだかの学校』―ある日本語教室の空間構成とコミュニケーションの様態―」『群馬県太田・大泉の小中学校国際化の実態と求められる教員資質の総合的研究』研究成果報告書（研究代表者：所澤潤、課題番号11410069）群馬大学教育学部、249-259.
ジェルピ、エットーレ（1983）『生涯学習―抑圧と解放の弁証法』（前平泰志訳）東京創元社.
総務省（2006）『多文化共生の推進に関する研究会　報告書』.
総務省（2007）『多文化共生の推進に関する研究会　報告書2007』.
国立国語研究所編（2008）『日本語教育年鑑2008』特集「生活者としての外国人のための日本語」.
田中望（1996）「地域社会における日本語教育」『日本語教育・異文化間コミュニケーション』（財）北海道国際交流センター、23-37.
田中望（1997）「外国人のコミュニケーション権とそのためのエンパワメントのあり方」『多言語・多文化コミュニティのための言語管理―差異を生きる個人とコミュニティ』国立国語研究所、117-124.
田中望（1999）「日本の外国人問題と自主言語管理」『社会言語科学』第2巻第1号、49-58.
西口光一（2001）「第Ⅱ部　第4章　状況的学習論の視点」青木直子、尾崎明人、土岐哲編『日本語教育学を学ぶ人のために』世界思想社、105-119.
日本語教育学会編（2008）『外国人に対する実践的な日本語教育の研究開発（「生活者としての外国人」に対する日本語教育事業）』平成19年度文化庁日本語教育研究委嘱報告書.
日本経済団体連合会（2004）『外国人受け入れ問題に関する提言』日本経済団体連合会 http://www.keidanren.or.jp/japanese/policy/2004/029/index.html
野山広（2009）「国内の日本語教育政策の展開と課題―地域日本語学習支援の現場から見えてくること」水谷修監修　野山広、石井恵理子編（2009）『日本語教育の過去・現在・未来　第1巻　社会』凡人社、241-263.
文化庁（2004）『地域日本語学習支援の充実―共に育む地域社会の構築に向けて』国立印刷局.
浜松市企画部国際課（2007）『浜松市における南米系外国人の生活・就労実態調査』浜松市企画部国際課.
矢野泉編著（2007）『多文化共生と生涯学習』明石書店.
山田泉（2008）「在住外国人の社会参加を目指して―川崎市の「識字学級」を考える」『法政大学キャリアデザイン学会紀要』Vol.5、41-48.
山田富秋（1999）「エスノメソドロジーから見た『言語問題』」『社会言語科学』第2巻第1号、59-69.

Inglis, Christine (1995) Multiculturalism: New Policy Responses to Diversity, Policy Paper No. 4 of MOST, UNESCO.
Sen, Amarutya (2006) The Uses and Abuses of Multilingualism: Chili and liberty, The New Republic, Issue date: 02.27.06.

第6章

多様性と共に生きる社会と人の育成
――カナダの経験から――

岸田由美

1　はじめに

　人の国際移動は増加の一途を続け、多文化社会という言葉は、多くの国々において規範的概念というより現実の描写となり、多様性の経営（management）や統治（governance）への関心が高まってきている。日本においても、2000年代後半に入って、外国人／移民受入政策への関心が、行政、政治、経済界で急速に高まっている。その背景にあるのは少子高齢化問題である。「外国人労働者の受け入れは、若年労働力の活用、女性・高齢者の社会参加の促進、少子化対策に並ぶ対応策の一つ」に位置づけられる（経済産業省、2005：11）。経済界においては、「ダイバーシティ・マネジメント」という用語が、雑誌や書籍を飾るようにもなった。単に数合わせの労働力としてや、優秀なら人種や性別にこだわらないという実力主義の論理であれば多様性自体が歓迎されているわけではないが、この議論においては、組織の活性化や新たな発想や革新の源泉として、資源としての多様性が語られ始めている。
　世界的には、国際移民が持ち込む文化的多様性への対応として、それをホスト社会にとって価値のないもの、差し障りのあるものとして排除しようとする同化主義から、（程度はさまざまだが）保持や継承を認める多文化主義へと移行してきた歴史がある。マイノリティによる異議申し立てに加え、社会の多様化の現実が、同化主義よりも多文化主義を、有効な社会統合政策として選択させたといえる。本稿が取り上げるカナダは、代表的な移民国家の一つであり、その社会の基本的性格として多文化主義を公式に位置付ける国である。本章では、

多文化社会が抱えるさまざまな葛藤へのカナダのアプローチ、多様性と平等、社会の凝集性、いずれも犠牲にしない社会づくりに向け、社会とその構成員の関係としてのシティズンシップがどのように構想されているのかを、課題とともに見ていく。最後に、カナダからの知見を基に、日本の政策動向についても考察を加える。

2 必然としての多文化主義

カナダの多文化主義は当初、ケベック・ナショナリズムの高揚を背景に二言語二文化主義として検討が開始されたが、英仏系以外の集団の文化も承認する二言語多文化主義として成立に至る (1971)。それはつまり、カナダには公式の言語（英語、仏語）はあるが公式の文化はなく、すべての文化は等しく尊重されると宣言することにより、多様な文化集団をカナダという一つの国家的枠組みの中に包括しようとするものであった。その後、1982年憲法の「権利と自由憲章」、1988年の「多文化主義法」制定により、多文化主義は国家の基本政策としての位置を確立している。

連邦結成 (1867) 当時、カナダの人口の約92%はイギリス系かフランス系で占められていたが、その後の中欧、東欧からの移民の波により、1920年代には英仏以外のヨーロッパ系が18%を占めるようになる (Fleras, A. & Kunz, J. 2001: 8)。さらに、出身国を限定しないポイント制移民システムの導入後 (1967) には、移民の主な出身地域はアジア、中南米、アフリカに移行した。2001-2006年には111万人の移民が上陸しているが、その83.9%が非ヨーロッパ系である。その結果、非白人 (visible minority) 人口も1981年に4.7%、1991年に9.4%、2001年に13.4%、2006年に16.2%と増加した (Statistics Canada 2008: 12)。特に多人種・多エスニック化が進行しているのが、移民が集中する主要都市部である。外国生まれの割合は全国平均で19.8%のところ、例えばトロント市とその周辺区域では45.7%（約232万人）にも達する (2006年国勢調査)。英系もしくは仏系と自己定義する者の割合は1991年国勢調査で約半数となり、96年調査では少数派に転じた。

カナダの多くの都市の主流はマイノリティであり、この革命的な変化は我々の制度、優先権、思考態度の再形成の可能性と危難を秘めている。この状況下における問題は、カナダが多文化主義をとる余裕があるかどうかではない。政治的統一、社会的結束、経済的繁栄、文化的豊饒化を絶えず模索するカナダには、多文化主義を掲げない余裕はないというのが的を射ている。
(Fleras, A. & Kunz, J. 2001: 27)

　カナダにとって移民は、少子高齢化による労働力不足を回避するための、唯一具体的な処方箋として重視されている。入国前から始まる連邦政府のさまざまな定着支援策（無料のガイドブックやビデオ、公用語学習や職業指導プログラム等）は、ニューカマーに政府をより身近に感じさせる効果を持ち、政府への信頼感や社会への責任感、カナダに恩返しをしたいという気持ちを醸成し、移民の高い市民権取得率に結びついているとの指摘もある[1]（Bloemraad 2008）。

3　社会づくりとしての多文化主義とシティズンシップ育成

　カナダの多文化主義政策は、文化的異化と市民的平等への権利を基軸としてきた。その社会づくりにおいては、マイノリティの社会的統合を疎外する、文化的、構造的な差別、障壁の除去が課題となる。社会の変化に対応した多文化主義政策の変遷については、連邦の政策研究官であるクンツらが表6-1のように整理している[2]。

　多文化主義の導入期である1970年代には、差異の承認に重点が置かれ、個人の偏見を除去することに注力された。非白人人口が増加した1980年代には、文化の承認だけでは差別除去には不十分だという問題意識が高まり、人種関係の改善に向け、構造的差別の除去、公正な雇用の推進が課題となる。教育に関しても、1980年代後半、多様性に対する理解や尊敬を促進することを主な内容としてきた多文化教育への批判、反人種主義教育への関心の高まりが見られ、西欧的であった学校文化の改革、教育機関におけるマイノリティの雇用、教育方針策定過程へのマイノリティの参画等が取り組まれるようになった（岸田1996）。

表6-1 カナダ多文化主義政策の展開

	エスニシティ（Ethnicity）多文化主義（1970年代）	公正（Equity）多文化主義（1980年代）	シビック（Civic）多文化主義（1990年代）	統合的（Integrative）多文化主義（2000年代）
焦点	多様性の祝福	多様性の経営	建設的エンゲージメント	包括的シティズンシップ
言及点	文化	構造	社会づくり	カナダ人アイデンティティ
達成課題	エスニシティ	人種関係	シティズンシップ	統合
重点	個人的調整	組織的調停	参加	権利と責任
問題の源	偏見	構造的差別	排除	アクセスの不平等／文化の衝突
解決策	文化的感受性	公正な雇用	包括性	対話／相互理解
キーワード	モザイク	同じ土俵	帰属	ハーモニー／ジャズ

(出典) Kunz and Sykes (2007:21) の表を筆者が訳出

　各民族集団が比較的自律的に存在してきた「モザイク」社会カナダにおいて、カナダ人としての統合に強い政策的関心が寄せられるようになったのは、1990年代以降のことである。この時代には、人種的マイノリティ人口が増大を続ける中で、白人カナダ人の間に社会の凝集性喪失への不安、多文化主義への反発が増したことが指摘されている（大岡 2005）。社会の急速な変化や市民の多様化への応答としてのシティズンシップへの関心の高まりは、1990年代に世界的に見られた動きであるが、カナダの多文化主義政策もシティズンシップ政策と一体化していく。エスニシティによる社会の分断を抑制するために、多様性よりもカナダ社会の一員としての共通性が、マジョリティとマイノリティ双方に対して強調されるようになる。連邦のシティズンシップ政策は従来新規移民を対象としてきたが、全カナダ人へと対象が拡大され、すべてのカナダ人に市民としての権利と責任を意識させ、社会づくりへの参加を促すものへと再編された。しかし教育の面から見た場合、1980年代後半に見られるようになった社会問題の解決、グローバルな課題解決に向けた行動的シティズンシップの育成への関心は1990年代に入って後退し、基礎学力とコンピューター・リテラシーを備えた労働者育成が主要関心事となる（岸田 2007）。したがって、90年代における参加は、グローバル経済体制下における競争力の維持・強化に強く方向づけられていたと見なすことができる。但し、動機は異なっても、参加を疎外する差別的障壁の除去が主要課題であったことは変わらない。批判的、行動的なシティズンシップの育成が本格的に取り組まれるようになるのは、1990

年代末以降のことである。

表6-1の2000年代の多文化主義政策の課題は、連邦の政策研究機関（Policy Research Initiative: PRI）のプロジェクトの一環として主要8都市で開催されたラウンド・テーブルから導かれたものである。「モザイクからハーモニーへ」とうたい、「異なる文化的背景を持つ人々が調和的に暮らし、暮らしているコミュニティに貢献する」（同化ではない）統合的な社会を目標に掲げ、異なるコミュニティ間の対話と相互理解を課題に据える[3]（Kunz and Sykes 2007: 20）。

4　多様な市民の社会的統合の経路

文化的に均質な国民を想定しないカナダは、近代国民国家の一般的なモデルとは異なっている[4]。カナダの福祉国家政策を分析した新川は、福祉国家は国民国家による社会的連帯があった上で成立すると考えられるのが通常であるのに対し、カナダの場合は逆に福祉国家政策が分権的な州の連邦への参加を促し、社会統合を実現してきたことを示し、「社会的連帯が必ずしも同質的国民という物語に依拠する必要はないことを示唆する」事例だと指摘している（新川 2008：24）。本節では、1990年代に高まった社会の凝集性喪失への不安に対して提示された、社会的結合（social cohesion）への政策を通して、同質性に依拠しない社会的統合がどのように設計されているのかを見ていく。

政策ツールとしては世界初と言われる、カナダ政策研究ネットワーク（Canadian Policy Research Network: CPRN）のマックスウェル（Maxwell）が1996年に示した社会的結合の概念定義は、以下のようなものである（Markus & Kirpichenko 2007: 22）。

> 「社会的結合は、共有価値や解釈コミュニティ（communities of interpretation）の構築、富と収入の不均衡の縮小をともない、また、一般的に、困難を共有しながら共通の事業に携わっているという感覚、同じコミュニティの一員であるという感覚を、人々に持たせることを伴う。」

連邦政府においても、多くの省庁にまたがった委員会（Policy Research Sub

Committee on Social Cohesion）が組織され、1997年3月の報告書では、「社会的結合は、すべてのカナダ人の信頼、希望、互恵の意識に基づいて、共通の価値、共通の挑戦、平等な機会のあるコミュニティを発展させていく継続的プロセスである」と定義された（Canadian Council of Social Development 2000: 4）。プロセスを重視するカナダの姿勢には、「まとまりがあるから協働できる」のではなく、「協働することによってまとまりをつくる」という戦略が示されている。政策理念上、カナダ人としての共通のアイデンティティ形成は、「立憲的な自己創出の継続的なプロセス」（S. ベンハビブ 2006：18）に置かれていると言えるだろう。共通価値の構築を含む社会づくりのプロセスへの参加が、社会への帰属意識を生むと想定されている以上、政府や行政、学校に求められるのは、共通価値を定めてその所有の有無で選別することではなく、共通価値を民主的に構築するための公正なプロセスの整備と、そのプロセスに誰もがアクセスできるようにすることとなる。

　多文化社会の社会的結合に関する研究においては、葛藤を適切に処理できる公的機関や、物やサービスを公正に分配する健全な経済の存在が、共通価値や文化的均質性よりも重要だと指摘されている（Markus & Kirpichenko 2007: 31、Jupp, 2007: 10）。カナダの場合、市民としての平等な福祉の提供が社会的結合に一定の成果をあげてきたことが指摘されているわけだが、経済活動において、移民の置かれた環境は厳しさを増している。高度人材化しているはずの近年の移民の雇用環境はむしろ悪化しており、民主的プロセスへの参加、カナダ人アイデンティティの獲得、いずれにも悪影響が見られる[5]。カナダのアプローチを現実に機能させるには、多文化主義の一貫した課題である文化的・構造的差別の除去を、社会の階層構造の変革を伴って進めていくことが求められる。

5　参加に導くシティズンシップ教育

　教育は、階層構造の再生産の道具にもなる一方で、階層移動の手段としての期待も背負う。移民の社会経済的統合に向けて、教育だけでできることは残念ながら少ないが、教育が、参加への入り口として重要な役割を背負っていることも確かである。本節では、連邦政府発行の教材と、ケベック州のカリキュラ

ムを素材として、すべてのカナダ人の参加を可能にするために、さまざまな帰属と国家への帰属の関係や、多文化社会の一員として求められるシティズンシップがどのように描かれているかを見ていく。

(1) 国家への帰属と多様性——連邦政府発行教材から

取り上げるのは、連邦市民権・移民省（Citizenship and Immigration Canada）が発行するシティズンシップ教材のうち、2003〜2005年に発刊された、「カナダへのコミットメントを養おう（Cultivate Your Commitment to Canada）」をテーマとした3部作（第4〜6学年向け）である[6]。各巻はそれぞれ、個人としてのシティズンシップ（personal citizenship）、国家共同体の一員としてのシティズンシップ（Canadian citizenship）、地球共同体の一員としてのシティズンシップ（global citizenship）を扱う。

カナダ人アイデンティティに言及する学習活動は、第1巻冒頭から登場している。個人が持つ多様な帰属・アイデンティティを取り上げ、クラスメートとの共通性と違いを認識させた上で、全員に共通する帰属・アイデンティティとして「カナダ人」を認識させる流れとなっている。ここでカナダ人アイデンティティは、他の帰属やアイデンティティに対して排他的なものではなく、「多様な私たちの共通項」といった性格である。第2巻、カナダ国家の一員としてのシティズンシップ育成の段階では、多文化社会カナダの発展に向けた参加、協働を求める内容になっている。世界各地からやってきた多様な移民のカナダ社会発展への貢献を学び、また、多様であるがゆえの葛藤や困難について学んだ上で、カナダという一つの畑で、多様な種が支配的な種に駆逐されることなく育っていくために、その畑の耕し手の一人として自分自身には何ができるかを問いかける。

カナダ人としてのアイデンティティ、シティズンシップは、人種やエスニシティ等の属性とは切り離された領域的・法的属性と、社会づくりへの参加を指標とする比較的垣根の低いものとなっていることがわかる。このように、構成員資格を「自由民主主義的な価値と実践の受容、共通の過去よりもむしろ未来を共有することへのコミットメント」に置くことは、移民国家に共通の傾向と指摘されている（Weinstock, D. 2008）。

(2) 集団や地域社会への帰属と多様性——ケベック州のカリキュラムから

　北米における唯一のフランス語社会であるケベック州はまさに、固有の言語や文化、社会制度が駆逐されないように苦心してきた社会である。その民族主義・孤立主義に変化が訪れたのは、21世紀に向けての教育改革が進められた1990年代であった（小林 2003：103-105）。21世紀のシティズンシップとして、多元的な社会で共に生き（living together）、より公正で平等な社会を共につくる（building together）能力が位置付けられ、社会の多様性とフランス系カナダ人の集団的結合の調和がめざされるようになる（Council of Ministry of Education, Canada 2001: 17-25）。

　新カリキュラムで導入された「地理・歴史・シティズンシップ教育」（3～6年）、「歴史とシティズンシップ教育」（7～9年）科目の内容からは、個人とともに集団としての権利や責任が明確に位置付けられていることが特徴的に読み取れる。同時に、ケベック人としての帰属意識やアイデンティティが排他的なものにならないようにも配慮されている。ケベック州がシティズンシップ教育を重視するようになった背景には、9.11後の社会情勢も影響していると言われるが（Lévesque 2004）、現代社会が抱える複雑で解決困難なさまざまな葛藤は、対立意見の無視や暴力の応酬ではなく、平和的で開かれた民主的討議によってこそ解決されるとの理念が示されている。そして学校には、社会的結合のエージェントとしての役割が期待される。

　　「私たちが暮らすような多元的な社会において学校は、コミュニティへの帰属意識を育て、いかに共生するかを教えることによって、社会的結合のエージェントにならねばならない。これはすなわち、学校は共有の知識遺産を伝達し、民主主義の基本的価値を促進し、若者を責任ある市民になるべく備えさせなければならないことを意味する。学校は同様に、あまりにも多くの若者の未来を危険にさらす排除を防がなくてはならない。」（Ministère de l'Éducation, Gouvernement du Québec, 2001: 3）

(3) 参加に向けた実践的課題

　多文化社会が凝集性を保つための経路としてすべての人の参加が、そして、

すべての人の参加を導くためのシティズンシップ教育が要請されている。そのためには、すべての子どもたちの学習への参加が最初のステップとなる。したがって、移民生徒に見られるドロップアウト率の高さは、致命的な問題となる[7]。また、実際の教室には、通ってくる子どもたちの持っている社会的資源の違いが反映されており、扱われるシティズンシップの次元もさまざまである。特にESLクラスの場合、カナダについての基礎的な知識の教育にとどまりやすい（岸田 2008）。文化的多様性に対する現場の教師の反応も、好意的なものばかりではない（岸田 2005）。理念上共通価値も民主的討議の対象とはいえ、学校現場においては、社会の既存の価値、望ましいとされる行動規範の教育も当然行われている。そうした人格教育（character education）はシティズンシップ教育の重要な一画を占めており、学校の行動規則によっても徹底されているが、問題行動への罰則の適用が、黒人生徒にとりわけ厳しいものになっているという報告がある（大岡 2007）。共通価値を定めてその所有の有無で選別する機能を、学校が果たしている恐れがあることは否めない。シティズンシップ教育が、「排除と包摂の弁証法」（G. ハージ 2003）に陥らないように、理念・政策と実践の双方を注意深く観察していく必要がある。

6　多文化共生に向けたカナダの政策の特徴

ここまで、多様性を犠牲にすることなく国家の統合と持続的発展をめざすカナダの政策について述べてきたが、ここでその特徴を整理してみよう。

① 国家の成員としてのアイデンティティやシティズンシップは、人種やエスニシティ等の属性とは切り離された領域的・法的属性と、社会づくりへの参加を指標とする比較的垣根の低いものとなっている。
② 共通の価値や文化は所与の、固定的なものではなく、その社会に生きる人々によって継続的に構築されていくものであることを政策理念としており、その構築のプロセス、社会づくりへの参加が、同じ社会の一員としての帰属意識や一体感を醸成すると想定している。
③ その構築のプロセスに、現実的に多様なすべてのコミュニティが参加で

きているかどうかが、社会的価値の文化的な公正さを担保する。
④ 多文化主義や移民の統合に向けた諸政策の成果を検証する社会調査が定期的に実施され、政策の評価に役立てられている。選挙の投票率調査でも社会的属性（移民的背景、人種、母語など）毎に統計が示される。
⑤ 多様な人々と共に生き、共に社会をつくっていく力の育成は、社会の持続的発展に向けての不安定要素である社会集団間の不平等や葛藤に向き合い、民主的・協働的に解決への道を切り開くための力として、シティズンシップ教育の課題となっている。
⑥ 1980年代以降のカナダ多文化主義政策において、多様な文化の理解や尊重は社会的断絶や葛藤を改善するための基本的な手段であり、それは、異質性に基づく排除や抑圧を許さない姿勢と表裏である。多様なすべての人々が社会に受け入れられていると感じることができ、カナダ人としての国民的アイデンティティや社会的責任を共有できるようにすることが（それに伴いエスニックなアイデンティティを棄てる必要はない）、多文化主義に基づくシティズンシップ政策の課題となっている。

　上記①②は、カナダにおけるシティズンシップの強調を、少なくとも政策理念としては、単なるナショナリズムの高揚やマジョリティへの同化圧力とは同一視できないものにしている。典型的なエスニック・ネーションに数えられることの多い日本の文脈では、国民統合や帰属意識の醸成というと主流エスニック・グループへの同化がイメージされやすい傾向があるため、多文化主義を国民統合政策として採用し、シティズンシップ政策において均質な国民を想定しないカナダのモデルは想像しづらいかもしれないが、基本として押さえる必要がある。
　①〜③の政策理念・課題がどれだけ現実の取り組みに移されているか、その実現の度合いや効果の検証作業を担うのが④である。こうした調査が数多く実施されることは、政府の姿勢を示す上でも、政策の改善を図る上でも重要と言える。

7 おわりに——日本の思想的・実践的課題に寄せて

(1)「多文化共生」論の脱構築に向けて

「多文化共生」に関する批判的論考として、梶田ら（2005）の研究がある。「共生という言葉は自らが持つ響きのよさを保つために、モデルに適合しない現実から目をそらす、あるいはそれを排除する傾向」を有しており、「『文化』や『エスニシティ』（のみ）を説明ないし記述の単位とする誤った理解をしばしば帰結」するため、政治経済的な問題認識を欠きがちだと痛烈に批判した（梶田他 2005：295-297）。社会集団間の不平等や葛藤の改善を目指すカナダの多文化主義政策とは対照的な性格が指摘されているわけだが、「共生」はいつから響きのよい、格差や不平等を隠蔽しがちな用語になってしまったのだろうか。

本書の第4章で金が示しているように、国籍や文化の異なる人々との「共生」を目指す理論や実践の発展は、在日韓国・朝鮮人の反差別運動の中で育まれた部分が大きい。「障がい者」と「健常者」の共生、在日韓国・朝鮮人と日本人の共生など、反差別の思想や運動から生み出されてきたこの言葉は、決して不都合な現実を捨象し、不平等を放置するようなものではなかった。まして、戦後思想の文脈において「共生」は、沖縄・アイヌ・朝鮮といった文脈における脱植民地化の対概念でもあった（小沢1994、花崎1999等）。例えば戦後の在日韓国・朝鮮人教育の思想的・理論的支柱であった小沢有作にとって「共生」は、「革命」に変わる新しい時代の運動の言葉であり、侵略への抵抗概念にほかならなかった。[8]

戦後の教育運動において、日本の学校内での在日韓国・朝鮮人教育実践は民族独立の観点から従来否定されてきたが、1970年前後の大阪での実践・運動を転換点として、1980年代には全国へと広がり、1990年代には在日韓国・朝鮮人だけでなく多様な背景の子どもたちの教育へと、対象の広がりを見せた。実践の拡大・発展とともに、「在日朝鮮人教育の発展」から「民族共生の教育」へ（1990年代前半～）、さらに「多文化共生の教育」へ（1990年代後半～）と旗印も変わってきた経緯がある。[9] ところで小沢は、「多文化共生」ではなく「民族共生」を使うことにこだわりを持っていた。1990年代半ば、ある研究会で直

接その理由を尋ねたこともあるが、彼は多くを語らなかった。当時の私は民族よりも文化の方が包括的で便利ではないかという程度の認識であったが、今になって感じるのは、日本語における「民族」が持つ、戦後政治や運動の中でまとってきた歴史的・思想的重み、すごみのようなものを、「文化」は欠いているのではないかということである。日本における脱植民地化、反差別運動の歴史に連なる課題としての「におい」が、「民族共生」から「多文化共生」に変わるだけで一気に薄まりはしないだろうか。だからこそ「多文化共生」はこれほど広く流通し、行政府にも受け入れられたのであろう。多様性をめぐる社会の認識・関心を高めた貢献は大きい。しかし次の段階へと進むためには、普及のために薄めたマジョリティたる日本人にとっての「毒」を、再び位置づけていく必要がある。

　中でも、ポスト・コロニアルな文脈における「共生」の課題（脱植民地化、差別や民族文化的同化・抑圧の排除）と、ポスト・ナショナルな文脈における「共生」の課題（移民の社会的統合、国家像や社会構成原理の再構築）を整理し、連続性と固有性を明らかにしていくことは極めて重要である。これは、清水（第3章）、金（第4章）が課題としてあげるニューカマーとオールドカマーの経験、かかわる実践や研究の接続に向けての、基礎的な作業でもある。連続性と固有性がうまく整理されていないことが、うまくつながれない状況を生み出しているというのが筆者の認識である。ポスト・ナショナルな課題を、ポスト・コロニアルな課題の隠蔽や拡散に利用させず、再発見に結びつける戦略が求められる。「共生」という言葉の思想的・実践的系譜を世に示すことによって、「共生」が本来持っていた思想的価値、歴史的・構造的な世界認識を「多文化共生」にまとわせることは、まさに研究者の仕事であろう。

(2) グローバル化・多様化に対応した社会の制度設計に向けて

　ポスト・コロニアルからポスト・ナショナルに連続する課題としてまず取り組むべきは、差別や不平等の問題である。「不平等を正当化する能力主義とは無関係な基盤を提供する」（ウォーラーステイン 1997：62）レイシズムは、植民地主義の時代から現代まで、生物学的差異から文化的差異へとロジックを代えながらも常に不平等や搾取の合理化に利用されてきた。そして、グローバル化

した今日の経済構造において、安価な使い捨て労働力として利用されているのが移民（外国人）労働者である。そうした状況は、外国人を法的に不安定な地位に置くこと、外国人嫌悪や排斥を放置することによって、成立もしくは看過される。

　日本は今、移民を基本構造に組み込んだ社会の制度設計に移行するのかどうか、議論を始めた段階であるが、世界で最も高齢化が進んだ国として、それほど余裕があるわけではない。グローバルな人材獲得において競争力を持ちたいのであれば、多様な人材に社会の発展を担って欲しいのであれば、外国からの移住者が生活しやすい、能力を発揮しやすい環境を整える必要があるのは当然のことである。多文化共生の社会づくりを掲げるにあたり総務省（2006：5）は、人口減少社会において、「外国人を含めたすべての人が能力を最大限に発揮できるような社会づくりが不可欠」だと述べている。人口減少社会における人的資本確保の必要性に基づき、多様なすべての人の貢献による社会づくりを要請するロジックは、カナダ政府の場合と同様である。いずれも、多様性尊重は付随的なもので、人手を必要としており、なるべくならいい人材を獲得したい、入国した以上その能力を活かして社会に貢献して欲しい、それを妨げる障壁やホスト社会との軋轢はなるべくなくさなければならない、という回路である。何が障壁となりやすく、どのような手だてを講じるべきかについては、カナダを含む、多様性がもたらす挑戦に長年取り組んできた国の経験や選択から学べることが数多くあろう。

　「『外国人労働者』は労働力である前に『人』であり、『日本で生活する者』である」（経産省 2005：13）という認識が示されたことは歓迎したいが、労働環境における構造的差別の是正、公正な雇用環境の実現に向けては、基本的人権の保障レベルの問題が山積しているのが実状である。日本の性風俗産業における外国人女性や外国人研修・技能実習生が、実体として人身売買の被害者になっているとの国際的な批判も、2000年代に繰り返し寄せられている[10]。しかし、人権擁護に関する世論調査（内閣府大臣官房政府広報室）の結果を経年比較すると、「日本国籍を持たない人でも日本人と同じように人権は守るべきだ」に賛同する者の割合は、61.8％（1988）、68.3％（1993）、65.5％（1997）、54％（2003）、59.3％（2007）と、内外人平等の原則が導入されて四半世紀を過ぎても、

向上する気配はない。

　社会づくりへの参加を、どのような立場から、どの次元まで求めるか／認めるかについても、議論を深める必要がある。「未来の国民」として移民を受け入れるカナダは、完全な国民としての平等な参加とそれを妨げる障壁の除去に向けた努力を、移民側にもホスト社会側にも求める。一方日本は、あくまで「外国人」としての受け入れであり、法的地位が違うまま、生活レベルでの共生、協働を求める形となっている。民主的プロセスへの参加も、同列には求められない。日本の多文化共生論は、短期滞在者から永住者までを射程に収めているが、多様性の尊重や人権保障という次元においては同列に扱えても、社会づくりへの責任の共有と参加を求める次元においては、区別も必要である。しかし、移民がその社会に根を下ろすか、移住を繰り返すかには、移民個人の側の要因とともに、社会の側の要因も大きい。カナダとアメリカにおける移民の市民権（国籍）取得率について比較考察した Bloemraad（2008）は、物価が安くチャンスもあるアメリカは経済面では最高だが、より自分の居場所だと感じられるトロントに戻りたいという、米加双方で長年暮らしたポルトガル系移民の談話を紹介し、結局は、自分が何者であるかを含め、その社会に歓迎されている感覚を持てるかが大きいとまとめている。二重国籍も認めず、血統主義の国籍法を持つ日本には、数世代日本に暮らし続ける「実質的国民」とも言うべき外国人が多く存在する特殊性もある。数世代暮らし続けても公式な帰属を選択しない要因は、「外国人」側にではなく、社会の側に求めるべきだろう。

　経済界で「ダイバーシティ」に関心が高まる一方で、永住外国人への地方参政権付与をめぐっては、外国籍保有者を日本の治安への脅威と見なす論調が噴出している。ハージ（2005）が白人オーストラリア人の多文化主義を痛烈に批判したような、異質な他者を「意志のない価値あるもの」として飼い慣らそう、政治的・権力的に「われわれ」を脅かすことは許さないが、「われわれ」を豊かにし、楽しませてくれる多様性は奨励しようという思惑が、日本社会にも透けて見えるのではないだろうか。しかも、異質な他者の多くが市民権を持たない「外国人」である日本では、その合理化もたやすい。

　文化の違いを知り、社会の基本構造に影響しない範囲で多様性を消費する段階から、異なる文化や価値を持つ者が同じ社会でより機能的、建設的に暮らす

ために、誰がどんな責任、コストを負うべきなのかという、制度づくりの段階へと進むことが求められる。第4節に示した、多文化社会における社会的結合の鍵は共通価値や文化的均質性ではなく、葛藤を適切に処理できる公的機関や、物やサービスを公正に分配する健全な経済との指摘を、ここでもう一度確認しておきたい。こと教育においては、社会参加の経路としての役割を再確認し、マイノリティの子どもたちの教育への参加を保障していく、制度的枠組みづくりが急がれなければならない。その現状と課題を検証するための基礎データの収集に向けては、教育関連調査の指標や方法の再考も必要だろう[11]。教育内容としては、多様な人々と共に生き、社会をつくっていくためのシティズンシップとして、社会構造に組み込まれた差別や不平等を見抜き、それに利用されない力、文化や価値の衝突を平和的で開かれた民主的討議で解決していくための力を、すべての子どもたちに備えさせていくことが求められる。

注
1) 2006年国政調査によれば、市民権申請資格を持つ移民の85.1%が市民権を取得している。
2) 1990年代までについてはFleras & Kunz（2001）で発表済み、Kunz and Sykes（2007）で2000年代が追加され、表6-1になる。
3) ラウンド・テーブルにおいて文化的多様性はおおむね好意的に捉えられていたものの、共有のカナダ的価値を犠牲にしてまで増進させるべきではないとも考えられており、そのターゲットになりやすいのが宗教的多様性であったという。9.11の影響や、2006年に起こったトロントでのテロ未遂事件の衝撃により、民主主義や男女の平等、多様性の尊重といったカナダの社会的価値に相容れない存在として、イスラームとその信者に不信感が向けられる傾向がある。
4) 文化的に多様なだけではなく、カナダにおいてはネイションとそれに対応するシティズンシップも多元的である。象徴的な事例として、言語と司法制度においてフランス的伝統を維持してきたケベック州が、連邦下院議会で可決された動議（2006）において、カナダの中のネイション（a nation within a united Canada）として承認されたこと、イヌイット自治政府が治め、独自の公用語、議会制度を持つヌナブト準州が1999年に誕生したこと等があげられる。
5) 非白人移民は雇用や昇進にあたって差別を受けやすいと指摘されている（Statistic Canada 2003）。1980年代に比べ、非白人が移民の大半を占めるようになった2000年代において、移民の雇用機会や収入、低所得層の割合、カナダ生まれとの賃金格差、失業率いずれも悪化した（Gabriel 2006）。近年の移民ほど

投票率が低く（Statistics Canada 2003）、カナダ人アイデンティティの獲得速度に人種格差が見られることも指摘されている（Reitz 2007）。
6) 1987年に導入された連邦シティズンシップ週間の取り組みの一環として発行される教材で、初期からの変遷については大岡（2005）が分析している。
7) カルガリーのある高校のESL生徒の場合で74%、バンクーバーの8-12学年の移民生徒で60%とのデータがある。特に、家庭教師等による学習支援を受けられない、低所得層の子どもがドロップアウトしやすいと指摘される（Majhanovich 2006）。
8) 「民族と民族の共生の問題は同化と侵略を廃絶する課題に通じ」るとして、「国内における日本人と民族的少数者の共生、日本とアジア諸民族の共生」を課題として掲げた。国内の民族的少数者には、在日韓国・朝鮮人のほか、アイヌ民族やインドシナ難民、外国人労働者が、アジア諸民族との共生の課題としては、慰安婦問題等の戦後補償問題、アジアにおける経済侵略の問題があげられている（小沢 1994：322-326）。
9) 戦後の在日韓国・朝鮮人教育政策・運動の思想的、理論的変遷については岸田（2003）を参照。
10) IOMやILOといった国際機関の調査や報告書、また、米国務省による世界の人身売買に関する年次報告書など。
11) 例えばOECDによるPISA調査においては、移民の子どもの学力について、家庭での使用言語、本人と親の出身国、親の教育水準や社会経済的地位等を指標とした比較分析がなされ、移民的背景を持たない子どもとの比較もなされている（OECD（2007）『移民の子どもと学力―社会的背景が学習にどんな影響を与えるのか―』明石書店）。

参考文献

ウォーラーステイン、I.（1997）「資本主義のイデオロギー的緊張―普遍主義対人種主義・性差別主義―」バリバール、E.・ウォーラーステイン、I.『人種・国民・階級―揺らぐアイデンティティ』大村書店、52-66.
大岡栄美（2005）「『市民性』をめぐるナショナリズムとグローバリズムの交錯―カナダにおけるシティズンシップ週間プロジェクトを中心に」山本信人編『多文化世界における市民意識の比較研究―市民社会をめぐる言説と動態』慶應義塾大学出版会、117-196.
大岡栄美（2007）「人種的マイノリティの教育アクセス保障と学校選択に関する一考察―オンタリオ州における黒人中心学校（Black Focused School）論争を中心に―」『カナダ教育研究』第5号、19-30.
小沢有作（1994）『小沢有作教育論集　共生の教育へ 1』明石書店
梶田孝道・丹野清人・樋口直人著（2005）『顔の見えない定住化―日系ブラジル人と国家・市場・移民ネットワーク』名古屋大学出版会.
岸田由美（1996）「カナダ・オンタリオ州の反人種主義および『民族文化的公平

（Antiracist and Ethnocultural-Equity)』教育―反人種主義教育と多文化教育の統合の試み―」『比較・国際教育』第4号　筑波大学比較・国際教育学研究室、99-108.
岸田由美（2003)「在日韓国・朝鮮人教育にみる『公』の境界とその移動」『教育学研究』第70巻第3号：58-69.
岸田由美（2005)「授業時間内における小学校多言語教育の有効性と課題に関する考察―トロントの遺産言語教育の事例から―」『カナダ教育研究』第3号　カナダ教育研究会　54-59.
岸田由美（2007)「カナダ―『多文化』と『社会』をつなぐ教育」嶺井明子編著『世界のシティズンシップ教育―グローバル時代の国民／市民形成―』東信堂　108-120.
岸田由美（2008)「カナダにおけるシティズンシップ教育の理想と現実―移民の統合問題に着目して―」『カナダ教育研究』第6号　カナダ教育研究会、28-40.
経済産業省（2005)「外国人労働者問題―課題の分析と望ましい受入制度の在り方について―」.
小林順子（2003)「変容するケベック州の学校」小林順子他編著『21世紀にはばたくカナダの教育』東信堂、95-123.
新川敏光（2008)「カナダにおけるナショナル・アイデンティティの探求と超克の旅」新川敏光編著『多文化主義社会の福祉国家―カナダの実験』ミネルヴァ書房　293-312.
総務省（2006)「多文化共生の推進に関する研究会報告書　地域における多文化共生の推進に向けて」.
ハージ、G.（2003)『ホワイト・ネイション―ネオ・ナショナリズム批判』平凡社
花崎皋平（1999)「『脱植民地化』と『共生』の課題」（上）『みすず』1999年5月号：2-25、（下）6月号：12-32.
ベンハビブ、S.（2006)『他者の権利―外国人・居留民・市民』法政大学出版局。
Bloemraad, I. (2008) "Citizenship in the United States and Canada: How Government Policy matters for Immigrant Political Incorporation." *Canadian Diversity*, Vol. 6: 4, Montreal: Association for Canadian Studies, 129-133.
Canadian Council of Social Development (2000) *Social Cohesion in Canada: Possible Indicators: Highlights*, SRA, Department of Canadian Heritage.
Citizenship and Immigration Canada (2003, 2004, 2005) *A Year-Round Activity Guide about Citizenship.*
Council of Ministry of Education, Canada (2001) *Education for Peace, Human Rights, Democracy, International Understanding and Tolerance: Report of Canada*, CMEC.
Fleras, A.& Kunz, J. L. (2001) *Media and Minorities: Representing Diversity in a Multicultural Canada*, Toronto: Thompson Educational Publishing, Inc.

Gabriel, C. (2006) "Charting Canadian Immigration Policy in the New Millennium." In Cooper & Rowlands (ed.), *Canada among Nations 2006: Minorities and Priorities*, Montreal & Kingston: McGill-Queen's University Press, 117–208.

Jupp, J. (2007) "The Quest for Harmony." In Jupp, J. & Niewenhuysen J. with Dauson, E. (ed.), *Social Cohesion in Australia*, New York: Cambridge University Press, 9–20.

Kunz, J. L. and Sykes, S. (2007) *From Mosaic to Harmony: Multicultural Canada in the 21st Century: Results of Regional Roundtables*, Ottawa: Policy Research Initiative, Government of Canada.

Lévesque, S. (2004) "History and Social Studies in Quebec: An Historical Perspective." In Sears, A. Wright, I. (ed.) *Challenges & Prospects for Canadian Social Studies*, Vancouver: Pacific Educational Press, 55–71.

Majhanovich, S. (2006) "Immigrant Students and Canadian Education: Compromised Hopes." *Education and Society*, Vol. 24, No. 1, Melbourne: James Nicholas Publishers, 5–26.

Markus, A. & Kirpichenko, L. (2007) "Conceptualizing Social Cohesion." In Jupp, J. & Niewenhuysen J. with Dauson, E. (ed.), *op.cit*, 21–32.

Ministère de l'Éducation (2001) *Québec Education Program -Approved Version: Preschool & Elementary Education*, Gouvernement du Québec

Reitz, J.G. (2007). "Second Generation Youth in Canada: Attachments, Belonging and Identity." Paper presented at the 12th International Metropolis Conference held in Melbourne, Australia.

Statistics Canada (2003) *Ethnic Diversity Survey: Portrait of a Multicultural Society*. Ottawa: Government of Canada.

Statistics Canada (2008) *Canada's Ethnocultural Mosaic, 2006 Census*, Ottawa: Government of Canada.

Weinstock, D. (2008) "Introduction: the theory and practice of citizenship in the 21st century." *Canadian Diversity*, Vol. 6: 4, Montreal: Association for Canadian Studies, 3–6.

第Ⅲ部

「多文化共生」は可能か

第 7 章

「共生」の裏に見えるもう一つの「強制」

リリアン テルミ ハタノ

1 はじめに

「多文化共生」とよく言われるが、その中身がはっきりしない。イメージは悪くない。まるで魔法の言葉のように、「多文化共生」と掲げればすべてが解決されるか、されたかのような響きがある。だが、そんな力があるはずもない。

はっきりしているのは、「多文化共生」が謳われる一方で、ここ数年、外国人に対する政策としての「強制」が明らかに進んできたということだ。以前ハタノ（2006：55-80）で「多文化共生」は多数派から発せられた言葉であると指摘した時に比べて、「強制」の動きはさらに厳しくなった。

「共生」の呼びかけの裏で進むもう一つの「強制」。両者の隔たりがますます拡大する現状を踏まえて、「多文化共生」や「異文化間教育」が目指すべきものは何か、そして「共生」の前提である対等な関係を築くうえでマジョリティにできることは何なのか、手がかりを探ってみたい。

2 現状と課題

(1) 自治体からの「多文化共生」へのかけ声

2001年10月、特に南米出身の外国人が集住している13都市は、外国人集住都市会議の場で、以下の内容を総意として宣言した。

「私たち13都市は、今後とも連携を密にして、日本人住民と外国人住民が、互いの文化や価値観に対する理解と尊重を深めるなかで、健全な都市生活に欠かせない権利の尊重と義務の遂行を基本とした真の共生社会の形成を、すべての住民の参加と協働により進めていく」

　この流れを受けて2006年、総務省が「地域における多文化共生の推進に向けて」という報告書を発表してから、地方自治体でも広く「多文化共生」のキャッチフレーズが掲げられるようになった。同年には内閣官房も「生活者としての外国人に関する総合的対応策」を発表。これらのかけ声を聞いた在日外国人の中には、「今までとは違う動きが始まる」「ようやくこの社会の一員として、同じ人間として、同じ日本社会の生活者として対等な扱いを受けられるのだ」と、期待を膨らませた人も少なくなかったであろう。

(2) 日本版US-Visit（J-Vis）の導入

　だが、そんな期待はすぐに裏切られた。2007年11月、日本政府は、出入国管理及び難民認定法（以下入管法）[1]を改定し、入国する外国人から生体情報を採取・蓄積して流用するシステムを導入した。テロ対策の名の下にアメリカが導入したUS-Visitシステムを真似たもので、世界で2番目の導入であった。

　日本国民は、犯罪の嫌疑がかかった場合などの特別な状況でない限り、指紋押捺を強制されることはない。しかし、(1)テロリストの入国阻止と、(2)出入国管理の一層の円滑化という2つの目的を建前上は掲げて、特別永住者等を除く外国人に、入国審査時の指紋押捺と顔写真撮影とが強制されるようになったのである。この制度では、年々確実に増加している一般永住者も強制の対象とされており、永住資格申請時に数多くの書類を提出させてなす厳しい審査はいったい何のためのものなのか、疑問が湧いてくる。そしてそのデータは、法案を審議した国会会議録によれば、その外国人が出国した後も70年以上保管され、様々な用途に流用されることが予定されているという。

　かつて指紋押捺は、外国人登録法により、長い間、すべての外国人に対して、外国人登録時に強制されていた。しかしそれが、人権侵害であるとの批判とともに激しい抵抗が繰り広げられた結果、1993年に永住者（この時は特別永住者

と一般永住者いずれも）について、2000年にようやく他の外国人についても廃止されたばかりだった。この事実を、多くの日本国民は知らないであろう。

　個人の生体識別情報を国家が集めていく流れは、「テロの脅威」が声高に叫ばれる状況下では、もはや止められないのかもしれない。しかし、外国人のみを対象としているのは差別としかどうしても考えられない。

　そもそも、その利用、保管方法、安全性、倫理的な基準などは、収集・蓄積システムが導入される前にまず、人権尊重のあらゆる視点から社会全体で真剣に議論すべきものではないだろうか。収集された生体情報が誰によって、どのように管理されるのか。民間企業からだけでなく、刑務所などの法務省管轄下の施設からでさえ、個人情報がインターネット上に流出してしまったという現実があるというのに、その安全性はどのように保障されるのか。終生変えることができないのが生体情報であることを考えると、不安は募るばかりである。

　しかも、外国人だけがその危険にさらされているのである。その合理性、正当性は本当にあるのか。国会の会議録を読んでも、初めから結論ありきで、真摯な議論、検討がなされたようにはとても見えない。特に、外国人だけをテロ対策の対象にする制度は差別的であり、「外国人＝テロリスト予備軍」と言わんばかりである。そういう前提で新制度が導入されている中で堂々と「多文化共生」が語られる現実には、戸惑いを禁じ得ない。

　このシステムと学校教育に関して、すでに深刻な人権侵害が生じている。せめて修学旅行などで海外に渡航する際に、外国籍生徒が同級生の前で差別的な扱いを受けないですむようにしてほしいとの市民運動からの働きかけを受けて、法務省は、修学旅行時のみ、所定の手続きをすませば指紋押捺を免除することを表明した。しかし、それも空証文に過ぎなかった。その後明らかになったのは、必要とされる手続きを経て「個人識別情報提供義務免除対象者」との認定を受け指紋押捺を免除されるべき高校生でさえも、意図的かどうかは確かめようもないが、空港での対応が徹底されていないため、日本人の同級生の前で指紋押捺等を強制される事例が少なからず発生しているという運用実態である。筆者が確認できた事例の中には、後に学校からの抗議を受けて入国管理局職員が取消手続きを行ったというものがあるが、それではたして問題はなかったことになるのか。異文化体験や学習のための修学旅行を終えて帰国する際に、直

面し体験するのが差別的な指紋採取と写真撮影だという事実。倫理的にも教育的にも極めて深刻な事態ではないのか。また、その同じ高校生が、修学旅行時には指紋採取等を免除されたとしても、家族旅行で海外へ行き、帰国・入国する際には指紋採取等されるというのは何なのか。いったい何のための制度であるのか、深い疑問が残る。日本生まれの外国籍者が増えつづけている現在、この制度は公的な嫌がらせにしかならないものであると、どの学校関係者でも、教育関係者でも、もっと疑問に感じ、この制度の是非を社会に問いかけていく必要性があるのではないか。

　しかも、外国人の生体情報を収集・管理する法務省には、後述する新たな在留管理システムによって在日外国人の個人情報が集中し、それが利用されることになった。もはや外国人は人権享有の対象ですらないかのようである。

(3) 3Fでとどまるのはなぜか

　ここ10年ほどで、「3F」と言われる「Food」「Festival」「Fashion」(「料理」「祭り」「衣装」) に積極的な興味を示す日本人はたしかに増えた。それが「多文化共生」という美しいかけ声を生むきっかけになった側面もあるように思う。

　しかし、日常の食卓にはエスニック料理を取り入れても、同じ地域に住む外国籍の隣人たちを、この社会を共に築いていく市民として受け入れたり、仕事仲間、場合によっては「家族」の一員として受け入れたりするまでには相当な距離があるようである。

　例えば、実際、民族衣装や民族料理、外国の祭りには興味を示す人たちの中でも、上述の生体情報採取・蓄積・流用システムや、新在留管理システムに関する入管法改定に関心を抱いていた人は極めて少なかったように見える。「異文化」「他文化」には関心を持ち、イベントなどを通じて在日外国人との付き合いはあっても、日本の外国人受け入れ政策や在日外国人が日本で暮らしていくうえで大きな影響を受ける法律に関する問題に関しては「彼／彼女ら」の問題に過ぎず、多数派の自分たちと結びつくことのない「他人事」のように思えてしまうのだろうか。

　実際のところ、そもそも「楽しい」イベント企画の場で、法律などの情報が

発信されることは非常に稀である。あったとしても展示程度であるし、仮にセミナーかシンポジウムが企画されても、「難しい」問題として遠ざけられるのか、参加する人は極めて限られてしまう。

　また、そうしたセミナーの場などで、外国籍マイノリティが日本の社会問題を指摘してマジョリティの理解を求めようとした途端、日本人参加者が「自分自身が批判された」かのように反発する光景は、珍しくない。個人が突然「国家」を抱えこみ、「国を守り」に入るのである。こうした心理に、いったいどう対処していけばよいのだろうか。

　ともあれ、在留管理システムは、言うまでもなく在日外国人の日本での生活に直接関わり、生活を左右する、在日外国人にとって最も身近な法制度である。毎年何らかの3Fイベント等に参加していながら在留管理システムについて知る機会すらなかったとしたら、外国籍住民とは表面的な関係しか築けていなかったためだと言えるだろうし、あるいは、それらのイベントによって重要な情報を見えなくされてしまったためとも言えるのかも知れない。

(4)「非人間的」な相手への「非人間的な扱い」?

　在日外国人が直面させられている問題を「彼／彼女ら」の問題としか見なさない認識の背景には、マスメディアの影響も大きいのだろうが、「外国人」は「特殊」で「異質」な「者」という認識があるように見える。そして、「ガイジン」と言われるときには、本当は「害をもたらす者（害人）」という意味やイメージが含まれているのではないか、と感じることがある。この意識を持ってしまう外国人の姿は田中（1995：ii）にも描かれている。留学生が、日本人は外国人を「害国人」と思っているのではないかと田中氏に問いかけた1962年当時と日本社会はほとんど変わっていないのではないか。

　日本人も海外に一歩出れば「外国人」になるという事実や、背景は様々であっても、「在日外国人」とは単に「国籍国を離れて日本に在住している人々」であるというごく当たり前のことを認識している日本国民が、いったいどれほどいるであろうか。ただ国籍が異なる人間であるに過ぎないのに「非人間的」なイメージが抱かれてしまい、「非人間的な扱い」としての人権侵害が許されることになっているのではないか。

この問題は、奴隷・人身売買制度とも呼ぶべき外国人研修生に対する非人間的搾取や、短期での帰国強制を暗黙の前提としたような、介護や看護の人材受け入れ制度にも直結している。

　日本政府は、人手不足のバブル時代に、やはり法改定をしてまで受け入れた日系ブラジル人やペルー人らとその家族を、2008年の秋のリーマン・ショック以来、「帰国支援」の名の下に「手切れ金」まがいの帰国費用を渡してまで帰国させた（この制度は2010年5月に終了）。それはまるで厄介払いのような扱いだとして、ブラジル人コミュニティ内で大きな波紋を生んだ。帰国支援金を受け取った者は無期限に再来日ができないと当初はされていたが、各方面からの働きかけによって、3年は再来日できないということで、ひとまず決着をみたようである。この制度により帰国のめどが立ち助かった人がいたとしても、日本社会に貢献してきたと自負していた多くの在日ブラジル人が、「この社会はこんなにも簡単に人を切り捨てるのだ」と強く感じ取ったのも事実である。その影響もあってか、2009年末のブラジル籍外国人登録者数は、前年の31万人から26万人台にまで減少した。

　こうした急激な変化の中で「帰国」を余儀なくされ友人たちと突然の別れを強いられた子どもたちの心に、その体験はどのように記憶されていくのであろうか。

3　もう一つの強制――新しい在留管理システム

(1) 2009年、過酷な在留管理制度の導入へ

　多文化共生が謳われるなか、在日外国人の在留管理を大きく変える入管法改定案が、2009年7月15日、通常国会を通過・成立した。[4]

　住民基本台帳法の改定と合わせて成立した今回の法改定により、従来は法務省と市町村により二元的に行われてきた在留管理が法務省の下に一元化され、法務省は対象者の住所や雇用状況、健康保険や年金の加入状況、納税状況、子どもの就学状況等、あらゆる種類の個人情報を収集・管理して、フル活用できることになった。このような個人情報の一元管理とデータマッチングは、日本国民に対しては許されないとする最高裁判決が住基ネットについて2008年3

月、下されているにもかかわらず、である。そして法務省による一元管理は、従来は地域の行政サービスを受けることが可能だった非正規滞在者を、地域行政の枠組みから排除するものであり、深刻な人権侵害を生むことが懸念されている。

　さらに、従来の外国人登録証に代えてICチップ付きの在留カードが法務省から発行され、その常時携帯義務と、警察官などから提示を求められた場合の提示義務が、特別永住者を除いて、刑事罰の威嚇の下に強制されることになった。外国人登録証の常時携帯義務については、国連・自由権規約委員会から、外国人に対してのみ携帯を義務づける点で差別的であり、自由権規約26条に適合しないので廃止すべきだと勧告を受けているのに、である。また、住居地変更の届け出をしなかっただけで「住基台帳法での過料」「入管法での罰金」「入管法での在留資格取消」になるなど、極めて過酷な義務規定が課されることになる。

(2)「外国人だけの問題」なのか

　外国人の人権を保障する法律や人種差別を禁止する法律がないまま、ただでさえ国連・自由権規約委員会から勧告を受けているような在日外国人管理制度をさらに強化する法改定が、急ぎ足で成立してしまったわけである。後で知ったのだが、肝炎対策基本法案のように、今にも人の命に関わるような緊急性の高い法案は衆院解散で廃案になり、まったく緊急性のない入管法改定が国会でのわずかな審議だけで成立してしまった。しかも、それについて日本国民の間に国民的で真摯な議論があったようにはとうてい見えない。筆者は17年間にわたり日本で暮らしてきたが、来日当初、指紋採取（当時の外国人登録制度による）は外国人だけが対象であることを発見した時と同じように、日本社会の本質は何か、深く考えさせられる法改定であった。

　あらためて実感させられたのは、日本社会は経済の分野ではグローバル化してきたものの、「人権尊重」や「人間の尊厳」という普遍的な概念に関しては、まだまだグローバルな基準からはかけ離れた状況にあるということである。そして、この社会の多数派であり有権者として政策の決定権を持っている日本国民の多くは、「外国人の問題」が実は自分たち自身の問題であるという事実に

第7章　「共生」の裏に見えるもう一つの「強制」　｜　133

気づかぬまま、人権保障の枠外に追いやる「層」を作り出すことで、結局は自分たちの人権もないがしろにされる社会づくりに加担して、それにもまったく気づかないでいる、ということである。

以下では、まず今回の入管法改定がなぜ「日本国民自身の問題」であるのか、近年の日本の外国人政策の流れをからめて記述しておく。そして、奇しくも同じく2009年の7月に、丸い地球の「裏側」ならぬ「反対側」の国ブラジルで国会を通過した大統領令の内容を紹介して、日本国民がこれからどのような道を選ぶのか、考える際の参考にしていただければと思う。

4 「他者の問題」という誤解

(1) 生き方を問われるのは誰か

今回の入管法改定は、在日外国人だけの問題でなく、間違いなく日本国民自身の問題である。

それはなぜか。将来国民の個人情報を一元管理するためのICカード等が日本国民についても導入される「予兆」と受け止められるから、という推測ももちろんあり、それも一つの理由ではある。だが、もっと本質的な理由が別にある。それは、このような在日外国人管理制度を選択するということ自体、日本国民が、この社会で生きている外国人とどう向き合い、今後どう付き合っていくのかを表明するものにほかならない、ということである。

「在日外国人に関する問題」は、「在日外国人当事者」だけの問題であるかのように思われがちだが、実は「日本国民自身の生き方の問題」に他ならない。そして、日本で少数派に関して闘われてきたすべての問題は、多様な他者と共に多数派がどういう社会を築こうとしているのか、どういう関係を築こうとしているのか、それを問うものだったのではないだろうか。

このような視点で考えると、今回の法改定案は、国民的レベルで徹底的に議論されるべき問題であった。しかし、残念ながらいつものように、外国籍の「彼／彼女ら」だけの問題だと思われたのだろう。法改定案は社会の注目を浴びることもなく、問題視されることさえほとんどないまま、国会を通過してしまった。

多数派の「当事者（日本国民）」は、自分たちの社会で自分たちが選択しようとしている自分たち自身の問題だという、その問題の真の姿に気づくことはなく、「当事者」と「非当事者」という単純化した、いつもの構造にあてはめ、「彼／彼女ら」の問題としか見ようとしなかった。この社会に暮らす多くの外国人の処遇に関して、多数派の日本国民があまりにも無関心であることが、今回の法改定で再び明らかになったとも言えよう。

　そして残念なことに、日本社会で暮らす他の様々な少数派の間でも、入管法改定問題は、限られた範囲でしか議論にならなかったように見える。在日外国人と同じく歴史的に抑圧されてきた人々の間でも、また、特別永住者の間でさえ、残念ながら関心は低かった。おそらく「彼／彼女ら」も、いずれは影響を受けるであろうし、その行動もさらに問われることになるであろう。

(2) 人間として

　最近では、少子高齢化対策として多くの外国人を受け入れていかなければならないという経済界の意向と後押しを受け、一部の政治家たちが、移民受け入れが少子高齢化を解決するための唯一の選択肢であるかのようにアピールする動きが見えはじめている。経団連も2004年に「外国人受入れ問題に関する提言」を発表している。

　しかし、この社会を支えていくために移民を受け入れていかなければならないという「仕方がない」的な論調には首をかしげる。監視管理の対象としてしか見ない「外国人」をなぜ今以上に「仕方がない」から受け入れようとするのか。「異」文化の移住者を受け入れない方向、自国民の人口減少に伴って、自国民を中心とする社会構造を徹底的に追求し、経済規模等を縮小していく選択肢もあるのではないか。安直に、「自分たちの社会問題」の解決の糸口として、「外」から「労働力提供者」を導入しようとし、世論もその流れをすでに受け入れはじめている様子である。しかし、そこに、移民・移住者を生身の人間として受け止めようとする姿勢があるとはとうてい思えない。

　協働で相互依存によって成り立つ社会を築いていくためには、まずは信頼関係が必要であろう。加えて、グローバル化した社会では当然のことでもあるが、国際人権条約の理念に立った平等な関係を築いていく努力も必要不可欠なはず

である。そして、移民を受け入れるのであれば、外国人にも人間特有のニーズがあり、それを保障していくための社会構造を築くことが大原則であるはずなのに、そういう方向での施策が見えてくるどころか、実現したのは上述の入国管理・在留管理システムである。未だに外国人差別禁止法や外国人の人権保護法ができる気配さえない。

　それは、3Fには興味を持っても在日外国人の在留、生活や人権に深刻な影響を与える法改定などには関心を持たない人たちの姿勢と重なって見える。都合よく使える必要な「労働力」として仕方なく輸入し、または消費者あるいは観光客として誘致を期待し、3Fの領域では「人寄せパンダ」として、設置された舞台上のエンターテイナーとしても受け入れようとする。しかし、人を人として受け入れていくためにこの社会構造を見直し、「彼／彼女ら」を含む市民社会を協働で創造していく方向や、自分たちの「人間としての生き方」をも見つめ直す方向の法制度改革は前進しないでいる。こんなことがなぜ可能なのか。このような状況で「多文化共生」はどう活かされうるのか。

(3) 見えてくる社会の本質

　考えれば考えるほど、新たな在留管理システムの導入は、まさにこの社会の本質的な姿を象徴するものに思えてくる。市民社会全体が外国人を監視し、「人間」としてではなく「監視される対象」「いつでも排除できる対象」「危険視されるべき対象」としてのみ外国人を受け入れていく、という社会構造づくりに加担しているのに、そのことに気づかない。外国人の人権を保障し、外国人にも同じ人間として「普通」の生き方ができる社会づくりを考えていく方向には、まったく進もうとしない。平等な扱いを受けられる人間、協働してこの社会を築いていく対等のパートナーとしてはけっして受け入れない。制度的に不平等で差別的な関係の中で、信頼関係を築ける可能性があるのであろうか。

　外国人は常に監視しなければならない「危険」「警戒」すべき対象であるとしか見ていないからこそ、こんな法改定が許されてしまう。そう解釈するほかないようにように思う。

　残念ながら外国人の側にも、自分たちの人権は無視されても仕方がないと思い込まされている状況が多々ある。もちろん「植民地化された考え」を持って

しまう少数派は歴史的に珍しくなく、そんな意識を生みだす社会構造は従来からあり、日本社会特有の問題でもない。目指すべきは、こうした関係を克服して、外国人が「管理対象」「潜在的敵対者」「犯罪者予備軍」などとは見なされないような関係づくり、社会構築であろう。これこそ、どこの国であれグローバル化した社会が目指していくべき方向だと思うのだが、この問題提起を日本国民はどのように受け止めるのであろうか。

このような中、「異文化間教育」はいったい何を目指しているのか。何を目指すべきなのであろうか。

5　地球の「反対側」の、正反対の動き
――ブラジルのアムネスティの事例

(1) 非正規滞在者を排除すればよいのか

ここで、日本が選んできたのとは異なる道の可能性を考えるための参考情報として、ブラジル社会の最近の動きを紹介しておきたい。ブラジルでは、日本や、移民に対する姿勢を厳格化させつつある他の移民受け入れ社会の動きとはまさに正反対の興味深い政策がとられてきているのである。

まず、ブラジルでは、在留に関して手続きに不備がある人々に対するアムネスティ（非正規滞在者の合法化）を、筆者が調べた範囲では過去4回実施してきた[10]。1980年、1988年、1998年、2009年の4回で、1980年のものは政治亡命者に対するアムネスティだったが、それ以降はそうした制限はない。そして2009年、日本で入管法改定が成立したのとまさに同じ7月、ブラジル在住の非正規滞在者に対するアムネスティを実施する大統領令が、国会を通過したのである。

近年の先進国では、在留資格に不備がある人々に対しては、とにかく厳罰化、排除、追放を強行する傾向が強い。日本が2007年に導入した外国人の生体情報を採取・蓄積するシステムも、「最大の目的」が非正規滞在者として退去強制された者の再入国阻止にあったことは、当時の法務副大臣の河野太郎が国会で明言している[11]。同様の目的は今回の入管法改定からも透けて見える。しかし、はたしてそれが在留資格に不備がある人々に対する処遇として本当にあるべき

形なのだろうか。

　犯罪やテロ行為を筆者が容認しようとする立場では当然ないことを確認しておきたい。ただ、在留資格に不備がある人々の大多数は、普通に仕事をし、生活している人々なのである。法律違反という負い目もあって声を上げられない状況に置かれている人々で、多くの場合それを理由に搾取され、奴隷扱いに等しい状況に置かれている。それにもかかわらず、彼／彼女らを人殺しやテロリストのように見なし、他の犯罪と直接結びつけて見てしまう。今世紀に入ってからの日本では彼／彼女らこそが「犯罪の温床」であるかのように、政府や政治家と一緒になってマスメディアが騒ぎ立ててきた。そんな現実はどこにもないにもかかわらず、である。未だに「外国人単純労働者」を導入しないという表看板を掲げながら、実際には、けっして単純ではない労働である3Kの「きつい」「きけん」「きたない」労働をする労働者として、活用してきた。建前と現実が乖離しているため、この社会が必要としている人々を非正規な状況に陥れやすい状況が続いてきた。その結果生まれたともいえる在留資格に不備がある人々を、ただ排除すれば、それでよいのか。非正規の移住者、招かれざる難民が生まれる原因はどこにあるのか、その理由はなぜなのか。自分たちの暮らす社会で行われている人権侵害の被害者を追放すればそれですむのか。[12]

　日本以外の多くの先進国では、一定の条件を満たした非正規滞在者に対してアムネスティを実施してきた。しかし、人権保障のための先進的で革新的な動きが第二次世界大戦以降ずっと続いている欧州においてさえ、厳罰化や排除の流れがなかなか消え去らないのが現実である。それはなぜなのか。考える意義のある問題だと思う。

(2) 2009年のアムネスティ

　一方、ブラジルは、最近の先進欧米諸国で非正規滞在者に対する扱いが厳格化される傾向とはまったく逆を行き、人道的な視点を維持し、非正規状態の移住者を搾取構造から解放しようとしている。そして今回は、少なくとも約5万人が救済されることになるだろうと期待されている。[13]

　2009年に実施されたアムネスティの内容を見てみよう。同年7月2日に国会を通過した大統領令によれば、同年2月1日以前にブラジルに入国した人で

在留に関して手続きに不備がある人は「2年間の一時在留資格」を申請できる。具体的な対象者は、(1) 不法入国した人、(2) 超過滞在者、(3) 過去実施されたアムネスティ（1988年、1998年）によって2年間の在留資格を得る資格があったがその手続きを取らなかった人、である。そして申請者は、「2年間の一時在留資格」が切れる3ヵ月前にいくつかの条件を満たせば、永住資格を付与される。

その根底には、移住を余儀なくされた人たちの境遇に対する理解、そして人間の尊厳に対する尊重の理念、ヒューマニズムがある。固定化された世界的な経済格差の中で長く利益を享受してきた先進国と、急激な経済成長を遂げつつも今も移民送り出し国でもあるブラジル。その違いが、日本とブラジルの政策をまったく正反対のものにしているようにも見える。

この想像を裏付けるエピソードがある。ブラジルのルラ大統領（当時）は貧困層の出身で、工場労働者から組合運動を経て大統領になった人物である。彼は、2002年の大統領選挙の際、海外在住ブラジル人に宛てた手紙において、彼／彼女らたちが越境を余儀なくされた状況を理解し、大統領に就任したあかつきには、外務省、大使館・領事館の活動を通じて海外在住ブラジル人の状況を改善することに努めると約束していた。それを受けて2008年7月、ブラジル外務省主催で海外在住ブラジル人世界会議がブラジルのリオ・デ・ジャネイロ市で開催され、世界各国から約500人のブラジル人が参加した。2009年の10月に第2回目が、2010年12月には第3回目の会議が開催された[14]。そして、やはり2010年、在外ブラジル人の居住地域を4つのブロックに分けて16人の代表者を選出する選挙が実施され、日本からは3人が当選した[15]。これにより、在外ブラジル人の要望をブラジル政府が集約する制度が生まれたことになる。

6　おわりに

(1) 差別性を批判することのジレンマ

前述の一連の入管法改定は、すでに述べたように、在日外国人に対する差別的な施策を導入・強化するものである。その差別性は厳しく批判されてしかるべきものと考えるが、実は大きなジレンマがある。在日外国人が、プライバシ

ー保護に関して日本国民との平等な扱いを訴えれば訴えるほど、日本国民に対する政府の管理と監視を、外国人並みに強化しようとする動きを加速することになるのではないかとの懸念があるからである。

日本国民の個人情報の一元管理に関しては、「住民の方々の利便性の向上と国及び地方公共団体の行政の合理化に資するため、居住関係を公証する住民基本台帳をネットワーク化し、全国共通の本人確認ができるシステムとして構築するもの」と謳う住民基本台帳カードがすでにあるが、利用率はまだまだ低い。国家が個人情報を一元管理することについて市民社会が大きな危惧をおぼえ、大きく抵抗されているためであろう。日本国民の多くは自国の政府の管理能力等を信頼しきれていないという解釈もできる。

うがった見方をすれば、まず少数派である在日外国人の情報を差別的に一元管理することで、在日外国人に「平等の扱い」を訴えさせ、それをテコに日本国民の情報も一元管理する方向へ誘導しようという意図があるように見えなくもない。

限られた予算の中、莫大な費用が監視カメラや生体情報を管理するシステムに投資され、教育やセイフティーネットなど、人間らしい生活を保障していくための投資が後回しにされていく方向性には、強い憤りを感じざるを得ない。

(2) 自由と民主主義は人権とともに

最近の日本では、どんな提案であっても「安心」「安全」「便利」というキーワードさえ掲げれば、ほとんど誰もが異を唱えないようである。そこで提案されている内容やその基礎となっている情報が真実であるのかどうかはほとんど吟味されないまま、フリーパスで受け入れられ、認められてしまう傾向があるように見える。今度の入管法改定によって、導入される予定の在留カードも、「外国人にとって便利になる」などと言われて本気にしてしまっている人も少なくないのではないか。[16]

このような安易な傾向に違和感を覚える。示されている提案や選択肢を、一歩退いて客観的に見つめ、その案が本当に必要なものか、なぜ必要なのか、批判的に検討する必要があるのでないか。人間の尊厳やプライバシー、自由や民主主義などが危険にさらされてしまうおそれはないのか、考える必要があるの

でないか。そのような姿勢がないところでは、自由も民主主義も人権も、生き延びることができないのではないか。

（3）対等な関係はどこから生まれるか

　外国人の人権は無視されても仕方がない、外国人の人権は日本人の人権とは違うのだ。そういう考えは、いずれ日本人自身にとっても落とし穴になるだろう。人権保障の枠外に追いやる層を作り出すことは日本人自身の人権尊重の意識を摩耗させ、人権尊重の意識を破壊し、結局は自分たちの人権もないがしろにされる社会につながっていくに違いないからである。

　また、個人のプライバシー侵害を当然のものとして容認したり、他者を監視対象としたりする社会では、対等な人間同士の良い関係は築けないだろうし、生きることの喜びも生まれないだろう。

　外国籍の人と結婚した日本人がすでに数多くいるはずだが、今回の入管法改定について、家族の中で議論はなかったのだろうか。パートナーやその家族に対して改定入管法の強力な管理が及ぶのである。この状況を放置して対等な家族関係などありえるのかと思うのだが、そういう声があまり聞こえなかったのが不思議である。しかし、同様の問題に直面しその不当性に気づく日本国民も、国際結婚の増加とともに、今後はますます増えていくだろう。そこにわずかでも希望を持ちたい。

（4）対等な関係はどうすれば築いていけるか？

　しかし、待っているだけでは、その間に状況がますます悪化してしまう可能性もある。こうした現状を打破していくために、すなわち、「共生」に不可欠な対等な関係を築いていくために、マジョリティの側にある教育関係者が取り組んでいけることはあるのか。不十分ではあるが今の筆者が思いつく点を、以下に挙げておく。

① 人権は有限でないことの確認

　まず、そもそも、人権は鉱物資源などと違って有限ではないことを、皆で確認する必要があるのではないか。

外国人の「人権」を保障していくことによって日本人の「人権」が減っていくわけではない。より多くの人に「人としての権利」の保障が行き届くなら、社会全体として人権がより保障されていくことになろう。それはむしろ好意的にとらえられるべきことのはずである。
　そもそも、マイノリティの人権が保障される民主主義国家とは、マジョリティの人権意識が高い国家であり、そのような社会であるに違いない。それは当然、マジョリティ自身の人権についても人々が強く意識する社会、マジョリティにも住みやすい社会でもあろう。
　人権の意味や重要性についてマジョリティ自身が真に学び、社会や制度のあり方に積極的に反映させていくことが、必要ではないのか。

② 言語・文化の学び

　外国人との「共生」が議論されるとき、「言葉の壁」が大きな論点として浮上してくる。同じ言語を話す日本人同士でもコミュニケーションに困難さが伴うのに、言語が違えばなおさらだ、というのである。こうした論理は、ある面では正しいだろう。
　しかし、コミュニケーションが機能しなくなるのは、言葉だけの問題なのか。そうではないだろう。もしそうであれば、日本人同士の間でコミュニケーション不足とかコミュニケーション不全とかが生じるはずがないからだ。
　真の問題は、他者と真摯に向きあって、他者を知っていこうという意思があるか否かにある。外国人が日本語を話せないのが問題だと指摘するのはたやすいが、実際はマジョリティ側に、日本社会に存在する数多くの言葉と文化について積極的に学んでいこうとする姿勢が不足している点にこそ、問題があるのではないか。
　そうであれば、地域で暮らす在日外国人の言語（コミュニティ・ランゲージ）を、日本人も自分たちの地域の言葉として学ぶ。そうした取り組みを積極的に進めていくことが「言葉の壁」を乗り越えるうえで有効であろう。
　コミュニティ・ランゲージの視点から学校現場を見ると、文部科学省が毎年調査している「日本語指導が必要な外国籍児童生徒」の母語別割合は、調査当初からポルトガル語、中国語、スペイン語がこの順で多く、これらの言語で7

割以上を占めつづけている。そこで、小中学校等での外国語教育についても、これらの言語をはじめとするコミュニティ・ランゲージ教育の導入を、地域の特徴等に合わせて進めてはどうか。現在積極的に取り組まれている英語教育促進は悪いことではない。しかし、英語は世界に5,000以上も存在する言語のうちの一つに過ぎないことを忘れてはならないであろう。

③ 多様な名前の受容

　文化が異なれば名前の形式も異なるというのは、何の不思議もない話であろう。そして、日本の教育現場では実にさまざまな文化背景の子どもたちが学んでいる。しかし、そうした子どもたちが、教育現場で名前を日本風に変えられたり、日本名以外の名前を使いたがらなくなったりする現象が生じている。こうした現状をあらため、多様な名前が受け入れられる教育環境を築いていく必要があろう。[17]

　教育現場での試みとしては、例えば、子どもたちが同級生の名前の多様性について学ぶ機会を持つことができれば、名前にこめられた家族の思いを理解できるであろう。子どもの幸せを願って命名することは、文化は異なっても万国共通である。名前を丁寧に扱っていくことは、異文化を理解することにつながっていくと思われる。そして、名前の多様性が認められる環境の中で学ぶ子どもには、人間や文化の多様性が実感として理解されていくのではないだろうか。

④ 異文化体験プログラム「4F」

　特に教育現場を意識して具体的に提案するなら、総合学習として、異文化体験の学習プログラムが効果的であろう。

　ただし、それが前述の「3F」にとどまっている限り、状況は改善されないと思われる。そこで、なぜ多様な文化、多様なルーツを持つ人々が日本社会に存在しているかを知り、少数派としてどのような状況に置かれているのかを体験する、「4F」を核とする異文化体験プログラムを新たに提案したい。

　「4F」とは、第一に「Fact」。事実として過去に何が起きてきたのか、現在何が起きているのかを学ぶ。例えば、日本が過去に移民を大量に送り出してきた事実を知らなければ、なぜ「日系人」が特に南米に多いのか理解できないで

あろうし、入国審査で指紋等の採取をする制度が導入された事実を知らなければ、その制度の対象とされる人々の気持ちを想像する機会すら持てないだろう。

第二は、少数派であることの不安、孤独感を体験してみる「Fear」。

第三は、少数派であるがゆえに受け入れられない悔しさや、認めてもらえない挫折感、努力が報われない悔しさなどの体験が、どのような不満をもたらすかを体験する「Frustration」。

そして最後の第四が、公正であることはどういうことであるか、公正さを築いていくためにはどうすればいいかを考える「Fairness」である。いわば、他者の身になって想像力を働かせるための学習である。

以前、ある難民支援団体が、入国管理施設に収容された難民申請者たちの状況を伝えるべく、収容施設の体験企画を実施していた。戦争や迫害から逃れるために来日し本来保護されるべき難民が入国管理施設に入れられると、多くの場合、いつまでそこに収容され続けるのかわからない状況に置かれてしまう。一日かもしれないし、数年になるかもしれない。その不安は極めて大きいものであろう。しかも、入国管理施設の中では、ほとんど畳一畳のスペースで生活し、週に2回程度しか部屋から出られず、外の空気を吸うこともできないという。体験企画では、難民申請者が置かれたこうした状況を解説するとともに、彼／彼女らが収容されている部屋の実寸大の見取り図のようなものをつくって、その苦境を想像しやすいようにと工夫されていた。

外国人だとの理由で犯罪者やテロリストのような疑いがかけられ、指紋押捺と写真撮影を強制される場面とか、自分が外国へ行ってマイノリティとして現地の学校に通ったり生活したりする場面とか、さまざまな場面設定が可能であろう。その際、外国につながる子どもたちの物語編集委員会（2009）が作成した、20話の体験事例に基づくマンガ形式がわかりやすく、参考になるであろう。

そしてこの「4F」は、外国人に限らず他の多くのマイノリティの状況に関する総合学習でも活用可能と考える。

⑤ **外国籍住民の主体的参加**

対等な関係づくりといえば、上で批判した「3F」のイベントや「多文化共

生事業」の中にも、ヒントはある。これらのイベント等の中には、数年にわたり継続するうちに、外国籍住民らがただの「人寄せパンダ」的な受け身の立場から、地域住民として主体となり、イベント企画などに参加できるまでになった事例がある。そうした事例を増やしていくことこそ、目指すべきである。

　ただ、難題は近年の不景気である。リーマン・ショック以降、「3F」のイベントや「多文化共生事業」についても、質よりも経済面が優先される傾向が強まってきた。その結果、上記のような成果を上げてきたものが中止に追いこまれる事態が生じているという。たしかに、財政事情でイベントや事業の数を絞ったり規模を縮小したりせざるを得ない場合もあるだろう。しかし、そうした場合も、それらの事業等が、国籍にかかわらずマイノリティ住民たちが主体的に参加する形で展開されてきたのか、どの程度の目的を達成しどのような成果を上げているのかなどを、丁寧に、かつ、しっかりと検証したうえで、判断すべきであろう。

⑥ アカデミックな世界からの積極的働きかけ

　研究者たちが社会で起きている事態にあまりにも関わりをもつことの少ない状況が、例えば異文化理解などに関する理論と実践の乖離を生み、現在の状況を生んでしまったのではないか。社会変革を促すための働きかけが少なく、それがさらに現状を理想から遠ざけ、固定化してきたのではないか。

　日本の研究者、教職員、学生などアカデミックな世界に生きている人たちからの現実社会への働きかけが、あまりにも少なすぎると思う。理論と実践を結びつけ、状況を変えて行く積極的な働きかけと行動が必要である。

(5) 人権の普遍性を

① 移住労働者その家族の権利条約、教育における差別を禁止する条約の批准へ

　国際社会は第二次世界大戦後、世界人権宣言をスタートにして、人間の尊厳を守り人権尊重を確保するための様々な国際法を生みだしてきた。

　そして、在留資格の有無にかかわらず移住労働者たちの人権を保障する「すべての移住労働者及びその家族構成員の権利保護に関する国際条約」(「移住労働者とその家族の権利条約」) も1990年に採択され、2003年にようやく発効した。

残念ながら日本もブラジルも批准していないが、両国はもちろん、より多くの国、特に先進諸国が一刻も早く同条約を批准するよう期待している。

　また、教育に関しては特に、1960年の第11回ユネスコ総会で採択され1962年に発効した「教育における差別を禁止する条約」の早期批准を日本政府に望みたいし、異文化間教育に携わる人たちが批准に向けて積極的な後押しをしてくれるよう、期待したい。この条約については、2010年6月の国連・子どもの権利委員会の日本に対する審査の総括所見においても、批准の検討が奨励されている。

② これからの「多文化共生」は？

　2010年3月、「あらゆる形態の人種差別の撤廃に関する国際条約」（人種差別撤廃条約）に基づく国連・人種差別撤廃委員会の日本に対する審査の総括所見は、教育制度の中で人種主義を克服するための具体的なプログラムの実施についての情報が欠けていることに遺憾の意を表明している。さらに、子どもの教育に差別的な効果をもたらす具体的な行為についての懸念を表明している。

　ここでその内容を詳しく紹介する余裕はないが、教育者、教育関係者は、国際社会が日本をどのように評価しどのような点を改善すべきだと指摘しているか、常にアンテナを張り、議論を深め、社会へと広めていくべきであろう。明確かつ具体的な課題と向き合い、それをどう改善・克服すべきか知恵を出し合ってこそ、「発展」と「成長」、「より良い社会づくり」につながっていくのではないだろうか。

　グローバル化した世界においては人権の普遍性、そして「国民の人権」と「外国人の人権」の連続性、共通性に敏感であることこそが、豊かな暮らしを生む土台に違いない。そうした認識と実践が「多文化共生」に含まれるのか否かが、今後の課題であると思われる。

注
1) 入管法の歴史的背景と2012年までに導入される予定の新たな在留管理制度（後述）を理解するうえでは草加（2010）が参考になる。
2) テロ対策と個人情報の流出の問題を考察するには、第三書館編集部（編）が参

考になろう。
3) 外国人研修生権利ネットワーク（2009）参照。
4) 草加（2010）参照。
5) 外国人人権法連絡会「在留カードに異議あり！」プロジェクトチーム編、『《新版》改悪入管法解体新書』2009 年 11 月、pp. 8-9。
6) 同上、pp. 4-5。
7) 同上、p. 2。
8) 同上、p. 3。
9) 筆者の母国ブラジルには差別禁止法がある。憲法も、「国民」であるか否かにかかわらず、あらゆる差別を禁止している。なお、ブラジルでは 10 指の指紋が採取され身分証明書に登録されるが、これは自国民も外国人もすべてが対象である。
10) 日本政府がいわゆるアムネスティを実施したことはない。特別在留許可制度があるが、法務大臣の裁量に委ねられた制度だという限界がある。
11) 2006 年 3 月 17 日、衆議院法務委員会。河野は「主たる目的はテロ防止」とも語っており、その真意は理解が難しい。テロ対策と非正規滞在者の問題とを同列に語る点も特徴的である。
12) 日本で働く非正規滞在者の現状と詳細な生活実態とその背景を理解するには、鈴木（2009）が参考になる。
13) ブラジル政府のホームページによると、前回の 98 年にはおよそ 4 万人の在留が正規化された。
14) 筆者は、2009 年 10 月までその会議の暫定委員会委員 12 名中の 1 人として任命されていた。
15) (1) 北米、(2) 南米、(3) ヨーロッパ、(4) アジア／オセアニア／中東／アフリカの 4 地域から各 4 人が選出される。
16) 外国人人権法連絡会「在留カードに異議あり！」プロジェクトチーム編、『《新版》改悪入管法解体新書』2009 年 11 月、p7。
17) ハタノ（2009）参照。
18) ブラジル政府は 1968 年に批准し、2010 年 9 月段階で 98 カ国が批准している。仮訳は文科省の HP（http://www.mext.go.jp/unesco/009/003/007.pdf）で公開されている。

参考文献
移住労働者と連帯する全国ネットワーク編（2009）『多民族・多文化共生社会のこれから　NGO からの政策提言〈2009 年改訂版〉』現代人文社.
外国人研修生権利ネットワーク（2009）『外国人研修生：時給 300 円の労働者 2―使い捨てをゆるさない社会へ』明石書店.
外国人人権法連絡会（2010）『外国人・民族的マイノリティ人権白書 2010』明石書店.

外国人人権法連絡会「在留カードに異議あり！」プロジェクトチーム編（2009）、『《新版》改悪入管法解体新書』.

外国人差別ウォッチ・ネットワーク（2004）『外国人包囲網―「治安悪化」のスケープゴート』GENJINブックレット（44）現代人文社.

外国人差別ウォッチ・ネットワーク（2008）『外国人包囲網―PART2 強化される管理システム』GENJINブックレット（54）現代人文社.

外国につながる子どもたちの物語編集委員会（2009）『まんが　クラスメイトは外国人』明石書店.

草加道常（2010）「新たな在留管理制度」は何をもたらすか―改定入管法の特徴と問題点　移民政策研究2：120-139.

クルド人難民二家族を支援する会（2005）『難民を追いつめる国―クルド難民座り込みが訴えたもの』緑風出版.

鈴木江理子（2009）『日本で働く非正規滞在者―彼らは「好ましくない外国人労働者」なのか？』明石書店.

第三書館編集部［編］（2010）『流出「公安テロ情報」全データ―イスラム教徒＝「テロリスト」なのか？』第三書館.

田尻英三・田中宏・吉野正・中西優二・山田泉（2007）『外国人の定住と日本語教育［増補版］』ひつじ書房.

田中宏（1995）『在日外国人―法の壁、心の溝』岩波新書、370.

難民受入れのあり方を考えるネットワーク準備会（2002）『難民鎖国日本を変えよう！―日本の難民政策FAQ』GENJINブックレット、32.

ハタノ、リリアン　テルミ（2006）「在日ブラジル人を取り巻く「多文化共生」の諸問題」植田晃次・山下仁（編）『「共生」の内実―批判的社会言語学からの問いかけ』三元社、55-80頁.

ハタノ、リリアン　テルミ（2009）『マイノリティの名前はどのように扱われているのか―日本の公立学校におけるニューカマーの場合』ひつじ書房.

難民関連団体紹介：
　　RAFIQ（在日難民と共生ネットワーク）http://www.rafiq.jp/
　　TRY（外国人労働者・難民とともに歩む会）http://try-together.com/

第8章

共生への活路を求めて

馬渕　仁

1　はじめに

　最終章では、今回の問題提起について総括を行い、そこから何が見えてくるのか、そして活路はあるのか、少し大胆に試論を展開してみたい。
　本題に入る前に、使用する用語について整理しておきたい。本章では、多文化主義と多文化教育を共に論じることとする。両者が密接な相互関係にあるばかりでなく、その作業が本書のテーマや教育の領域から、多文化共生の可能性を考察するための有用な枠組みを提供するからである。同時にそれは、「共生の捉え方」のひとつの提示につながるとも考えている。また以下でも述べるが、多文化主義・多文化教育という言葉は、日本国内での取り組みについて述べられる際はほとんど使用されていない。替わりに用いられるのは多文化共生、多文化共生（のための）教育である。本章でも、特に断りがない場合、そうした一般的な使用法に準じてこれらの言葉を用いている。
　本章では、次のように議論を展開していく。まず次の第2節では、第1章から第7章のポイントを筆者なりに捉え直して課題の明確化を図る。第3節では、そこから得られる問題意識について述べ、第4節では、本章での議論を進める上で重要な政策決定過程の視点について述べる。第5節と第6節は、今後の活路を見出すための筆者なりの問題提起である。最後の第7節では、それらの問題提起から、閉塞感さえ伴うこの問題に示唆の提示を試みることによって、読者とさらなる検討に進みたいと願っている。

2　これまでの検討と課題

　ここでは各章の内容を再掲するのではなく、各章で提示されたポイントを振り返ることによって残された課題を検討し、さらなる考察に繋げたいと考えている。

　まず、第Ⅰ部での政策・カリキュラム・現場という3つの領域における提言について振り返ってみよう。

　山田は、異文化間教育研究における従来の動向を批判的に分析した結果、「在日外国人教育」が近年継続的に増大している研究分野であるとの知見を得るが、同時に、マクロレベルでの研究、特に政策分析に関する研究は、たとえば高等教育研究などと比較すると非常に少ないことを指摘する。そして参考になる事例として、自らが行なった英語圏諸国におけるリサーチ結果を用いながら、異文化間リテラシー獲得のための教育について述べるのである。「日本では実践への架橋を意識した教育課程が構築されていない」「一般教育や教養教育の中での必修化が特に遅れている」といった分析は、国内の多文化共生教育の弱点を突いており、正鵠を得た指摘であろう。ただ山田の提言には、たとえば異文化間教育や多文化教育における研究や実践を、それではどのように政策に反映させ得るのか、そのプロセスやストラテジーの中身についての言及は少ない。この点に関しては、海外や国内の事例からさらに研究を深めることが、山田提言を活かすことに繋がるものと考える。

　森茂は、これまでの研究を振り返り、多文化教育につながるカリキュラムが国内ではあまりにも少ないことに驚きながらも、数少ない事例の中から学会、学校、そしてひとりの教師による試みを提示、分析している。そこから得られることは、多文化教育のカリキュラムは、一過性（イベント的）に終わらせないためにも、既存の教科や領域を包括的かつ継続的に取り組むべきものであるという点、マイノリティのみを対象とするのではなく、マジョリティを含んだすべての児童を対象としたものでなくてはならないという点にまとめられよう。いずれも、これからの多文化教育を作り上げる上で重要な視点である。森茂の提言においては、私たち執筆者の検討の過程で次の課題が提出された。カリキ

ュラムを構築する際に伴うある種の標準化は、かえって個々のマイノリティを抑圧しないだろうか、また、従来の国際理解教育と多文化教育とは、いったいどこが異なるのだろうかといった点である。それらの問いかけに十分応答し得るカリキュラムを構築することが、マジョリティに当事者意識を覚醒する契機に繋がるのではないかと考えられる。

　清水は、山田、森茂とは異なり、現場の取り組みへのアプローチから提言を試みている。その提言には、人々の心や人間関係の問題としてこの問題に迫るといったこれまで多用されてきた手法ではなく、差別と抑圧の構造の視点からこの問題に迫ろうとする姿勢が読み取れる。そこには、マイノリティの子どもや彼／彼女を取り巻く人たちが頑張れば頑張るほど、「皆が平等」という理念が蔓延する現場ゆえにかえってマジョリティとの上下関係が固定化することへの危惧がある。つまり、多文化共生社会をめざして政策やカリキュラム上の試みを進めることが、逆にマイノリティの周辺化を構造的に固定してしまう危険性への気づきである。その上で清水は、状況そして時代によって変えていくゲリラ戦のような取り組み、つまり戦略的な取り組みを提唱する。清水の対抗軸を明らかにした戦略的本質主義に拠る取り組みには、学ぶところが多い。ただ同時に、そのミクロレベルでの貴重な試行錯誤と、実際の政策提言とをどう関連付けるのかという大きな課題が残されている。

　次に、この問題に対するさまざまな試行錯誤と模索を提示した第Ⅱ部を振り返りたい。

　まず金は、共生（共に生きる）に至る前段階として、共闘（共に闘う）の重要性を説き、そうした点からも、オールドカマーと呼ばれる在日韓国・朝鮮人とその子どもたちの問題が、ニューカマーを中心とする多文化共生への働きかけから切り離されていることを問題視する。問題の深さは、両者の問題がなぜ連続性をもって受け止められ、扱われないのかという問いに集約されよう。それは、たとえば英語圏諸国において、多文化主義が往々にして先住民問題から切り離して議論されてきたことに共通するかもしれない。国民国家における政府は、その統一性を阻む事柄や負の遺産を持ち込まれることには、当然ながら積極的には対応しない。その現実を見据える必要があるだろう。金の提言のもうひとつのポイントは、最近の韓国の動向から、研究者が制度的な政策決定過程

にもっと積極的に関与できないのかという点にある。これについては、本章第4節以下で改めて検討したい。

　石井は、多文化共生をめざす教育において、核心的役割を担う日本語教育の観点から提言を試みている。学習者であるマイノリティの側からホスト側の言語（この場合は日本語）を学ぶというアプローチに替えて、マイノリティとマジョリティの双方が習得すべき「多文化共生コミュニケーション能力」というものを提唱する。同様の議論は、たとえば岡崎（2007）などからも母語話者と非母語話者が共に学びあう「共生日本語」として提唱されている。これらは、日本語教育におけるパラダイム転換のひとつであり、その主張はマジョリティとマイノリティの関係を捉え直す可能性を豊かに示唆している。ただし、こうしたアプローチにも問題性がないわけではない。たとえば、母語話者と非母語話者の対等な関係をめざす共生日本語教育では、「『母語場面の日本語』を正当な日本語とする社会全体の状況を考慮に入れない限り、外国人住民に『価値の低い、不完全な日本語』を教える結果になりかねない」という懸念がある（塩原2010）。「多文化コミュニケーション能力」についても、その必要をほとんど感じたことのない——石井の言葉を借りるならば、「社会的に力の強い言語のみに価値を認めるような社会」における——圧倒的なマジョリティに、どのように必要性を浸透させていけばよいのか。マイノリティにとっての母語の保持・継承の問題と共に、取り組むべき課題が残る。

　岸田は、カナダでのシティズンシップ教育に関する研究から示唆に富む提言を行なっている。そこで重要とされるのは文化の共生ではなく、経済・政治的な差異を伴う人々が、そのリソースをどのように分かち合い、合意形成の過程に参画していけるのか、そのためのシステムをいかに構築していくのかという点である。言い換えると、文化的に共通する前提を作るよりも、差異（その変動の可能性も否定しない）をある程度認めた上で、各民族なりマイノリティが社会参加のプロセスに加わる途を探すことでもある。そこでは、マネジメント（管理）という側面も大切になると岸田は言う。また、各グループが当該の社会で歓迎されていると感じられることも大切だとする。しかし、これらの提言には不安も呈される。既に歴然とした格差が社会に存在する中で、説かれるような道筋は果たして描けるのだろうか。多文化主義が最も進んでいるとされる

カナダでさえ、紆余曲折がみられる現状がある。ましてマジョリティとマイノリティの社会参加への平等性を、社会の統一性よりも下位に位置付ける多くの社会、たとえば日本において、岸田の提言がマジョリティの共感を得られるには、検討の余地が残されている。

　以上の提言に対して前章のハタノは、自身がニューカマーでもあるという立ち位置から問題提起を試みた。「共生」の裏に見えるもう一つの「強制」について、指紋押捺や今般導入される在留カードなどを取り上げ、特にこれらを「他者」「外国人」に押し付けている現状を問いかけたのである。そこには、自らの主張への賛同を願うというより、むしろ理解者を増やすためにはどうすればいいのか、外国人の待遇に無関心な多数派の人々にどう考えさせることができるのか、そしていかにすれば外国人と日本人が対等な関係を構築できるのかという切実な訴えが、人権保障の視点に拠って問いかけられている。それにどのような応答ができるのか、突きつけられる課題は大きい。

3　問題意識

　ここまで、本研究プロジェクトから得られた知見と、そこから得られる示唆をまとめ、さらに残る課題について筆者なりの見解を提示した。今後への課題は、次のように集約できるだろう。

　まず、この問題の活路を見出すには、制度的な変革は不可欠ではないかということである。もちろん標準化の隘路に陥ることには十分な留意を要するが、ハタノの問いかけに応えるためにも、特に政策における変革が求められていることは見逃せない。しかしそれには、いくつかの困難が伴う。圧倒的なマジョリティである多くの日本人が当事者意識を持つことの難しさ、関心すら抱かない状況へのアプローチの模索、そして、多文化共生を説く研究者や現場の声を政策にまで反映させる実現の可能性などである。

　さらに筆者は、こうした課題を深く検討する際、次のような問題意識が必要だと考えている。第一は制度化に関してである。本書で、また既に多くの文献が紹介しているように、前世紀の終盤ごろから現在まで国内では実に多様な「多文化共生」への試みがなされてきた。しかしその大部分は、地方レベルの

試みであったといえよう。2008年には、一部の関係者たちによって移民政策学会が設立されたりもしたが、政府やメディアが国家レベルにおいて、「移民」や「多民族との共生」について正面から論じることは未だに少ないと言わざるを得ない。岩渕（2010）はそれを「多文化主義なき多文化共生だ」とさえ断じている。

多文化主義については、「どのような多文化主義が望ましいのか」「そもそも多文化主義は望ましいのか」という大きな議論が、前世紀終盤から世界各国で連綿と続けられてきた。しかし日本国内では、そのように対立する論点をはっきりさせた議論が実に不十分なまま、多文化共生が云々されている状況が現出している。

ただし、政策レベルでの議論が全くなかったかというと、それは事実に反するだろう。第6節でもみるように、総務省など一部の官庁では研究会を立ち上げ、報告書を出しており、中でも定住外国人への日本語教育に関しては活発な議論がなされている。そこでは、ホスト社会での共通言語能力を獲得することが移民政策の核になるという考え方（中山 2009）も提示されている。たとえば、小・中・高の教職課程で外国人に日本語を教えるという必修科目を作ること（木村 2009）、対処療法的な対応ではなく、海外の ESL 教育の試行錯誤を十分に踏まえて文部科学省国際教育課における常勤ポストを新設すること（野山 2009）など、大いに傾聴すべき提言であろう。ただし、これらの多くはいずれも「多言語主義」を推進する立場から発せられたもので、それが即、先に述べた「多文化主義」をめぐる展開には繋がらないことに注意しなくてはならない。かつて、オーストラリアを代表する多言語主義者のビアンコも「言語教育は外国語として教えられるので、多文化教育とは違ってマジョリティの脅威にはなりにくい」との留意を喚起している（馬渕 2010）。すなわち、「多言語」はマジョリティにとって大きな摩擦や葛藤なしに受け入れられたとしても、「多文化」となると他の民族とどのような社会を構築していくかがテーマとなるため、その受け入れに関する議論は一筋縄でなくなるという側面に注意が必要なのである。

もうひとつの大きな課題は、当事者意識についてである。前節で触れたように、マジョリティを巻き込んだ多文化教育や多文化共生コミュニケーション能

力も、マジョリティ側にそうした必要、あるいはそれが欠けているが故の痛痒を感じられない場合は意味を持ちにくい。金の提示した「共闘」から「共生」へというプロセスは貴重だが、「共闘」経験など皆目持たないマジョリティに、どのように訴えることができるのだろうか。

　こうした問いに答えを見出すことは、たいへん難しい。痛みや怒りを共有できないところでは、変革への動機が生まれにくいからである。しかし痛みや怒りとまでいかなくても、少なくとも「このままではやっていけない、生きにくい」という「居心地の悪さ」を多くの人たちと共有することは可能かもしれない。「『当事者』の運動が目的を達するためには、この多数者の『常識』をいかにして変えなければならない、ということです」（伊藤 2008）の声は、マジョリティがその問題にどの程度、当事者として関われるかにかかってくる。そのためのストラテジーを考えることこそ、重要なのではないかと考えるのである。

　以下ではこのような問題意識に基づいて、海外の同様な問題に対する事例と国内の歴史的先例を取り上げ、筆者なりの分析から活路を模索する。ただしその前に、本章で政策を考察するにあたっての重要な視点について触れておきたい。

4　政策決定過程の分析における視点

　政策を考察する際、その内容と決定過程に関与する人たちや組織についての分析が見られるが、特にいわゆるアクターの関与について把握しておくことが重要である。アクターには、次のものが含まれることが多い。政治家、国民（市民）、官僚、政党、圧力団体、メディア、研究者（集団）などである（ハウレット・ラメッシュ・パール 2009）。

　ここで留意すべきは、これらのアクターが一様に政策決定に関与するわけではない点であろう。たとえば日本では、研究者たちの政策決定過程への関与は、シンクタンクなどが発達している英語圏諸国と比べた場合、限られたものに止まる。[1] また政策とは、さまざまな事項の積み重なりを内包するものであると同時に、予算や人員、必要な情報が不足することにより、あるいは特定の集団の

意見などによっても制約を受けざるを得ないといった多面性をもっており（ジェンキンス 1978）、その一方で、立案する政府は特定の政策を採用するか否かについて必ずしも十分な説明をしないことも多く、その意味では場当たり的ともいえる特性を持たざるを得ない（ストーン 1988）。選挙で選ばれる政治家や政党も、往々にして政策の違いによってのみ選出されるわけではなく、時には世論と政策との間には直接的な関係がほとんど存在しない場合もあるのである（ソロカ 2002）。

　以上の留意点を踏まえた上で、アクターについて考えてみよう。多くの場合、官僚が政策決定過程においてその要（かなめ）であることは間違いない。特に、フランス、韓国、シンガポール、そして日本といった国々においては、歴史的にも官僚が政策決定に大きな影響力を与えてきたとの見方が一般的である[2]（カッツェンシュタイン 1977、ハウレット・ラメッシュ・パール 2009）。また、圧力団体の中では、経済界の影響力が強いとされる。経済的な発展を遂げてきた諸国においては特にその傾向が強く、財界諸団体が政策決定過程をある意味で簡素化する、すなわち多様な声の表出を抑えることによって問題の複雑化を避け、政策決定を容易にするのだとの指摘もなされている（ウィルソン 1990）。次節以下で本章のテーマに係る分析を進める際も、経済界からの働きかけについての分析は見過ごせないであろう。

　本章の文脈で、政策について考える際に重要なもう一つのポイントは、政策の連続性という観点である。実は、国内における現在の外国人児童生徒教育は、戦後の経済発展の時代から継続的に取り組まれてきた「海外帰国子女教育」によってその基本的枠組みを定められてきた背景がある。「どのような新しい政策も、以前の政策から切り離しては考えられず、時には過去の政策の変形でしかない」（ヘイズ 1992）といわれるが、この点に関しては、本書の清水をはじめ多くの指摘があり（馬渕 2002、佐藤 2009、野山 2009）、国内の多文化教育を考えていく上で重要な視座を提供している。

　以下、第5節では海外における政策展開の豊富な先例からの示唆を考察し、続く第6節では、国内で既に実施された政策と現在の多文化共生に関わる政策との比較分析を通じて、既出の課題への応答を試みたい。

5　海外の事例から得られる知見

　本書で明らかにされてきたように、カナダなど英語圏諸国では、多文化主義をめぐって1900年代の後半から既にさまざまな試みが実施され、試行錯誤が繰り返されてきた。また第4章で見たように、最近は韓国でも多文化主義への対応が国レベルにおいて活発である。それらに比べると、日本の状況は、先に述べたように国レベルでの対応が進んでいるとは言い難い。「現在の多文化共生はあくまで地域住民の生活サポートに関する言説・実践にとどまり、ナショナルな次元での文化差異の承認と平等な権利の保障から巧みに切り離されてきたままであることはいま一度強調される必要がある」(岩渕 2010)との指摘は、日本における取り組みのひとつの盲点を突いている。

　別の角度から捉えれば、日本は社会全体として変化に乏しい、あるいは変化することに非常に消極的な面があるということであろう。ピッケリング(2001)はステレオタイプに関する研究の中で、「その『変化のないこと』の快適さが現存する力関係には必要であり、それを変えてはならないという確信を(マジョリティに)強めるのである」と分析している。しかしそうした一般的傾向の中、いくつかの海外諸国では、実にさまざまな取り組みが既になされているのである。私たちは、海外における試行錯誤の蓄積からもっとていねいに学ぶ必要があるのではないだろうか。

　多文化主義とは、言うまでもなく英語のマルチカルチュラリズムのことであり、日本では1990年代以降多文化共生という言葉が広まるまでは、英語圏を中心とする海外での取り組みとして扱われてきた。中でも、その先進国として紹介されることの多かったのはカナダとオーストラリアである。カナダに関しては第6章における岸田の分析があるので、以下では、筆者が1980年代初頭から滞在を繰り返してきたオーストラリアを取り上げてみたい。同国の試みを批判的に分析することで、日本での問題を考える上で有用な示唆を与えられると考えるからである。ここでは、その多文化主義の歩みを概観するというより、既述の問題意識に基づいて、多文化共生を考える際の手がかりとなる点に焦点を絞って検討したいと思う。

まず、オーストラリアの多文化主義はリベラル多文化主義であるという理解が必要であろう（関根 1989、塩原 2005）。リベラル多文化主義においては、個人レベルでの尊厳や平等が尊重される反面、たとえばマイノリティを集団として扱う積極的差別是正策などの実施などにはなかなか至らない[3]。そのことは、紆余曲折があったにせよ、同国の多文化主義の根底には、マジョリティが「管理」可能な場合のみマイノリティを受け入れるという態度が通奏低音のように横たわっていることを意味している。

　さらに、オーストラリアの多文化主義には、経済的合理性を追及するという姿勢が一貫して流れている。それは、自由党・国民党の保守連合政権と労働党政権との間で幾度かの政権交代が起こっても、基本的に変わることはなかった（馬渕 2005）。分かりやすい例として、同国の多文化教育でよく知られる LOTE という外国語教育が挙げられる。多言語教育の先進例として、かつて日本でもその試みが盛んに報告されたが、LOTE 教育で取り上げられてきた外国語は、オーストラリア国内のマイノリティの言語から選ばれたのではなく、同国にとって貿易上重要なアジア諸国などの言語から選択されてきた。しかも実際の選択においては、1980～90 年代には日本語が人気を集め、現在は中国語にシフトするといった具合に、その時々の世界情勢に迅速に対応している。言語の問題に限らず移民政策においてもオーストラリアは往々にして「選択的」であり、近年「オーストラリア経済に貢献する」ミドルクラスの専門職・管理職移民への門戸が拡大している（塩原 2010）ことなどは、それを顕著に表している。

　この数年、オーストラリアを含む英語圏諸国の多文化主義は変化しているとの見方や分析が見られるようになってきた（飯笹 2007、関根 2009、樽本 2009）。中には「多文化主義は死に絶えた」との紹介もある（岩渕 2010）。そのような中、塩原（2005）は「本質主義を批判する反本質主義的な多文化主義が、却ってマイノリティ集団からエンパワメントの力を喪失させていった」との鋭い分析を行なった。「社会的不平等の問題は民族マイノリティに関わる問題のみではなく、ジェンダーなどを含め複合的に捉えよう」とする姿勢が、図らずも「差異の多様性から差異の拡散」という言説と現象を生み出し、マイノリティの主張を埋没させてしまうのである（馬渕 2010）。ただし、そうした意図せざる結果のみが昨今の多文化主義の変化をもたらした要因とは考えにくい。ビク

トリア州の教育省で自身も移民マイノリティとして多文化教育を推進してきた経験をもつ大学教員は、ギリシャやイタリア、そしてアジア諸国の移民からなるマイノリティ集団が社会的に一定の地位を獲得したことこそが「多文化」の主張が減少した大きな要因であると述懐する。数年前にも「怒りや悲しみの感情のないところでは、多文化への共感は得られにくい」と述べていたことが想い起こされる（馬渕 2009）。
　一連のこうした見方には、社会の不平等や不公正を変える有力な言説と実践として多文化主義を捉えようとしてきた研究者の「まなざし」が存在するように思う（馬渕 2005）。特に多文化主義に関心を持つ日本の研究者たちの多くは、多文化主義に期待を寄せることから研究をスタートさせた背景がある。そうした視角から多文化主義、特にリベラル多文化主義への批判が生まれ、また多文化主義盛衰の分析がなされるのである。筆者もこれまで、同様の捉え方を試みてきた。もちろん、オーストラリアの多文化主義が変化してきていることは否めない。しかし同時に、オーストラリア社会全体の中での言説や実践として、多文化主義は他を常に凌駕するほどのテーマであり得たのだろうか。言い換えれば、多文化主義が同国の政治や教育などさまざまな分野においてどのような位置を占めてきたのか、総体的な再検討がなされる必要があると考えている。
　海外諸国で多文化主義の後に登場してきたと言われるのは、シティズンシップ（市民権）という概念である（嶺井 2007、飯笹 2007）。オーストラリアの教育現場でも、多文化教育からシティズンシップ教育へのシフトが徐々に起こっていると言われる（見世 2010）。その背景の捉え方はさまざまであろうが、オーストラリアでは、政府が多文化主義を喧伝していた時期、それによって国のアイデンティティを強め、かつ政治的統合の理念として「多文化」を利用していたのであり、そのことは近年のシティズンシップを強調する姿勢と何ら齟齬は生じていないと捉えることが、これらの現象の理解を助けることになると思われる。日本では、多文化共生の試みを考察する際、人権理念主導のタイプと国際理念主導のタイプの 2 種類があるという分析があり（山脇 2009）、オーストラリアについても、福祉主義的多文化主義から経済主義的多文化主義へ変遷したと分析されることがあるが、近年の動向を見るにつけ、後者に比して前者のみに相当するものは、理念上では確かにあったものの実態はかなり少数だった

のではないかと考えられるのである。

　以上、先進的に多文化社会をめざしてきたオーストラリアの多文化との葛藤について、筆者なりに考察を加えてきた。得られた知見としては、次のようにまとめられるであろう。

- 同国での試みはリベラルな多文化主義であり、それは多文化社会の管理でもある。
- 経済的効率性を追求する姿勢が貫かれ、国益を重視した様々な選択がなされてきた。
- 国家としての統合を常にめざしつつ、国際社会の変化に応じて力点を変化させてきた。

　では、日本ではどうだろうか。日本国内の多文化共生をめぐる議論においては、「統合」まして「管理」という概念は「同化主義」と同義のように捉えられ、まやかしの多文化共生、官製多文化共生などのレッテルを貼られる場合もある。そのような視点から近年のオーストラリアの多文化主義政策やそれに基づく多文化教育を捉えた場合、やはり同様の批判を重ねることは容易であろう。しかし、さまざまな試行錯誤を繰り返してきたオーストラリアの多文化主義の歩みから、私たちが学べるところは多くあるはずである。また、ある意味で批判的に捉えられてきたオーストラリアの多文化主義が、社会に何の変化ももたらさなかったのかといえば、それも事実に反するだろう[4]。先述の同国教育省元官僚でもある教員の述懐にもあったように、マイノリティ集団からは高い技能や教育水準を有してミドルクラスに属する人々も見られるようになり、その存在は、今後社会構造変革への契機ともなり得ると考えられるのである（塩原2009）。そのことがもたらす意義については、第7節でさらに検討したい。

　冒頭で述べたように、海外のいくつかの国と比べると、日本は多文化主義に関する議論そのものが国レベルであまり進んでいない、或いは変化のスピードが極めて遅いと言わざるを得ない。では日本において、特に教育の世界で、社会の変化に即した政策上の急展開が見られたことはなかったのかというと、実は優れた事例があったのである。それは、先述の海外帰国子女教育という分野での試みである。次に、その動向と多文化共生教育への対応を比較することで見えてくるものを探りたいと思う。

6 歴史的先例から得られる知見

　第4節の末尾で、多文化共生教育はかつての海外帰国子女教育の枠組みで捉えられた一面があることを述べたが、両者には共通点も数多くある。どちらも、問題が立ち上がってきた当初は政府の教育施策の対象とは見なされなかったこと、学校・教師・家庭・地域など周囲の関係者が問題をなかなか認識しなかったこと、そのような環境下で当事者である子どもや親は非常な困難に陥るケースが頻発し、不登校やいじめの対象になる場合も起こったこと等々である。言葉やさまざま習慣の異なる社会に入ることを、選択の余地無く強いられた当事者たちの状況は、まさに両者に共通するものである。ニューカマー児童の声や作文が紹介されることがあるが、かつて海外現地校に入った日本人児童や帰国した生徒たちからも同様の思いが語られ、綴られていた。それにも関わらず、多文化共生教育に関する研究や現場では、かつて海外帰国子女教育の取り組みから学ぼうとする機運はあまり見られない。海外帰国子女教育の実践や研究にはかなりの蓄積があることを考えると、大変残念なことに思われる。しかし、両者を比較することで、このふたつの取り組みには大きく異なる部分も見出せるはずである。それを分析することは、多文化共生教育の制度的変革へのひとつの糸口になると考えるのである。ここでは3つの観点から両者の比較を試みたい。

（1）海外帰国子女教育との展開の相違

　多文化共生教育と海外帰国子女教育は、いくつかの点において対照的である。これまでにも言われてきたように、定住外国人に向けての多文化共生の施策は地方自治体から始められた。川崎や阪神間、そして外国人集住都市などでの取り組みが先行したのである。教育においても同様で、教育現場からの要望によって対処療法的な施策が展開されてきた（佐藤 2009）。近年に入ると、経済財政諮問会議や内閣府などによる検討が重ねられるようになっていくが、2006年に総務省がまとめた『多文化共生の推進に関する研究会報告書』において、冒頭で「各地方自治体においては、本研究会の検討結果であるこれらの

『多文化共生推進プログラム』を参考としつつ、それぞれの置かれた状況に応じて地域における多文化共生の推進を図ることを期待したい」と述べていることが、政府の姿勢をいみじくも象徴的に表していると言えるだろう。

海外帰国子女教育においても、問題の発生当初は多文化共生の推進と大差のない対応が見られた。文部省（当時）は「外国の学校教育を受けた者が国内で学校教育を継続するのに、何の支障も差別もない」との見解を示し、問題の解決に向けては殊更何もせずともよいとの見解を述べていたのである（海外子女教育史編纂委員会 1991）。しかしそうした姿勢は、1960年代以降、特に70年代に入ると急速に変化していく。まず国会で、この問題が活発に議論された。1973年からの5年間に、海外子女教育問題は計29回も国会のさまざまな委員会で取り上げられた記録がある[5]（前掲書）。文部省（当時）も、「国際性豊かな日本人の育成という課題の緊急性、重要性を考えると政府はもっと積極的に役割を果たすべき」だと提言して、外務省と連携しながら同問題に積極的に関わっていくのである。

省庁のかかわり方ばかりではない。外国人児童生徒のための学校に対しては、財政的支援が極めて限られており国は外国人学校への直接的な補助を行なっていない（佐藤 前掲）が、海外帰国子女教育では、海外にある100校近くの日本人学校や200校近くの同補習授業校に対して国からの補助、教員の派遣などが実施されている。帰国後の日本人児童生徒の受入れに関しても、小学校から大学に至るまでその制度化が急ピッチで整えられていった（馬渕 2001）。さらに1980年代以降は、帰国子女や特にその親たちによる出版物が年間二桁以上出され、新聞においても海外帰国子女問題は全国紙・地方紙を問わずほぼ毎月のように取り上げられたのである（海外子女教育史編纂委員会 前掲）。「帰国子女」問題は、教育の世界のみならず一般にも広く知られる問題となり、関心を深める研究者たちによる学会の設立も見られるようになっていく[6]。

海外子女と呼ばれる子どもたちの数は、約6万人である（文部科学省 2008a）。それに対して、国内の外国人児童生徒の数は、公立学校に就学する者に限ると約7万人である[7]（文部科学省 2008b）。ほぼ同数の子どもたちを対象としながら、両者への対応の差異は際立っていると言えよう。しかし、その違いの要因を挙げることは、さほど難しくはない。

多文化共生教育の場合、直接の対象となるのは外国人の子どもたちであるのに対し、海外帰国子女の場合は日本人、しかも多くの場合、主に海外進出をしている企業社員の子どもたちである。後者については、「国際化時代を担う有為な人材育成」という言説が容易に成立し得た。また、海外子女の帰国先はその半数以上が大都市圏、特にその多くが首都圏であるのに対し、外国人児童生徒が多く居住するのは地方都市である場合が多い。こうした問題顕在化の所在が中央か地方かという点も、政府の関心の違いに影響を及ぼした可能性がある。そして政策決定過程のアクターという点からは、海外帰国子女問題を取り上げるのが大企業の代表から組織される各種の経済団体であるのに対し、多文化共生教育問題を取り上げる主なグループがNGOであることは、この問題への政府の取り組みに大きなギャップを生じさせたと言えるだろう。このような背景から、経済界がこの問題をどう捉え、提言しているかを調べることには意義があると考える。次にその分析を試みたい。

(2) 経済界からの関与の相違

　ここでは代表的な文書を比較することによって、両者の相違を捉えたい。多文化共生教育では、外国人子弟教育についてまとまった記述の見られる「日本経済団体連合会（経団連）」が出した『外国人受け入れ問題に関する提言』（2004）を取り上げる。それに対して海外帰国子女教育問題に関しては、恐らく現在唯一入手可能な当時の資料である『海外子女教育史〈資料編〉』（海外子女教育振興財団1991）の中から、関連主要企業の出資によって設立された「海外子女教育振興財団」による『海外子女教育振興に関する要望書』(1977)ならびに「日本在外企業協会」による『海外派遣者の子女教育問題に関する提言』(1986)を用いている（ここでは便宜的に、前者を「在日外国人教育提言」、後者を「帰国子女教育提言」と簡略化した呼称を使用することにする）。両者の間には、明らかな違いが認められる。

　まず、それぞれの教育の位置づけと予算についてみてみよう。在日外国人教育は「日系人子弟などの非行を未然に防止する観点から、地域において彼らの居場所となる空間、時間を用意することが必要である」とし、また「国庫助成の拡大を図る」としながら「こうした地方自治体の取り組みに伴う経費は、地

第8章 共生への活路を求めて　163

方自治体が自主的に捻出せざるを得ない」と位置付けている（在日外国人教育提言）。それに対して海外帰国子女教育問題は、「海外勤務者にとって最も切実な問題」と捉え、全日制日本人学校建設や政府派遣教員給与に国庫助成をすることが要望されている（帰国子女教育提言）。

　それぞれの提言が要望する内容はどうであろうか。「在日外国人教育提言」では日本語学習について多く書かれているが、その他では「外国人の悩みを聞き適切なアドバイスを行う相談窓口の充実」や「教員や通訳、カウンセラーなどの付加的配置の経費に対して国の助成の拡大を図る」ことなどが提案されており、教育を受け得る最低限の保障に努めようとの姿勢がうかがえる。それに対して「帰国子女教育提言」では、めざすべきは「大学受験に不利にならないレベルまでの学力を身に付けさせる」ことであり、そのためには「大学での受入れ態勢の拡充」「高校編入についての弾力的運用」「きめの細かい指導ができる派遣教育の育成」など、当該生徒が進学に不利にならないことをめざしてさまざまな具体的提案が並んでいるのである。

　こうしてみると、両者の相違は歴然であると言ってよいだろう。しかし、その違いの大きさから、在日外国人教育に対する経済界の姿勢を批判することを第一義に以上の比較をしたわけではない。海外帰国子女教育においても、そのスタート時には、政府も学校現場も何ら手立てを講じなかったことを忘れてはならない。それが上述のように変化したのは—その変化の凄まじさは、戦後のさまざまな教育の領域でもまさに異例であったが—、当事者の声を政策にまで届け得るアクターがあったことに、より注視したいのである。

　第4節でみた経済界関与の優れた事例がここにある。にもかかわらず、多文化共生教育に関しては、関係する議員への働きかけはあるものの、経済界への積極的なアプローチはさほどなされてこなかったように思われる。一方、経済界からは「総人口減少の"埋め合わせ"としてではなく、多様性のダイナミズムを活かし、国民一人ひとりの"付加価値創造力"を高めていく、そのプロセスに外国人がもつ力を活かすために、総合的な受け入れ施策を提案」（経団連前掲書）するという考えも表明されている。これを、管理のディスコースとして切り捨てることも可能であろうが、経済界にも在日外国人の問題に真剣に関わるべしとの認識は広まりつつあるのである。

先述のオーストラリアの例で言うと、経済界は「専門的・技術的労働者」の受入れを指向し、実際にさまざまな問題と関わる現場とは見解が相反する場合のあることは否めない。立ち位置の違いから、お互いに批判的な議論がすれ違うこともまま起こる。しかしそうした批判を繰り返す一方で、国レベルでの施策に大きな進展がなかなか見られないのも事実である。見解の相違について互いを批判し合うよりも、共に議論を始めることが求められているのではないだろうか。大切なのは、マジョリティにも共感者を増やすことである。政府の政策への関与を高めるためには、議論のネットワークの中に経済界関係者をもっと積極的に取り込むことが急務の課題だと考える。

(3) 文部科学省における見解の相違

　最後に、問題の進展に直接の影響を与える文部科学省（または文部省＝当時）において、研究協議会等が出した報告書を取り上げたい。ここでもふたつの文書を比較する。多文化共生教育については2010年に文部科学省で行われた「定住外国人の子どもの教育等に関する政策懇談会」の意見を踏まえた『文部科学省の政策のポイント』を用いる。海外帰国子女教育については、同問題の答申文書で最も詳細に書かれたものとして、文部省（当時）に設けられた「海外子女教育の推進に関する研究協議会」による『今後における海外子女教育の推進について』(1989)を用いることにする[9]。

　まず前者についてはどうか。民主党への政権交代後、文部科学省では「定住外国人の子どもの教育等に関する政策懇談会」が4回開催され、それを踏まえた『文部科学省の政策のポイント』が示された。懇談会での有識者24名による提言においては、示唆に富む提案が多く見られたが、松尾（2010）は、使用されたキーワードから分析した結果、多文化共生や多文化共生教育という言葉が頻繁に使われるのに対し、多文化主義や多文化教育という言葉はまったく使用されていないこと、また、日本語教育や支援体制など、日本社会への適応に関する用語の使用が多いことを指摘している。どちらも、本章でこれまで見てきたように、多文化共生への基本的姿勢が表出した分析結果であろう。『政策のポイント』になると、その傾向はさらに強くなる。「懇談会」では取り上げられていたバイリンガル教育や国際理解教育に関する内容はなくなってしまい、

在日外国人の子どもが小中学校に入りやすい環境、特に「入りやすい公立学校」を実現するといった内容に限定されてしまうのである。

　それらに対して後者、海外帰国子女教育の推進に関する提言はどうだろう。まず目につくのは、冒頭の「基本的方向」で「海外子女教育の目的と国の役割」が明示されていることである。先ほどの定住外国人に関する『政策のポイント』では、その末尾に「外国人の受け入れに関する基本方針の策定」が「更に検討を要する課題」として触れられるに止まっており、両者の扱われ方は対照的である。さらに海外帰国子女教育では「推進の具体的方策」として「個性に応じた多様な教育機会の提供」「在外教育施設の教育諸条件の整備」「帰国後の教育の推進の具体的方策」などが挙げられ、各々の項目の下にさらに具体的な方策が事細かに提言されている。それらの前提として、「海外子女教育の充実は、新しい国際化の時代を迎えた我が国が未来を切り開いていく上においても極めて重要な課題となっている」とのディスコースが目標に掲げられており、先に見た経済界などからの要望が明確に反映されているのを見ることができるのである。

　本節では、何もなかったところから急速な発展を遂げた海外帰国子女教育と現在の多文化共生教育とを、主に政策決定過程の視点から比較してきた。前節では海外の事例としてオーストラリアの多文化主義を取り上げたが、これらの得られた知見から本書の課題である「『多文化共生』は可能か―教育における挑戦」について考察することが、残された課題であろう。最後はその点に触れたい。

7　まとめと今後に向けて

　ここまで、海外における試行錯誤と国内における歴史的な先例を批判的に検討してきた。そこに、いくつかの示唆や手がかりが与えられたように思う。では、国内の多文化共生や多文化共生教育につながる方策については、一体どのように考えればよいのだろうか。実はそれこそ、本書でさまざまに論じてきたことに基づいて、読者や関係者と共に議論を重ねていくべき次段階の課題であるというのが、私たち執筆者の率直な思いである。しかし、それでは従来の施

策や展開への批判的分析のみが本書の任なのかという誇りも免れないかもしれない。そこで、これまでの示唆や試論を振り返りながら、総括的な提言を試みようと思う。

　明らかになってきたことの第一は、地方レベルではなく国レベルでの制度化へのストラテジーを速やかに提示する必要である。その際、制度化に伴う選択的な移民政策について、幅広い議論を伴うものとして捉えることが必要であろう。

　選択的な外国人の受入れという議論には、必ずと言ってよいほど否定的な見解が寄せられる。曰く、「それこそ、外国人を日本社会に都合よく扱う姿勢の表れだ」、「高度人材などと見なされる外国人は、ともすれば受入れ国に定着せず他国へ移ってしまう」などである。いずれも的を射た指摘である。しかし、そのようなネガティブな面があるゆえに制度化された外国人の受入れそのものに逡巡してしまうと、多文化・多民族へのマジョリティの認識がいつまでたっても深まらないのではないだろうか。

　問われるのは、外国人居住者をひとくくりに捉える見方や、その見方に立った施策であろう。たとえば、人権施策の一貫としての政策と国際化や経済的効率を追及する政策の双方を、二者択一的に捉えることからの脱却が図られるべきではないだろうか。多文化社会構築を模索してきた先進諸国や英語圏のいかなる国においても、外国人は常に「選択的」に受入れられてきたという事実認識に立ち、外国人居住者の多様性に対応することが求められる。もちろん、海外においても問題や軋轢は発生してきたのであり、その分析は重要である。しかし、問題を孕みながらも受け入れてきた外国人やエスニック集団が国内に顕在化したからこそ、各国の「多文化」化が進み、社会も変化してきたことも紛うことの無い事実なのである。

　こうした議論の際、第5節でみたミドルクラス外国人住民の多文化社会における役割への指摘は、ひとつのヒントを与えてくれる。ミドルクラス外国人は、社会の中で自らが一定の地位を確立し得ることから、同じエスニックグループに属するたとえば非熟練や半熟練労働者層とは関係の持ちにくい点があることは否定できない。また、そうしたミドルクラス外国人からマジョリティへの異議申し立てに対する支援活動は、財源を政府に依存せざるを得ないか否かなど

第8章　共生への活路を求めて　167

によっても違いがみられ（塩原 2009）、一概には論じられないことへの留意も必要であろう。しかしそれでも、石井たち（2009）が紹介するようなさまざまな社会参加や連帯の可能性は、私たちに大きな示唆を与えてくれるのである。

日本国内にも、たとえば在日コリアンの特に3世や4世に、またニューカマー・コリアンと呼ばれる人たちの中に、地域や国のレベルで自らの関わる問題について関係者の意見を牽引していける人たちが現れている。オーストラリアでも、かつての東欧系の移民やその後のアジアを中心とする移民など、時代の変遷とともにエスニックマイノリティは変化し、どの集団も初期段階においてはたいへんな偏見・差別を受けながら、徐々に社会に欠くことのできない構成メンバーへと変化していった歴史がある。失ってはならない視点は、世界の多くの国において、一定数の選択的な移民の受入れがその社会を変える契機になってきた点にある。そしてそれは、移民や外国人居住者を一律に、たとえば援助の対象とのみ見なす視点からの転換につながるのである[11]。

そのような観点から国内の議論を振り返ると、常に救済の対象と見るような、あるいは外国人住民を、治安を乱す存在と見なすような見解や施策の偏りに気づかされる。たとえばいわゆる国際結婚という形で日本に住む外国人とその周囲の人たちは、時に筆舌に尽くせないほど困難な状況にある一方で、ハタノが述べたように、さまざまな点で地域や社会へインパクトを与える可能性を秘めてもいる。マジョリティを巻き込んで、私たちがどのような外国人とこの社会を構成していくべきかを、国のレベルでシステマティックに考案することが急がれる。施策の種類は、対象によって複数に分かれたとしても何ら不思議ではないし、逆にそうあるべきだろう。外国人の受け入れについて、選択的かつ多様性をもった制度化への広い議論が今ほど求められるときはないのではないか、というのが本章でのひとつの提言である。

活路を求めるために、二つめのストラテジーとしてぜひ取り組みたいのは、経済界など政策決定過程への影響が大きいアクターへの働きかけの検討である。そこでは、次の諸点が重要になると考えられる。

すでに見たように、「外国人と共に社会を形成していくことの重要性」については、経団連などの財界、またメディアの一部などにおいて、相当の人々が認識している。ただし、その認識の内容や程度に幅があることも事実である。

依然として安価な労働力としてのみ外国人を捉える向きには、外国人居住者が経済的にも教育的にも一定レベルを保持した消費者、そして共に社会を構成していく人たち（それを市民と呼ぶか否かは別にしても）にならない限り、国としての経済的成長もないとの認識に立ってもらうことが喫緊の課題であろう。ともすれば未だに生産の側（社会における労働者や働き手）としてしか外国人居住者を捉えない見解の後進性を、政府の担当者や研究者は折に触れて指摘して、視点の転換を促さなくてはならない。ましてや、治安の良し悪しと国内外国人人口の増加が連動しているなどという言説や一部マスコミの論調に対しては、とりわけ研究者や学会関係者の発言が求められる。「そうした見解における根拠の乏しさ」に対する指摘は、いくら繰り返しても過剰ではないと考えるからである。

政治家たちが外国人居住者と連動させて社会不安を煽ることで、自身への支持率を高めようとする動きに対しては、特に明確に反論を提示することが肝要であろう。最近のフランスでのロマ人への対応をめぐるサルコジ政権の政策や一部ヨーロッパ諸国でみられる極右政党の台頭、保守連合政権と労働党が移民問題を争点のひとつとした近年のオーストラリアでの総選挙、日本における治安問題と外国人を結び付ける数々の新聞や雑誌記事など、先進諸国における類似の事例には枚挙の暇がない。もちろん極右政党台頭の要因は、それぞれの国内マイノリティ問題のみに起因するわけではないし、議論の中には感情的で根拠の薄弱なものも多くみられる。しかし、そうした論調によって国民や社会に「私たちが脅かされている」という気運が醸成され一定の世論が導かれる事態に対しては、研究者や学会が中心となって、分かり易いメッセージを明確に打ち出すことが急務であろう。

ただし、そうした議論を提示する際は、当該社会においてその問題の占める位置に注意することが大切である。従来は、これらをマイノリティの問題として、彼／彼女らの立場や視点にたった提言や運動が活発になされてきた。それはある意味で当然のことなのであるが、同時にそのことがマジョリティ側の人々にとって、たとえば「脅かされる」感を醸成してきたことに、誤解を恐れずに言えば改めて自省する必要も感じるのである。具体的には、初期の理念的な多文化教育が、マジョリティには共感をもって受け入れられにくく、少しず

第8章　共生への活路を求めて　169

つ形を変えていった事例[12]などから学ぶべきところは多い。一律には括りにくいが、多文化・多民族への傾倒の方向性が、欧米における左派政党の近年の凋落要因のひとつとして数えられる現実に、私たちはもっと留意する必要があるだろう。本節で繰り返しみてきた問題が、実はマイノリティの側に止まるのではなくマジョリティ自らの重要な課題でもあるとの認識に両者が至るために、従来のアプローチの不十分さについて、再検討は欠かせないのではないだろうか。

こうして考えてくると、たとえば「ダイバーシティ・マネジメント」という理念を掲げ、国籍などを問わない人材の確保と活用を訴える経団連に学会などの研究者集団がアプローチすることは、活路を拓くひとつの糸口になるだろう。具体的には、本書第4章の、政府が多文化教育センターを設立するなどした韓国の事例から学べることは多いはずである[13]。また前節でみたように、「海外帰国子女教育」において効果的に政策が変更されていった先例を経済界関係者と共に分析することで、有用な戦略を描けるかもしれない。

筆者はかつて、オーストラリアの地方都市において日本人児童と現地児童が同じ敷地内で学ぶ学校の運営に携わったことがある。オーストラリアの公立学校の中に、日本児童部門を併設したのである。関係者はそれを「School within a school（学校の中の学校方式）」と呼び、新しい形の在外教育機関として試行錯誤を繰り返した。背景には、通常の日本人学校の設立が児童数からも予算の点からも困難であったことや、当時の現地州政府にとってエスニックスクールに対する公的援助は難しかった事情がある。一方で、週末や放課後のいわゆる補習授業学校ではカリキュラムが制約され、十分な教育とサポートが期待できないことからの関係者の切実な要望があった。困り果てた関係者は、日本の文部科学省、海外子女教育振興財団、オーストラリア側の州教育省、地方教育省などと交渉を重ねた結果、上述のような方式を考え出し、日常的に日豪の子供とその家庭が共に交わる学校を作っていったのである[14]。設立後も、次々と起こる問題を解決しなければならなかったのだが、見逃せない点は、関係者が国や州のレベルにまで問題を訴え、何度かの交渉を経てサポート体制を構築していったことである。現地の領事館、商工会議所などの経済関係者や州教育省の責任ある担当者などと直接交渉する——すなわち影響力のあるアクターをある意味で利用した——ストラテジーから、学べることは少なくないと思う。

最後にいくつかの補足を述べておきたい。ひとつは、総花的ストラテジーではなく対象の明確な方策を提示することの重要性についてである。その際、本書の「はじめに」でも触れた「多文化共生」という言葉のもつ曖昧さは問題になる。使用する人によってさまざまに捉えられ、曖昧さを含む規範的理念を掲げることによって、抑圧的ではない多様な取り組みが生まれる可能性もなくはない。しかし、英語圏で多文化主義が辿った歩みを振り返るとき、一見美しく思える政治的ディスコースのもつ曖昧さが、社会の変革の中に埋没していく様を目の当たりにせざるを得ない。

　実は本稿を書いている今日、オーストラリアでは連邦政府が23年間用いてきた「多文化」という言葉の使用を止めたとの報道があった。ジ・オーストラリアン紙（2010年9月15日）によると、ギラード新首相は組閣において、担当大臣に「移民・シティズンシップ」というタイトルは冠したが「多文化」は外してしまったのである。その背景には、第5節で述べた同国の多文化主義への取り組みの経緯が横たわっている。

　しかし筆者はこうした事象を、たとえば「多文化主義」の後退という視点からのみ捉えることには反対である。なぜならこれまで見てきたように、多文化主義はそれを実施した社会を変えてきたことに間違いはないからである。同時に極論を恐れずに言えば、「文化」の「共生」という理念性を帯びたディスコースは、早晩その役割を終える運命にあったのかもしれないとも考えている。すなわち、社会で共生するのは「文化」ではなく「人たち」であり、そうした意味で「移民」や「外国人」といった問題の所在を明確にした言葉で事象を議論することこそ大切ではないかと考えるのである。それによって、本章でも触れた対抗軸の明確な取り組みへと道が拓かれる可能性も出てくるだろう。

　日本国内では、ニューカマーを受け入れて以来、外国人の捉え方の不明確さが今日大きな混乱をもたらしていることは否定できない。多くは彼／彼女たちを労働者としてのみ見なした故に、その配偶者や子どもたちの問題には想定が及びもしなかった。後手に回った対策がそれを如実に示している。繰り返しになるが、今後は対象となる外国人に関する問題を適確に把握し、それぞれに異なった施策を実施する必要があるだろう。そうした意味でも先にみた「帰国子女」への教育は、教育の目標、対象となる子ども、対応策等々が国レベルで見

事に明確化された施策だったと言えるのではないだろうか。外国人児童生徒の場合も、その教育を国レベルで位置付け、枠組みを共有化することによって、予算措置への道にもつながっていく。総花的アプローチの脆弱性を、私たちは改めて十分に注意しなくてはならない。

　一方、各民族集団や地域など、文脈による相違を明確化したカリキュラムや教材、支援の構築については、従来に増して急がなければならない。筆者が2010年9月に面談した際、オーストラリアの教育省担当者やサポート機関の担当者はいずれも、政治的ディスコースと実際の教育現場は往々にして乖離している場合が多いことを指摘した。筆者はかつて、民族的マイノリティが多くいる集住地域での取り組みを、同様のマイノリティが多くない地域のマジョリティにどのように浸透させればよいだろうかと問い続けていた。しかし本書の第2〜3章でも述べられているように、たとえば地域や文脈によるアプローチの違いはあってしかるべきではないかと考えるようにもなってきた。オーストラリアでは、これまでの同国への移民と、近年増えているアフリカ諸国からの移民との違いに対する認識が深まり、アフリカ系移民の多い地域では従来と異なった対応が模索されている。[15] 国レベルでの取り組み姿勢の明確化と、個々の地域や学校における土着化とも言える取り組みを結び付けるような役割こそが、今後関係者や研究者に求められてくるのではないかと考えるのである。

　本節では、筆者自身も模索しながら書いてきた。行ったり来たりと冗長の感は拭えず、実現の可能性を問われるだろうことも予想している。しかしそれでも、2年間の試行錯誤を閉じるにあたり、できるだけ大胆に試論を提示することが、ここでの筆者に課せられた役割だとの思いがあった。

　本書のタイトルは「『多文化共生』は可能か—教育における挑戦」である。本書の内容が十分に挑戦的であったか否かは、読者の判断に委ねるよりほかないが、これからの議論のきっかけや材料の提供には、可能な限り努めたつもりである。私たちの提言が、この問題解決の進展に少しでも資することになれば、これにまさる幸いはない。

注
1) 英語圏諸国では、例えば大学の研究者が政策文書の執筆に直接携わったり、教育省の政策担当者が教育学の博士号を取得したりしているケースは稀ではない。
2) 同時に、官僚の影響力が絶大であるとの見方にも留意が必要である。影響力のある政治家がより高次のレベルで介入してくることも往々にして見られるからである（ハウレット・ラメッシュ・パール 2009）。
3) 多文化主義の分類には様々なものがあるが、ここでいうリベラル多文化主義とは、個人の尊厳や平等は尊重するが、社会の中のマイノリティを集団として捉え、その現状を政治的に変える行動を支持することには消極的なものを指す。それと対照的なのは、コーポレートあるいはクリティカル多文化主義と呼ばれるもので、マイノリティ集団の現況を変える何らかの政治的権利がマイノリティ集団に与えられなければ、不平等などの問題は解決には至らないとの主張がなされる。
4) ここでいう変化とは、食生活や地域におけるフェスティバルの紹介などに見られる表層的なものというより、社会構造的な変化のことである。
5) 「外国人との共生についての提言」が 2008 年 6 月に参議院でまとめられたが、国内外国人問題で国会がこうした提言をまとめたのは初めてのこととされる（山脇 2009）。
6) このようにして、当初は海外帰国子女教育に関心をもつ研究者たちが中心となり、異文化間教育学会が設立された。
7) 海外子女に高校生は含まれず、在外公館に届出のない者も含まれない。一方、国内外国人児童には高校生も含まれているが、不就学や外国人学校に在籍する子どもは含まれていないことに留意する必要がある。
8) 海外子女教育振興財団は、経済同友会での協議に端を発する経済界の強い後押しによって成立をみた。その詳細は、馬渕（2002）を参照。
9) 本節で考察に用いた文書は、それぞれの問題が認知されるようになって以降に試行錯誤が進み、関係者間で広範囲に検討されるようになった時期のものとの視点で取り上げた。
10) 「外国人」という言葉に、排斥や軋轢をもたらす負の要因があること、また「外国人」と一括りにはできない問題があることなどについては否定できない。しかしこうした検討の際には、本文で触れているように、まず「対抗軸」を明確にして取り組むことが不可欠との考えから、本章では敢えて「外国人」を用いている。また「選択」は「排除」につながるとして、それを拒む見解もあるだろうが、全てを否定することによって生じる隘路をここでは再考したい。外国人を無制限に受入れることの考えられない現実に立って、二者択一的な議論により立ち位置の異なる関係者間の対話の可能性すら閉じてしまう状況は、何とか避けなければならないと考えるのである。
11) もちろん、非正規滞在者やその家族に対する場当たり的、かつあまりにも非人道的な扱いに対しては、当事者とその関係者だけではなく、研究者や学会も

声をあげることが強く求められるだろう。経済状況の変動に支配されるアドホックな移民政策を繰り返す陥穽は、当事者たちだけではなく社会全体にとっての問題・損失であることが広く認識される必要を感じる。
12) 第6章を参照。またオーストラリアでは、マイノリティのエンパワメントを理念的に強調する多文化教育から、国民統合の象徴としての多文化主義を支える多文化教育、そしてグローバルな市民育成をめざすシティズンシップ教育への変遷があり、最近では、グローバル・マルチカルチュラル市民の育成がめざされている州もある。
13) 2008年、ソウル大学に Center for Multicultural Education が設立された (Cho, Youngdal: 2010)。
14) このプロジェクトのメリットは大きかった。関係者の苦労を伴うものであったが、日本人児童は正規の生徒としてオーストラリアの公立校に徐々に受け入れられ、毎日2時間の取り出し授業を仮設の日本人学校で日本人教師から教えられる以外は、すべての活動を他のオーストラリア人児童と共に行った。同時に、日本語の修得や日本語での授業も、数年の滞在を経て日本に帰国しても殆ど困ることがない程度には実施することができた。何より大きかったのは、日常のカリキュラムに現地のオーストラリア人児童が日本語と日本を学ぶ授業を取り入れたことによって、二つの学校が相互乗り入れのような形で展開されたことだろう。運動会や保護者主催のコミュニティナイトなどの行事は、いつも盛会であった。もちろん双方の教員が共に教員会議を持ち、業務も共に行い、学校運営委員会でも日本人スタッフや保護者がそのメンバーになるといった工夫も必要であった。同校は年数を経て、地域（日本の四国ほどの大きさの地方）における日本文化センターのような役割を果たすようになり、オーストラリア国内で小学校レベルから始める多文化教育のひとつのモデルとなっていったのである。
15) たとえば、アジア系移民は出身国で少なくとも学校教育を受けている場合が多いのに対し、アフリカ系移民や同難民は、学校に行ったことがなく、また識字率も非常に低い場合の多いことが指摘されている。

参考文献

Cho, Youngdal (2010) *Multiculturalism and Educational Policy in Korea: Suggesting "Reflective Socialization"*, アジア比較教育学会第7回大会 Key Note Session 資料。

Hayes, Michael. (1992) *Incrementalism and Public Policy*, New York: Longmans.

Howlett, Michael., Ramesh, M., Perl, Anthony. (2009) *Studying Public Policy—Policy Cycles & Policy Subsystems*, Ontario: Oxford University Press.

飯笹佐代子 (2007)『シティズンシップと多文化国家―オーストラリアから読み解く』日本経済評論社。

石井由香（2009）「アジア系専門職移民の市民社会への統合―政治・社会参加を通じて」石井由香・関根政実・塩原良和『アジア系専門職移民の現在―変容するマルチカルチュラル・オーストラリア』慶應義塾大学出版会．

伊藤晃（2008）「コメント『当事者』ということについて」崔勝久・加藤千香子編『日本における多文化共生とは何か―在日の経験から』新曜社．

岩渕功一（2010）「多文化社会・日本における〈文化〉の問い」岩渕功一編著『多文化社会の〈文化〉を問う―共生／コミュニティ／メディア』青弓社．

Jenkins, William. (1978) *Policy Analysis: A Political and Organizational Perspective*, London: Martin Robertson.

海外子女教育の推進に関する研究協議会（1989）『今後における海外子女教育の推進について』海外子女教育の推進に関する研究協議会．

海外子女教育史編纂委員会（1991）『海外子女教育史』財団法人海外子女教育振興財団．

海外子女教育振興財団（1977）『海外子女教育振興に関する要望書』海外子女教育振興財団．

Katzenstein, Peter. (1977) 'Conclusion: Domestic Structures and Strategies of Foreign Economic Policy', *International Organization* 31, 4: 879–920.

木村哲也（2009）「座談会―これからの外国人政策と言語教育」田中慎也・木村哲也・宮崎里司編『移民時代の言語教育―言語政策のフロンティア1』ココ出版．

馬渕仁（2002）『「異文化」理解のディスコース―文化本質主義の落し穴』京都大学学術出版会．

馬渕仁（2005）「多文化主義・多文化教育へのまなざし」『オセアニア教育研究』11号、オセアニア教育学会．

馬渕仁（2009）「多文化共生社会をめざして―3つの領域からのアプローチとその課題」『異文化間教育』30、異文化間教育学会（アカデミア出版会）．

馬渕仁（2010）『クリティーク 多文化、異文化―文化の捉え方を超克する』東信堂．

松尾知明（2010）「外国人児童生徒教育と多文化教育―『定住外国人の子どもの教育等に関する政策懇談会』及び『文部科学省の政策のポイント』の分析から」異文化間教育学会第31回大会発表資料．

嶺井明子編著（2007）『世界のシティズンシップ教育―グローバル時代の国民／市民形成』東信堂．

見世千賀子（2010）「多文化社会における市民性の教育に関する一考察―オーストラリア・ビクトリア州を事例として」『国際教育評論』No. 7、東京学芸大学国際教育センター．

文部科学省（2008a）『平成20年度文部科学白書』文部科学省．

文部科学省（2008b）『外国人児童生徒教育の充実方策について（報告）』文部科学省．

文部科学省（2010）『「定住外国人の子どもの教育に関する政策懇談会」の意見を踏まえた文部科学省の政策のポイント』文部科学省．

中山暁雄（2009）「座談会―これからの外国人政策と言語教育」田中慎也・木村哲也・宮崎里司編『移民時代の言語教育―言語政策のフロンティア1』ココ出版.

日本経団連（2004）『外国人受入れ問題に関する提言』日本経済団体連合会.

日本在外企業協会（1986）『海外派遣者の子女教育問題に関する提言』（1986）日本在外企業協会.

野山広（2009）「今こそ、子どもの学びを支える政策構築を―共振から大転換へ」川上郁雄・石井恵理子・池上摩希子・斎藤ひろみ・野山広編『「移動する子どもたち」のことばの教育を創造する―ESL教育とJSL教育の共振』ココ出版.

岡崎眸（2007）「共生日本語教育とはどんな日本語教育か」岡崎眸監修、野々口ちとせ他編『共生日本語教育学―多言語多文化共生社会のために』雄松堂出版、273-308.

Pickering, Michael. (2001) *Stereotyping —The Politics of Representation*, New York: Palgrave.

佐藤郡衛（2009）「日本における外国人教育政策の現状と課題―学校教育を中心にして」『移民政策研究』創刊号、移民政策学会.

総務省（2006）『多文化共生の推進に関する研究会報告書―地域における多文化共生の推進に向けて』総務省.

関根政美（1989）『マルチカルチュラル・オーストラリア―多文化社会オーストラリアの社会変動』成文堂.

関根政実（2009）「オーストラリア多文化主義の歴史的発展とその変容―共生から競生へ」石井由香・関根政実・塩原良和『アジア系専門職移民の現在―変容するマルチカルチュラル・オーストラリア』慶應義塾大学出版会.

塩原良和（2005）『ネオ・リベラリズムの時代の多文化主義―オーストラリアン・マルチカルチュラリズムの変容』三元社.

塩原良和（2009）「階層とエスニシティを超えた社会的連帯に向けて―アジア系ミドルクラス移民の市民活動実践」石井由香・関根政実・塩原良和『アジア系専門職移民の現在―変容するマルチカルチュラル・オーストラリア』慶應義塾大学出版会.

塩原良和（2010）『変革する多文化主義へ―オーストラリアからの展望』法政大学出版局.

Soroka, Stuart. (2002) *Agenda-Setting Dynamic in Canada*, Vancouver: University of British Columbia Press.

Stone, Debarah. (1988) *Policy Paradox and Political Reason*. Glenview, Ill.: Scott, Foresman.

樽本英樹（2009）『よくわかる国際社会学』ミネルヴァ書房.

Wilson, Graham. (1990) *Business and Politics: A Comparative Introduction*, 2nd ed. London: Macmillan.

山脇啓造（2009）「多文化共生社会の形成に向けて」『移民政策研究』創刊号、移民政策学会.

多文化教育・多文化共生教育に関する邦語文献目録

森茂岳雄・中山京子

本文献目録は、「多文化教育」「多文化共生教育」、及び広く「多文化共生」に向けた教育に関する邦語文献を収録した。収録に際しては次の点に留意した。

(1) 日本において名称が誕生し、使用されている「多文化共生教育」と欧米起源の「多文化教育」は、厳密な意味で異なっているが、論者によっては両者を区別しないで同義に用いているものもある。そのため本文献目録では、両者を区別せず、含めて収録した。
(2) 文献の検索に当たっては、「多文化教育」「多文化共生教育」「多文化主義教育」がタイトルに含まれている文献を中心に、「多文化」「共生」関連のキーワードがタイトルに含まれている文献を収録した。
(3) 尚、「多文化教育」については、異文化間教育学会編『異文化間教育』7号(1993年) において、1992年までの文献を収録した文献目録が作成されているので、本文献目録では1993年以降2010年末までに出版された文献を収録した。
(4) また関連する「言語教育」・「日本語教育」、「グローバル教育(国際理解教育)・開発教育」、「在日外国人教育」、「地域におけるニューカマー支援と連帯」、「生涯教育、社会教育、成人教育」については、それぞれ『異文化間教育』8号(1994年)、同16号(2002年)、同21号(2005年)、同28号(2008年)、同31号(2010年)において文献目録が収録されていることから、本文献目録では、それらの分野において特に「多文化共生」を課題としているものに限って収録した。
(5) 本文献目録では、大きく「Ⅰ．単行本」「Ⅱ．論文」「Ⅲ．雑誌特集」に分け、「Ⅱ．論文」については、その中を「1．全般・理論・思想」「2．行政・政策」「3．カリキュラム・教授法・評価・教材」「4．在日外国人教育・外国人児童生徒教育」「5．人権教育・同和教育」「6．国際理解教育・開発教育」「7．日本語教育」「8．言語教育・コミュニケーション教育」「9．教科教育」「10．社会教育・生涯教育」「11．教員養成・教師教育」「12．特別支援教育」「13．保育・幼児教育」「14．大学教育」「15．諸外国の多文化教育」に分類して掲載した。
(6) 「Ⅱ．論文」の中の「15．諸外国の多文化教育」ついては、諸外国を、アジア、オセアニア、北米、ヨーロッパ、その他の地域に分けて掲載した。また、北米については、さらにカナダとアメリカ合衆国に分けて掲載した。ヨーロッパについては、イギリスとその他の国に分けて掲載した。その他の地域には、上記四地域以外の地域、あるいは複数の地域を扱っているものを分類した。
(7) 紙数の関係から、科学研究費研究成果報告書等の報告書類、ルポ、学会等の発表集録、シンポジウム記録などは除いた。

本目録の作成に当たっては、国内雑誌記事データベース CiNii、NACSIS Webcat、Webcat Plus、国立国会図書館簡易検索などの検索システムを利用して収集したものを基礎に、独自に収集したものを加えた。

Ⅰ．単行本

青木麻衣子（2008）『オーストラリアの言語教育政策―多文化主義における「多様性」と「統一性」の揺らぎと共存―』東信堂、276p.

赤司英一郎・荻野文隆・松岡榮志編（2008）『多言語・多文化社会へのまなざし―新しい共生への視点と教育―』白帝社、307p.

朝倉征夫（1995）『多文化教育――元的文化、価値から多様な文化、価値の教育へ―』成文堂、64p.

朝倉征夫編（2003）『多文化教育の研究―ひと、ことば、つながり―』学文社、179p.

アジア・太平洋人権情報センター編（1998）『問われる多文化共生―教育・地域・法制度の視点から―』解放出版社、107p.

アジア・太平洋人権情報センター編（2005）『多文化共生の教育とまちづくり』解放出版社、147p.

天野正治・村田翼夫編（2001）『多文化共生社会の教育』玉川大学出版部、341p.

縫部義憲編（2002）『多文化共生時代の日本語教育―日本語の効果的な教え方・学び方―』瀝々社、178p.

磯田三津子（2010）『音楽教育と多文化主義―アメリカ合衆国における多文化音楽教育の成立―』三学出版、225p.

稲富進著・中村水名子編（2005）『ちがいを豊かさに―多民族・多文化共生教育の明日を拓く―』三一書房、143p.

今村令子著（1990）『永遠の「双子の目標」―多文化共生の社会と教育―』東信堂、426p.

井上孝代編著・青木みのり共著（2007）『つなぎ育てるカウンセリング―多文化教育臨床の基礎―』川島書店、222p.

江原武一編著（2002）『多文化教育の国際比較―エスニシティへの教育の対応―』玉川大学出版部、348p.

遠藤克弥（2008）『教育の挑戦―多文化化・国際化―』勉誠出版、149p.

岡崎眸監修、野々口ちとせ・岩田夏穂・張瑜珊・半原芳子編（2007）『共生日本語教育学―多言語多文化共生社会のために―』雄松堂出版、324p.

「外国人につながる子どもたちの物語」編集委員会編（まんが）みなみななみ『まんが　クラスメートは外国人―多文化共生20の物語―』明石書店、171p.

カミンズ，J.; M. ダネシ著、中島和子・高垣俊之訳（2005）『カナダの継承語教育―多文化・多言語主義をめざして―』明石書店、193p.

河内徳子編（1998）『多文化社会と教育改革』（21世紀の民族と国家 7）未來社、325p.

川上郁雄・石井恵理子・池上摩希子・斎藤ひろみ・野山広編（2009）『「移動する子どもたち」のことばの教育を創造する―ESL教育とJSL教育の共振―』（シ

リーズ多文化・多言語主義の現在2）ココ出版、341p.
川村千鶴子（2001）『創造する対話力—多文化共生社会の航海術—』税務経理協会、220p.
金侖貞（2007）『多文化共生教育とアイデンティティ』明石書店、287p.
倉地曉美（1998）『多文化共生の教育』勁草書房、267p.
グラント, カール・A.；グロリア・ラドソン＝ビリング編、中島智子・太田晴雄・倉石一郎監訳（2002）『多文化教育事典』明石書店、389p.
小林哲也・江淵一公編（1997）『多文化教育の比較研究—教育における文化的同化と多様化—（第3版）』九州大学出版会、362p.
小林宏美（2008）『多文化社会アメリカの二言語教育と市民意識』慶應大学出版会、232p.
コルデイロ、ポーラ・A.；ティモシー・G.レーガン；リンダ・P・マルチネス『多文化・人権教育学校をつくる—TQE理論にもとづく実践的ガイド—』明石書店、202p.
佐久間孝正（1993）『イギリスの多文化・多民族教育—アジア系外国人労働者の生活・文化・宗教—』国土社、222p.
佐久間孝正（2003）『変貌する多民族国家イギリス—『多文化』と『多分化』にゆれる教育—』明石書店、203p.
佐久間孝正（2007）『移民大国イギリスの実験—学校と地域にみる多文化の現実—』勁草書房、352p.
佐藤凉子・グロフ, デビット・浅井亜紀子・石井真弓・中村ジューン・松田まゆみ著（2005）『多文化共生への道—留学生との語らいから—』南雲堂、81p.
佐藤郡衛（2001）『国際理解教育—多文化共生社会の学校づくり—』明石書店、210p.
青春学校事務局編（2004）『多文化共生のまちづくり—青春学校10年の実践から—』明石書店、231p.
関口礼子・浪田克之介（2006）『多様社会カナダの「国語」教育』東信堂、416p.
曾和信一（2000）『人権教育としての「同和」教育と多文化教育』明石書店、210p.
富所隆治（2000）『多文化主義と共生—新しい歴史教育の道標—』渓水社、159p.
田中圭治郎（1996）『多文化教育の世界的潮流』ナカニシヤ出版、242p.
田中圭治郎（2000）『教育における文化的多元主義の研究』ナカニシヤ出版、403p.
田中慎也・木村哲也、宮崎里司編（2009）『移民時代の言語教育—言語政策のフロンティア—』（シリーズ多文化・多言語主義の現在3）ココ出版、289p.
照本祥敬編（2001）『アメラジアンスクール—共生の地平を沖縄から—』ふきのとう書房、195p.
徳井厚子（2002）『多文化共生のコミュニケーション—日本語教育の現場から—』アルク、189p.
徳井厚子（2007）『日本語教師の「衣」再考—多文化共生への課題—』くろしお出版、229p.

長沢成次（2000）『多文化・多民族共生のまちづくり―広がるネットワークと日本語学習支援―』エイデル研究所、189p.
中島智子著（1997）『多文化教育と在日朝鮮人教育』全国在日朝鮮人教育研究協議会、94p.
中島智子・榎井縁・金光子・田渕五十生（1997）『多文化教育と在日朝鮮人教育Ⅱ』全国在日朝鮮人教育研究協議会、101p.
中島智子編（1998）『多文化教育―多様性のための教育学―』明石書店、253p.
中村水名子著（2007）『多民族・多文化共生の明日を拓く社会科授業』三一書房、308p.
ニエト、ソニア著、太田晴雄監訳、フォンス智江子・高藤三千代訳（2009）『アメリカ多文化教育の理論と実践―多様性の肯定へ―』明石書店、863p.
日本国際教育学会創立20周年記念年報編集委員会編（2010）『国際教育学の展開と多文化共生』学文社、189p.
野々口ちとせ・岩田夏穂・張瑜珊・半原芳子編（2007）『共生日本語教育学―多言語多文化共生社会のために―』雄松堂出版、324p.
萩原元昭（2008）『多文化保育論』学文社、79p.
バトラー後藤裕子（2003）『多言語社会の言語文化教育―英語を第二言語とする子どもへのアメリカ人教師たちの取り組み―』くろしお出版、248p.
バンクス、ジェームズ・A、平沢安政訳（1999）『入門 多文化教育―新しい時代の学校づくり―』明石書店、239p.
バンクス、ジェームズ・A他、平沢安政訳（2006）『民主主義と多文化教育―グローバル化時代における市民性教育のための原則と概念―』明石書店、145p.
平沢安政著（1994）『アメリカの多文化教育に学ぶ』明治図書出版、130p.
兵庫在日韓国朝鮮人教育を考える会・兵庫県在日外国人教育研究協議会（2008）『多文化・多民族共生教育の原点―在日朝鮮人教育から在日外国人教育への歩み―』明石書店、208p.
藤原孝章編（1995）『外国人労働者問題と多文化教育―多民族共生時代の教育課題―』明石書店、200p.
藤原孝章（2008）『シミュレーション教材「ひょうたん島問題」―多文化共生社会ニッポンの学習課題―』明石書店、141p.
広田康生編『多文化主義と多文化教育』（講座外国人定住問題3）明石書店、1996、288p.
牧野篤（1999）『多文化コミュニティの学校教育―カナダの学校より―』学術図書出版、358p.
松尾知明（2007）『アメリカ多文化教育の再構築―文化多元主義から多文化主義へ―』明石書店、209p.
松田陽子（2009）『多文化社会オーストラリアの言語教育政策』ひつじ書房、298p.
溝上智恵子・堀智子（1998）『多文化教育―多文化の共生は可能か―』あずさ書店、131p.

宮島喬・太田晴雄編（2005）『外国人の子どもと日本の教育―不就学問題と多文化共生の課題―』東京大学出版会、241p.
民族教育ネットワーク編（1999）『民族教育と共生社会―阪神教育闘争50周年集会の記録―』東方出版、99p.
武蔵大学人文学部編（2008）『多言語多文化学習のすすめ―世界と直接対話するために―』朝日出版社、376p.
村田翼夫編著（2001）『東南アジア諸国の国民統合と教育―多民族社会における葛藤―』東信堂、333p.
メーナ、J. ゴンザレス著、植田都・日浦直美共訳（2004）『多文化共生社会の保育者―ぶつかってもだいじょうぶ―』北大路書房、146p.
森茂岳雄編（1999）『多文化社会アメリカにおける国民統合と日系人学習』明石書店、320p.
森茂岳雄・中山京子編（2008）『日系移民学習の理論と実践―グローバル教育と多文化教育をつなぐ―』明石書店、450p.
矢野泉編（2007）『多文化共生と生涯学習』明石書店、219p.
山田千明編（2006）『多文化に生きる子どもたち―乳幼児期からの異文化間教育―』明石書店、288p.
山本友和（1997）『多文化の中での教育―オーストラリアの社会科に学ぶ―』スタッツ出版、235p.
山脇啓造・横浜市立いちょう小学校編（2005）『多文化共生の学校づくり―横浜市立いちょう小学校の挑戦―』明石書店、249p.
横田啓子『アメリカの多文化教育―共生を育む学校と地域―』明石書店、276p.
渡戸一郎・川村千鶴子編（2002）『多文化教育を拓く―マルチカルチュラルな日本の現実のなかで―』明石書店、306p.

II．論文
1．全般・理論・思想
阿久津昌三・渡辺正実（2000）「多文化主義と多文化教育―多文化社会日本をめざして―」『信州大学教育学部紀要』99、1-8.
朝倉征夫（1994）「多文化教育の概念に関する考察」『早稲田教育評論』8、187-202.
朝倉征夫（1994）「多文化教育に関する考察」『早稲田大学大学院教育学研究科紀要』4、1-12.
朝倉征夫（2003）「多文化教育の概念と論点」朝倉征夫編『多文化教育の研究―ひと、ことば、つながり―』学文社、2-12.
浅沼茂（1995）「ポスト・モダンと国際教育・多文化教育・個性化教育」東京学芸大学『教育学研究年報』14、33-43.
天野正治（2001）「多文化社会における『共生』への教育」天野正治・村田翼夫編『多文化共生社会の教育』玉川大学出版部、5-89.

新木敬子（2003）「多文化教育が持つジレンマについての一考察」『大阪大学教育学年報』8、65-73.
石川一喜（2002）「多文化教育の今日的な意義―多文化教育の系譜と概念を踏まえて―」東和大学国際教育研究所編『国際教育研究紀要』5、1-16.
石倉瑞恵（1995）「多文化主義教育現状と課題」名古屋大学大学院教育学研究科『教育論叢』38、21-28.
井田仁康（2001）「多文化共生の教育と文化的アイデンティティ」日本社会科教育学会編『社会科教育研究』（別冊）、30-40.
植田都（2007）「多文化共生社会における教育のあり方を探る―その3・アイヌ民族について―」『関西外国語大学人権教育思想研究』10、2-40.
臭住忠久（2002）「シンポジウム グローバル教育と多文化教育のインターフェイス」『異文化間教育』16、異文化間教育学会（アカデミア出版会）、92-105.
エイモス ゆかり（2002）「文化相対主義と多文化教育―グローバルな視点に向けて―」帝塚山学院大学国際理解教育研究所編『国際理解』33、111-119.
榎井縁（2004）「日本における多文化共生教育とは」『解放教育』34（12）（臨増）明治図書出版、121-128.
榎井縁（2008）「『多文化教育のいま』を考えるにあたって」『解放教育』38（12）、明治図書出版、7-23.
江原武一（2002）「公教育における多文化教育の展開」江原武一編著『多文化教育の国際比較―エスニシティへの教育の対応―』玉川大学出版部、14-34.
江原裕美（2010）「グローバル化における国際教育と『多文化共生』」日本国際教育学会創立20周年記念年報編集委員会編『国際教育学の展開と多文化共生』学文社、22-32.
江淵一公（1993）「国際化と多文化教育の可能性」中西晃編『国際教育論』創友社、314-330.
江淵一公（1993）「異文化間教育と多文化教育―研究の意義と課題―」異文化間教育学会編『異文化間教育』7、アカデミア出版会、4-20.
岡田昭人（2010）「多文化共生社会におけるコミュニティと国際教育」日本国際教育学会創立20周年記念年報編集委員会編『国際教育学の展開と多文化共生』学文社、33-44.
小嶋祐伺郎（2005）「多文化共生社会における市民性教育―多元的・複合的アイデンティティ形成の視点から―」帝塚山学院大学国際理解研究所編『国際理解』36、106-122.
加藤一夫（1990）「エスニシティと多文化教育―教育の『国際化』への新しい視点―」国立国会図書館調査及び立法考査局『レファレンス』40（1）、69-94.
加藤幸次（1996）「異文化共生社会と異文化間教育―研究の現状と課題―」『異文化間教育』10、異文化間教育学会（アカデミア出版会）、104-116.
川村千鶴子（2002）「人の『異なり』とは何か―多文化教育を拓くもの―」渡戸一郎・川村千鶴子編『多文化教育を拓く―マルチカルチュラルな日本の現実のな

かで―』明石書店、45-79.

岸田由美（1999）「多文化社会の市民像とその教育に関する試論」筑波大学『比較・国際教育』7、9-20.

岸田由美（2003）「日本の教育における多文化主義の特質に関する準備的考察」筑波大学『比較・国際教育』11号、63-70.

顧宇（2004）「多文化教育について」『大谷大学大学院研究紀要』21、225-249.

倉石一郎（1999）「多文化主義教育言説の逆説―エスノメソドロジー的視座からの一考察―」『大阪女学院短期大学紀要』29、27-41.

小菅清（2000）「川崎市教育委員会の多文化共生論を批判する」『動向』1605、動向社、21-25.

小菅真人（2008）「ワタシを紡ぐ『多文化教育』―自らのルーツを辿りながら―」『解放教育』38（12）、明治図書出版、49-55.

齋藤眞宏（2005）「個に対応した教育―多文化共生の視点をふまえて―」『旭川大学紀要』60、53-89.

佐久間孝正（2010）「人の移動にみるグローバリゼーションの特色と多文化教育の可能性」『応用社会学研究』No. 52、145-154.

笹本エヴェリン（2002）「教育分野から見る日本における多文化主義―アメリカ合衆国との比較―」渡戸一郎・川村千鶴子編『多文化教育を拓く―マルチカルチュラルな日本の現実のなかで―』明石書店、143-171.

佐藤郡衛（2000）「学校を支えるボランティア―学校での多文化共生の取り組みを通して―」青少年問題研究会編『青少年問題』47（4）、16-21.

佐藤郡衛（2006）「提言 多文化共生社会をめざす学校教育の課題―共に学び、共に生きる教室空間を―」教育調査研究所編、『教育展望』52（1）、48-52.

佐藤郡衛（2010）「異文化間教育と多文化共生の取り組み―学校における多文化共生の取り組みの課題―」佐藤郡衛『異文化間教育―文化間移動と子どもの教育―』明石書店、185-211.

澤田友実（2002）「多文化共生社会のための教育―多文化教育の変容とその展望への一考察―」愛知教育大学国際教育学会編『日本語教育と異文化理解』1、63-71.

椎名良吉・溝上智恵子・堀智子（1994）「多文化教育の挑戦」「自由」編集委員会編『自由』36（5）、自由社、48-58.

志方正典（2006）「子ども多文化共生教育の推進―自己実現への支援と共生の心の育成―」兵庫県人権啓発協会編『研究紀要』7、124-127.

志摩陽伍（1996）「多文化教育と批判的思考（続）」教育科学研究会編『教育』46（7）、国土社、81-91.

志水宏吉（2001）「わける力とつなぐ力―多文化共生教育への視点―」『解放教育』31（1）、明治図書出版、18-24.

末藤美津子（2009）「日本における多文化共生教育の現状と課題―アイヌ民族に注目して―」『社会環境論究』1、19-32.

関口知子・宮本節子（2004）「姫路市小中学生の学習意欲格差―多文化教育のための予備研究―」『姫路工業大学環境人間学部研究報告』6、89-102.

関口知子・中島葉子（2010）「越境時代の多文化教育―21世紀の教育と市民性を問う―」五島敦子・関口知子編『未来をつくる教育ESD―持続可能な多文化社会をめざして―』明石書店、181-206.

戴エイカ（2005）「『多文化共生』と『日本人』―『文化』と『共生』の再検証―」『異文化間教育』22、異文化間教育学会（アカデミア出版会）、27-41.

高橋敏道（1996）「21世紀をめざした多文化共生教育」『解放教育』26（12）、明治図書出版、16-24.

高橋舞（2009）「多文化教育のゆくえ」岡部美香編著『子どもと教育の未来を考える』北樹出版、91-105.

竹ノ下弘久（1999）「多文化教育とエスニシティ―在日韓国・朝鮮人集住地区を事例に―」日本社会学会編『社会学評論』49（4）、531-548.

竹ノ下弘久（2000）「多文化共生教育に向けての課題」『教育展望』46（5）、教育調査研究所、30-38.

田中圭治郎（1997）「多文化教育とグローバル教育」江淵一公編『異文化間教員研究入門』玉川大学出版部、185-203.

田中圭治郎（2000）「日本における多文化教育の実態と今後の課題」佛教大学教育学部『教育学部論集』11、157-174.

田中圭治郎（2006）「多文化共生と教育」奥川義尚他『教育学の根本問題』ミネルヴァ書房、154-176.

Tavares, Hannah M.（2008）「多文化教育に対する理論的関心」佛教大学教育学部『教育学部論集』19、11-15.

田渕五十生（2002）「グローバリズムと多文化教育」帝塚山学院大学国際理解教育研究所編『国際理解』33、83-86.

塚田由紀代（2010）「わが国における多文化教育の現状と課題―現代日本の"教育マイノリティ"―」『佛教大学教育学部学会紀要』9、47-59.

恒吉僚子（1996）「多文化共存時代の日本の学校文化」堀尾輝久・久富善之編『講座学校6　学校文化という磁場』柏書房、215-240.

恒吉僚子（2001）「教育の国際化と多様な『多文化教育』―日米の教室から―」梶田孝道編『国際化とアイデンティティ』ミネルヴァ書房、61-89.

恒吉僚子（2007）「日本における多文化教育を考える」『アジア遊学』104、勉誠出版、134-140.

坪谷美欧子（2009）「外国につながる高校生の抱える課題とそのサポート―神奈川県立高校における多文化教育コーディネーター事業の事例から―」『横浜市立大学論叢（社会科学系列）』60（2・3）、277-299.

徳井厚子（2004）「シンポジウム　異文化間能力の育成を考える―多文化共生社会に向けて―」『異文化間教育』20、異文化間教育学会（アカデミア出版会）、56-66.

中島久朱（2008）「グローバル化と公教育―教育基本法『改正』論議と日本における多文化教育の可能性―」東京外国語大学多言語・多文化教育センター編『多言語多文化―実践と研究―』1、101-121.
中島智子（1991）「多文化教育をめぐる論争と課題」京都西山短期大学『西山学報』39、A1-A23.
中村（笹本）雅子（1997）「多文化教育と『差異の政治』」日本教育学会編『教育学研究』64（3）、281-289.
西村公孝（2001）「公教育と多文化共生の教育」日本社会科教育学会編『社会科教育研究』（別冊）、52-61.
野入直美（1998）「多文化教育とナショナル・アイデンティティ」中島智子編『多文化教育―多様性のための教育学―』明石書店、133-160.
林伸一（2001）「多文化教育と文化人類学とのかかわり―10回めを迎えた日米人権教育セミナーの旅―」『解放教育』31（9）、明治図書出版、27-33.
比嘉康則（2008）「社会運動における多文化共生理念の展開―アメラジアンスクールを事例として―」『大阪大学教育学年報』(13)、123-134.
ヒギンズ，マリリン（2004）「平和教育―世界を融合する多文化教育―」『山口県立大学國際文化學部紀要』10、A11-A19.
秀真一郎（2005）「日本の文化との類似性から発見する多文化教育」華頂短期大学『保育実践研究』6、7-14.
平沢安政（2005）「地球市民教育としての多文化教育の動向」『解放教育』35（12）、明治図書出版、42-47.
平野知見（2002）「多文化教育と子どもの人権」『滋賀大学大学院教育学研究科論文集』5、103-114.
広田康生（1996）「総論 多文化化する学校・地域社会―外国人児童生徒問題を出発点にして―」広田康生編『多文化主義と多文化教育』明石書店、15-34.
福山文子（2007）「グローバル化の時代における多文化教育」嶺井正也編『グローバル化と学校』八千代出版、137-154.
細田博美（2002）「多文化教育の研究」『皇学館論叢』35（3）、1-28.
前田未宙（2001）「B. L. ウォーフの文化・言語論の再解釈―多文化教育の基礎論に向けて―」中国四国教育学会編『教育学研究紀要』47（19）、40-44.
松尾知明（1999）「文化的多元主義から多文化主義へ―多文化教育のパラダイム転換へ向けて―」『浜松短期大学研究論集』55、103-120.
松岡靖（1999）「N. バービュレスの教育的対話論は変わったか？―多文化教育論にむけての示唆―」『日本デューイ学会紀要』47、143-151.
松岡真理恵（2010）「多文化教育ファシリテーターの養成と外国にルーツを持つ若者・TCKのエンパワメント」『自治体国際化フォーラム』250、16-18.
松下晴彦（1998）「多文化教育における〈差異〉と〈承認〉」『椙山女学園大学研究論集（社会科学篇）』29、135-147.
真鍋眞澄（2003）「etic/emic的アプローチによるrace概念再考―内発的多文化教

育理論構築へ向けて」『上智大学教育学論集』38、71-84.
水上徹男（1996）「国際交流と多文化教育へのアプローチ―日本人学校の事例―」広田康生編『多文化主義と多文化教育』明石書店、151-174.
箕浦康子（2001）「多文化教育とアイデンティティ」柴山昌山編『文化伝達の社会学』世界思想社、132-155.
村田翼夫（2007）「多文化共生の教育―異文化理解と多文化協同プログラムの重要性―」自治体国際化協会編『自治体国際化フォーラム』207、11-15.
Moniz, Jeffrey A. S.（2008）「多様な社会における多文化教育アプローチとしての多様な視点の尊重と涵養」『佛教大学教育学部論集』19、43-53.
森岡修一（1990）「多文化教育とエスニック・アイデンティティ」名古屋女子大学編『名古屋女子大学紀要（人文・社会編）』36、51-61.
森茂岳雄（2002）「グローバル教育と多文化教育のインターフェイス―移民史学習の可能性―」中央大学教育学研究会編『教育学論集』44、49-65.
森茂岳雄（2004）「グローバル教育と多文化教育をつなぐ―『文化の多様性』を視点にして―」帝塚山学院大学国際理解研究所編『国際理解』35、48-51.
森茂岳雄（2004）「多文化教育学校をつくる―文化的多様性を尊重する学校づくり―」奈良女子大学附属小学校学習研究会編『学習研究』411、56-61.
森本治子（2007）「多文化共生社会に生きる―共生をめざす教育―」『目白大学短期大学部研究紀要』43、93-104.
山口和孝（1995）「多文化社会の教育と宗教をめぐる現代的課題―『子どもの最善の利益』と宗教選択権―」日本教育学会編『教育学研究』62（3）、73-83.
山西優二（2007）「多文化共生に向けての教育を考える」田尻英三・田中宏・吉野正・山西優二・山田泉『外国人の定住と日本語教育（増補版）』ひつじ書房、203p.
吉富志津代（2003）「『ことば』でつなぐ多文化共生のまちづくり」『教育』53（7）、国土社、31-38.
米勢治子（2006）「『地域日本語教室』の現状と相互学習の可能性―愛知県の活動を通して見えてきたこと―」名古屋市立大学『人間文化研究』6、105-119.
米村健司（1999）「『教え―学ぶ』という連関による多文化教育の一考察」早稲田大学教育学部『学術研究（教育・社会教育・体育学編）』48、39-53.
米村健司（1999）「多文化教育の中における『民族性』に関する考察」『早稲田大学大学院教育学研究科紀要（別冊）』7、129-140.
米村健司（2000）「識字と多文化教育の諸相―『・・・として見る』の観点から―」『早稲田大学大学院教育学研究科紀要（別冊）』8（1）、119-130.
米村健司（2000）「社会秩序の中における『時間―空間』の圧縮と多文化教育」早稲田大学教育学部編『学術研究（教育・社会教育・体育学編）』49、105-119.
Lee, Hohyun（2000）「多文化教育に関する考察―韓国外国人労働者の教育権の視点から―」『早稲田大学大学院教育学研究科（紀要）』8（1）、49-59.
渡戸一郎（2002）「広がるマルチカルチュラルな社会空間と多文化主義の課題」渡

戸一郎・川村千鶴子編『多文化教育を拓く―マルチカルチュラルな日本の現実のなかで―』明石書店、18-44.

2. 行政・政策

児玉奈々（2003）「東京都の国際化施策における『外国人』の子どもたち―多文化教育への展開を目指す視点から―」『早稲田大学大学院教育学研究科紀要（別冊）』10-2、51-62.

佐藤潤一（2007）「多文化共生社会における外国人の日本語教育を受ける権利の公的保障」『大阪産業大学論集（人文・社会科学編）』1、1-30.

武田るい子（2007）「外国籍児童の支援と多文化共生ネットワーク検討会―長野県の施策にみる学習実践の課題―」北海道大学大学院教育学研究科社会教育研究室『社会教育研究』25、67-78.

手塚義雅（2006）「『多文化共生社会』に向けた日本の課題―外国人児童に対する教育行政の現場から―」『外交フォーラム』19（6）、都市出版 60-63.

村田鈴子（2004）「『共生』のための教育の課題―外国人に対する学習権の保証について―」日本国際文化学会編『インターカルチュラル』2、アカデミア出版会、154-164.

3. カリキュラム・教授法・評価・教材

臭住忠久（2004）「多文化・共生の視点にたった学校カリキュラムの変革」溝上泰編『社会科教育実践学の構築』明治図書出版、252-262.

岡崎淑子（2004）「キリスト教的価値観と多文化教育―教科を通しての価値観育成―」日本カトリック教育学会編『カトリック教育研究』21、21-30.

奥村訓代（1997）」「他文化理解教育から多文化共生教育への橋渡しとしての『日本事情』教育についての一考察」『高知大学学術研究報告（人文科学）』46、177-193.

斎藤里美・今井祥子（1998）「多文化教育における『公共性』概念の検討―子どものための日本語教材・教科書を中心に―」『東洋大学紀要（教養課程篇）』37、249-279.

齋藤眞宏（2007）「多様性をつむぐ営み―ある中学校教師の授業実践と多文化共生教育―」旭川大学地域研究所『地域研究所年報』30、51-76.

高井次郎（1993）「多文化教育における教授法の評価に関する予備的検討」名古屋市立大学教養部紀要『人文社会研究』37、49-72.

田尻信壹（2008）「『街の多文化発見カルタ』づくり―ケータイを用いたアクティビティの開発―」富山大学人間発達科学部附属人間発達科学研究実践総合センター編『教育実践研究』2、65-76.

中山京子（2007）「多文化教育における『先住民学習』の意義と可能性―『コロンブス500年祭』とノートルダム教育修道女会―」『京都ノートルダム女子大学研究紀要』37、59-71.

額賀美紗子（2003）「多文化教育における『公正な教育方法』再考—日米教育実践のエスノグラフィー—」日本教育社会学会編『教育社会学研究』73、東洋館出版、65-83.

久村研（2002）「多文化教育環境におけるカリキュラムの研究—日本語学校就学生に対する進路希望調査を中心として—」調布学園短期大学『紀要』34、111-133.

久村研（2003）「短期大学の多文化教育カリキュラムをめぐる一考察—日本語学校就学生に対する聞き取り調査を中心として—」田園調布学園大学『人間文化研究』1、77-91.

方政雄（2007）「在日外国人と共に暮らすための教育方法—多文化教育としてのアプローチ—」兵庫県人権啓発協会編『研究紀要』8、27-50.

森茂岳雄（2002）「多文化共生教育の実践的課題」兵庫県立教育研究所編『兵庫教育』612、8-15.

森茂岳雄（2007）「『越境』を授業する—グローバル教育と多文化教育をつなぐ—」森本豊富・ドン・ナカニシ編著『越境する民と教育—異郷に育ち 地球で学ぶ—』アカデミア出版会、97-121.

森茂岳雄（2009）「多文化教育のカリキュラム開発と文化人類学—学校における多文化共生の実践にむけて—」日本文化人類学会編『文化人類学』74 (1)、96-113.

森茂岳雄・中山京子（2002）「日米の博物館との連携をいかしたハワイ日系移民に関する単元開発と実践—グローバル教育と多文化教育の結合—」『国立民族学博物館調査報告』26、123-139.

山中信幸（2007）「多文化教育のための教材の開発原理」日本教材学会編『教材学研究』18、103-110.

4．在日外国人教育・外国人児童生徒教育

青山泉（2004）「エスニック・マイノリティの子どもたちとナショナリズム—多文化教育の可能性—」柿沼昌芳・永野恒雄編著『「愛国心」の研究』批評社、132-141.

稲富進（2002）「多民族・多文化共生の明日を拓く—在日朝鮮人研究の今日的課題」『解放教育』32 (3)、明治図書出版、50-57.

稲富進（2003）「多民族・多文化共生の明日を拓く在日朝鮮人教育の今日的課題」『人権問題研究資料』17、74-115.

稲富進（2004）「多民族／多文化共生をめざす在日外国人教育の展望—在日朝鮮人教育の何を継承するか—」『解放教育』34 (13)、明治図書出版、43-50.

馬越徹（2002）「日本—社会の多文化化と『永住外国人』子女教育—」江原武一編著『多文化教育の国際比較—エスニシティへの教育の対応—』玉川大学出版部、209-232.

浦田葉子（1994）「多文化教育の試み—公立小学校における外国人子女教育—」愛

知学泉大学『経営研究』7（2）、511-521.
恵我南小学校（1996）「渡日児童と共に歩む多文化共生教育」『解放教育』26（12）、
　　　明治図書出版、52-61.
大谷杏（2007）「在日インド系国際学校における多文化教育―自国文化継承、国際
　　　化、ホスト社会との関係を中心として―」『早稲田大学大学院教育学研究科紀
　　　要（別冊）』15-2、95-105.
小川美紀（2007）「多文化共生時代における日本語学校の可能性―異なる人が集う
　　　場、日本社会の媒介として―」『拓殖大学日本語紀要』17、99-110.
郭倩儀（2005）「鹿児島市における中国帰国児童生徒の教育の実態―多文化共生教
　　　育の視点から―」鹿児島大学大学院人文社会科学研究科『地域政策科学研究』
　　　2、111-138.
岸田由美（1997）「異文化共生教育としての在日韓国・朝鮮人教育―民族講師と日
　　　本人教師の関係を中心に―」『異文化間教育』11、異文化間教育学会（アカデ
　　　ミア出版会）、141-155.
岸田由美（2001）「在日韓国・朝鮮人教育―共生教育的観点からみた発展と課題」
　　　天野正治・村田翼雄編著『多文化共生社会の教育』玉川大学出版部、132-144.
金明美（2009）「多文化共生の実践に向けて：『在日コリアン』の子供の『民族』意
　　　識形成過程に関する事例分析の再考を中心に」日本文化人類学会編『文化人類
　　　学』74（1）、176-189.
金兌恩（2005）「多民族・多文化教育と新たな共同性の構築―大阪市立小中学校の
　　　『民族学級』を事例に―」『ソシオロジ』53-3、91-107.
裘暁蘭（2005）「多文化共生社会におけるマイノリティ教育の実践―1990年代以後
　　　日本の華僑・華人教育の動向と可能性―」日本社会教育学会編『日本の社会教
　　　育　第49集　グローバリゼーションと社会教育・生涯教育』、東洋館出版社、
　　　126-140.
高賛侑（1996）「次代を開く多文化教育」高賛侑『国際化時代の民族教育』東方出
　　　版、217-258.
佐藤郡衛（2007）「外国籍の子どもの教育の現状と課題―多文化共生の視点から―」
　　　都市問題研究会編『都市問題研究』59（11）、15-26.
田頭明子（2002）「子どもたちの共生―多文化の子どもたちの教室における実践か
　　　ら―」渡戸一郎・川村千鶴子編『多文化教育を拓く―マルチカルチュラルな日
　　　本の現実のなかで―』明石書店、98-118.
高橋敏道（1997）「在日外国人教育と多文化共生教育」部落解放・人権研究所編
　　　『部落解放研究』118、17-27.
田淵五十生（1999）「『在日コリアン』の教育が国際理解教育に示唆するもの―『異
　　　文化理解』から多文化教育の発想へ―」日本国際理解教育学会編『国際理解教
　　　育』5、6-23.
坪谷美欧子・小林宏美・五十嵐素子（2004）「ニューカマー外国籍生徒に対する多
　　　文化教育の可能性と課題―神奈川県S中学校の選択教科『国際』における取

り組みから—」一橋大学〈教育と社会〉研究会編『〈教育と社会〉研究』14、54-61.
坪谷美欧子（2009）「外国につながる高校生の抱える課題とそのサポート—神奈川県立高校における多文化教育コーディネーター事業の事例から—」『横浜市立大学論叢』60（2・3）、277-299.
寺西和子（1995）「愛知県における外国人児童・生徒に関する学校教育の現状と課題—教室における『多文化共生』をめざして」『愛知教育大学研究報告（教育科学）』44、47-57.
中島智子（1993）「日本の多文化教育と在日韓国・朝鮮人教育」『異文化間教育』7、異文化間教育学会（アカデミア出版会）、69-84.
中西晃（2001）「中国帰国子女の教育—多文化共生に向けての学校教育—」天野正治・村田翼夫編『多文化共生社会の教育』玉川大学出版部、119-131.
梁陽日（2010）「在日韓国・朝鮮人のアイデンティティと多文化共生の教育：民族学級卒業生のナラティブ分析から」『コア・エシックス』6、473-483.
吉田正純（2008）「多文化共生と「ローカル・ノレッジ」—京都における在日コリアン地域活動を事例に—」日本社会教育学会編『日本の社会教育　第52集「ローカルな知」の可能性』、東洋館出版社、79-91.
吉田美穂（2009「外国につながる子ども支援をめぐる地域人材と学校組織の協働—神奈川の多文化教育コーディネーター制度から考える（その1）—」中央大学教育学研究会編『教育学論集』52、143-179.
吉谷武志（2007）「多文化コミュニティと異文化間の交流—福岡市に見られる生活支援活動—」森本豊富・ドン・ナカニシ編著『越境する民と教育—異郷に育ち地球で学ぶ—』アカデミア出版会、123-151.

5．人権教育・同和教育

生田周二・田渕五十生・玉村公二彦（2000）「人権・多文化教育の動向と課題に関する研究—奈良県を中心とする状況分析—」奈良教育大学教育学部附属教育実践研究指導センター『研究紀要』9、169-180.
榎井緑（2001）「多文化共生教育と国際人権」『解放教育』31（1）、8-17、明治図書出版.
金東勲（2004）「国際人権法と多文化共生教育」『解放教育』34（12）（臨増）、明治図書出版、135-140.
中島智子（1997）「『文化』『人権』における『こころ主義』と『ことば主義』—多文化教育と人権教育をめぐる社会構造と心を結ぶために—」『人権教育』1、明治図書出版、25-30.
早崎直美（2005）「多民族多文化共生社会の実現に向けて—在日外国人（民族的少数者）の人権—」『部落解放』546（増刊）、解放出版社、263-268.
平沢安政（1999）「多文化共生の時代を生きる力—人権意識、共生能力を育てる—」人間教育研究協議会編『教育フォーラム』24、金子書房、72-81.

平野知見（2002）「多文化教育と子どもの人権」『滋賀大学大学院教育学研究科論文集』5、103-114.

6. 国際理解教育・開発教育

稲富進（2001）「『多民族・多文化共生』をめざす国際理解教育」『解放教育』31(7)、明治図書出版、99-108.

岩澤里美（1997）「小学校における国際理解のための教育の捉えなおし―多文化教育からのアプローチ―」『上智教育学研究』1994・1996年度合併号、35-48.

植西浩一・田渕五十生・山尾文夫他（2002）「多文化教育の発想に立った国際理解学習―総合的な学習の協同実践を通して―」奈良教育大学教育学部附属教育実践総合センター『研究紀要』11、85-95.

榎井縁（1997）「多文化共生教育への可能性―外国人の子どもたちの映すもの―」全国在日朝鮮人教育研究協議会『多文化教育と在日朝鮮人教育Ⅱ』、34-42.

榎井縁（1999）「新学習指導要領における『国際理解』についての考察―多文化教育―」『解放教育』29(6)、明治図書出版、72-75.

太田満（2003）「国際理解教育における地域学習の意義と課題―グローバル教育と多文化教育のインターフェイスとしての『地域』―」帝塚山学院大学国際理解研究所編『国際理解』34、203-212.

織田雪江（2010）「『多みんぞくニホン』―人との出会いから学ぶ―」日本国際理解教育学会編『グローバル時代の国際理解教育―実践と理論をつなぐ―』明石書店、74-79.

佐藤真・山中信幸（2007）「多文化教育の視点でとらえた開発教育における教材の開発原理」『兵庫教育大学研究紀要』31、1-10.

高石佳久子（2006）「多文化共生をめざす国際教育の取り組み―多様性を生かし、豊かな地域文化の創造をめざして―」『解放教育』36(12)、明治図書出版、14-19.

田渕五十生（1999）「『在日コリアン』の教育が国際理解教育に示唆するもの―『異文化理解』から多文化教育の発想へ―」日本国際理解教育学会編『国際理解教育』5、6-23.

中村耕二（2001）「多文化共生社会を目指す国際理解教育―21世紀に求められる地球市民教育―」甲南大学『言語と文化』5、1-23.

中山京子（2003）「総合学習『ワールドカルチャー』の実践における子どもの思考分析―多文化教育と国際理解教育のインターフェイスの視点から―」日本国際理解教育学会編『国際理解教育』9、90-103.

中山京子（2005）「『多文化共生』への意識を高める国際理解教育のカリキュラム開発と実践―包括的な多文化教育カリキュラム開発をめざして―」帝塚山学院大学国際理解研究所編『国際理解』36、207-217.

福山文子（2003）「教室内の多文化化を活用した国際理解教育―第二言語話者と第一言語話者、その双方の育ちをめざして―」日本国際理解教育学会編『国際理

解教育』9、24-41.
堀智子（2002）「英語理解と国際理解─他国理解から多文化共生へ─」『関西外国語大学人権教育思想研究』5、52-64.
松本留美（2006）「小学校における国際理解教育のあり方─異文化理解から多文化共生への展望─」愛知教育大学国際教育学会編『日本語教育と異文化理解』5、44-52.
森茂岳雄（2005）「グローバル時代の国際理解教育のカリキュラム開発─グローバル教育と多文化教育の結合─」文部科学省教育課程課編『中等教育資料』54(11)、ぎょうせい、20-25.
森茂岳雄（2005）「グローバル時代の国際理解教育の実践的課題─グローバル教育と多文化教育のインターフェイス─」日本私学教育研究所編『調査資料』239、27-56.
森茂岳雄（2010）「学習領域『多文化社会』」日本国際理解教育学会編『グローバル時代の国際理解教育─実践と理論をつなぐ─』明石書店、64-67.
矢野泉（2004）「〈愛される〉からみる多文化共生と国際理解」帝塚山学院大学国際理解研究所編『国際理解』35、54-56.
山西優二（2007）「国際理解教育の視点から見た多文化共生とは」北方圏センター『北方圏』139、16-20.
山西優二（2008）「多文化共生と開発教育」山西優二・上條直美・近藤牧子編『地域から描くこれからの開発教育』新評論、38-48.
李月順（1995）「国際理解と多文化教育─〈民族の時代〉の日本の課題」山本冬彦編著『教育の戦後思想─その批判と継承─』農山漁村文化協会、183-209.

7. 日本語教育

内海由美子（2003）「地域日本語教育の理念─多言語・多文化共生社会を担う人材の育成に向けて─」『国文学 解釈と鑑賞』68(7)、至文堂、204-212.
遠藤知佐（2005）「多文化共生社会に向けた地域日本語活動の課題─ボランティアの意識と教材を中心に─」『群馬大学留学生センター論集』5、27-42.
大野里香子（2009）「国語教育と日本語教育の間─多文化教育の視点から見た日本の言語教育序論（1）─」『早稲田大学教育学会紀要』11、17-22.
岡崎敏雄（2003）「共生社会の形成─接触場面の固有の言語形成─」ヘレン・マリオット、宮崎里司（編）『接触場面と日本語教育』明治書院、23-44.
岡崎眸「多言語・多文化共生時代の日本語教育─共生言語としての日本語教育─」鎌田修・筒井通雄・畑佐由紀子・ナズキアン富美子・岡まゆみ編（2005）『言語教育の新展開─牧野成一教授古稀記念論集─』ひつじ書房.
岡崎眸（監）（2007）『共生日本語教育学─多言語多文化共生社会のために』雄松堂出版.
岡崎眸（2007）「共生日本語教育とはどんな日本語教育か」フェリス女学院大学『日本語教育学論究』3、1-36.

金本節子・Widianti, Susi（2008）「多文化共生のための日本語教育―大洗定住インドネシア人を対象とした試み―」茨城大学人文学部『人文コミュニケーション学科論集』4、25-41.
川上郁雄（2005）「日本語を母語としない子どもたちと―多文化共生時代の日本語教育―」国際交流基金編『遠近』6、52-55.
小島聰子（2004）「多文化共生社会における日本語教育」『清泉女子大学人文科学研究所紀要』25、135-151.
堺識字多文化共生学級「つどい」（2006）「識字と日本語学習を共に進める―識字・多文化共生学級の課題と方向性―」『部落解放』563、解放出版社、31-41.
清水寿子（2007）「共生を目指す日本語教育に取り組む実習生の役割認識―比喩生成課題による検討―」お茶の水女子大学大学院人間文化創成科学研究科編『人間文化創成科学論叢』10、125-134.
清水寿子（2008）「共生日本語教育が日本語非母語話者に与える教育的意義に関する一考察―ある教育実習生の事例から―」東京外国語大学多言語・多文化教育センター編『多言語多文化―実践と研究―』1、123-146.
田中望（1997）「外国人のコミュニケーション権とそのためのエンパワメントのあり方」『多言語・多文化コミュニティのための言語管理―差異を生きる個人とコミュニティ―』国立国語研究所、117-124.
徳井厚子（2003）「多文化共生時代の日本語支援コーディネータに求められる能力とは―」『現代のエスプリ　マルチカルチュラリズム―日本語支援コーディネータの展開―』432、至文堂、122-129.
中崎温子（2005）「多文化共生社会の日本語教育―「コミュニケーション」ということの考察を通して―」愛知大学語学教育研究室編『言語と文化』13、103-120.
野山広（2008）「多文化共生と地域日本語教育支援―持続可能な協働実践の展開を目指して―」日本語教育学会編『日本語教育』138、4-13.
原田三千代（2008）「多言語多文化を背景とした教室活動としてのピア・レスポンスの可能性―『協働性』に着目した活動プロセスの分析―」東京外国語大学多言語・多文化教育センター編『多言語多文化―実践と研究―』1、27-53.
半原芳子（2009）「『共生日本語教育』における参加者の積極的共生態度の検証―PAC分析から見た意義と課題―」リテラシーズ研究会編『リテラシーズ』4、117-130.
古市由美子（2005）「多言語多文化共生日本語教育実習を通してみた非母語話者教師の役割」『小出記念日本語教育研究会論文集』13、23-38.
古市由美子（2005）「多言語多文化共生日本語教育の意味づけ―実習生の『語り』を通して―」国立国語研究所日本語教育センター編『日本語論集』21、23-34.
古市由美子（2007）「多言語多文化共生日本語教育における理念の一考察」フェリス女学院大学『日本語教育学論究』3、53-64.
本田明子（2003）「地域社会との交流による日本語会話練習―多文化共生の時代に

日本語教員としてできること—」現代日本語研究会編『ことば』24、118-127.

8. 言語教育・コミュニケーション教育
青木順子（2000）「異文化コミュニケーション教育（異文化教育）の原点としての『我々』と『彼等』のコミュニケーション問題（4）—多文化主義と多文化教育—」『安田女子大学紀要』28、237-247.

植田都（2004）「外国人幼児・児童生徒への言語教育（1）—多文化共生社会における教育のあり方を探る—」関西外国語大学『人権教育思想研究』7、2-33.

植田都（2005）「多文化共生社会における教育のあり方を探る—その2・幼児期・児童期における言語教育—」関西外国語大学『人権教育思想研究』8、2-22.

大城朋子（1999）「LINGUAPAX と多言語・多文化教育の可能性」沖縄国連研究会機関誌編集委員会編『国連研究』1、61-70.

大家香子（1998）「多文化教育の視点からみたアイヌ語教育」江淵一公編『トランスカルチュラリズムの研究—文化人類学と異文化間教育学の視角—』明石書店、323-343.

岡田真弓（2000）「多民族多文化共生教育を目指して—横浜市における日本人生徒・外国人生徒の異文化間相互作用の事例研究より—」『青山国際コミュニケーション研究』4、41-57.

佐藤郡衛（1996）「日本における二言語教育の課題—学校における多文化主義の実現へ—」広田康生編（1996）『多文化主義と多文化教育』（講座外国人定住問題3）、明石書店、67-92.

志水宏吉（2001）「ニューカマーの子どもたちの母語教育に関する研究—多文化共生の社会に向けて—」マツダ財団編『マツダ財団研究報告書（青少年健全育成関係）』14、37-43.

秀真一郎（2006）「ことば教育の中に見出す多文化教育」華頂短期大学『保育実践研究』7、21-30.

西田真琴・多田孝志「多文化共生社会における他者とのかかわり方—多様性への理解を視点に—」『目白大学総合科学研究』1、39-43.

畠山均（2001）「異文化コミュニケーション教育再考—多文化共生社会視点から—」長崎純心大学短期大学部英米文化研究所編『純心英米文化研究』17、83-99.

松田陽子（2001）「多文化共生社会のための異文化コミュニケーション教育—アイデンティティの視点から—」『神戸商科大学学術研究会編（人文論集）』36（4）、241-268.

9. 教科教育（国語教育・社会科教育・音楽教育・英語教育など）
磯田三津子（2009）「京都・東九条マダンにみる多文化共生—在日コリアンの音楽による多文化教育の実践に向けて」日本国際理解教育学会編『国際理解教育』15、44-59.

奥忍（1995）「多文化教育として日本音楽学習—外国の子どもたちのために—」『和

歌山大学教育学部紀要（教育科学）』45、71-81.

奥忍（1997）「多文化する日本における世界音楽の指導＝学習」『和歌山大学教育学部紀要（教育科学）』47、45-62.

織田雪江（2009）「『多みんぞくニホン』―社会科の授業に生かす―」中牧弘允・森茂岳雄・多田孝志編『学校と博物館でつくる国際理解教育―新しい学びをデザインする―』明石書店、157-165.

加藤真理子（2006）「栄養指導の現場から 多文化共生の中での食育の取り組み―卒業後の社会においての食の自立をめざして―」『保健の科学』48（4）、杏林書院、301-307.

加藤勇人（1997）「小学校社会科における多文化教育の実証的研究―J. A. Banksの理論をもとにした授業構成を中心にして―」社会認識教育学会編『社会認識教育学研究』12、31-40.

川崎誠司（2006）「社会科における多文化教育とその研究動向―『トレランス』を育てる教育論の基礎として―」『埼玉社会科教育研究』12、1-7.

川崎誠司（2006）「社会科における多文化教育」日本社会科教育学会出版プロジェクト編『新時代を拓く社会科の挑戦』第一学習社、251-260.

木下禮子（2002）「高等学校事例―『異』文化理解から『多』文化共生へ―」『地理』47（9）（増刊）、82-85.

桐谷正信（2010）「シティズンシップ教育としての多文化的歴史教育―「多様性」と「統一性」を視点として―」『埼玉大学紀要 教育学部（別冊1）』59（1）、57-67.

鈴村克徳（2004）「中学校社会科における多文化共生に関する公民シミュレーション教材の開発―定住外国人との共生を図る『希望が丘団地』を事例にして―」社会系教科教育学会編『社会系教科教育学研究』16、53-61.

多田孝志（2000）「多文化共生社会に対応した対話力の育成―国語教育の現代的視点―」日本総合文化研究会機関誌編集委員会編『紀要』1、95-103.

田中泉（2002）「多文化共生時代の歴史教育―移民史の視点で―」『広島経済大学研究論集』25（3）（増刊）、27-47.

田中泉（2006）「多民族学習の社会科授業」社会認識教育学会編『社会認識教育の構造改革―ニュー・パースペクティブにもとづく社会科の実践―』明治図書出版、175-185.

溜池善裕（2001）「文献解題 多文化共生の社会科教育論―国境なき共生のために―」日本社会科教育学会編『社会科教育研究』（別冊）、62-71.

土屋武志（2001）「多文化共生社会と歴史教育」日本社会科教育学会編『社会科教育研究』（別冊）、3-10.

土屋武志（2001）「多文化共生社会の難問―社会科学習指導案作成原理の転換―」魚住忠久・深草正博編『21世紀地球市民の育成―グローバル教育の探究と展開―』黎明書房、114-125.

土井広一（2005）「多文化音楽教育をめぐる日本の現状と教師の認識」東京学芸大

学国際教育センター編『国際教育評論』2、59-69.

中村和世（2004）「多文化共生主義と美術科教育の方法論―H・G・ガダマーの解釈学に基づく美術鑑賞学習の構想―」日本教育大学協会第二常置委員会編『教科教育学研究』22、31-39.

中山京子（2006）「多文化教育の知の導入による小学校社会科学習内容の再構築―単元『海を渡る日系移民』の開発を事例として―」全国社会科教育学会編『社会科研究』65、31-40.

中山京子（2007）「多文化教育の視点にたつ社会科カリキュラムの再構築―変換アプローチを用いた単元開発を事例に―」人間教育研究協議会編『教育フォーラム』40、金子書房、102-112.

中山京子（2010）「海を渡る日系移民―多文化共生にむけて―」日本国際理解教育学会編『グローバル時代の国際理解教育―実践と理論をつなぐ―』明石書店、68-73.

原田智仁（2003）「社会科における多民族学習」社会認識教育学会編『社会科教育のニュー・パースペクティブ―変革と提案―』明治図書出版、196-205.

宮園衛（2001）「地球時代の共生と歴史教育の課題」日本社会科教育学会編『社会科教育研究』（別冊）、41-51.

村上呂里（2008）「多文化共生を切り拓く『ことばの学力』」論記念論文集編集委員会編『国語教育を国際社会へひらく―浜本純逸先生退任記念論文集―』渓水社、124-144.

森田真樹（2003）「多文化社会科の内容編成原理」社会認識教育学会編『社会科教育のニュー・パースペクティブ―変革と提案―』明治図書出版、74-83.

森茂岳雄（1996）「学校と日本型多文化教育―社会科教育を中心として―」広田康生編『多文化主義と多文化教育』明石書店、93-124.

森茂岳雄（2001）「多文化共生時代の社会科教育―「移民」学習の可能性―」日本社会科教育学会編『社会科教育研究』（別冊）、11-18.

森茂岳雄（2001）「多文化共生社会に応える社会科教育―移民史学習によるグローバル教育と多文化教育の結合―」魚住忠久・深草正博編『21世紀地球市民の育成―グローバル教育の探究と展開―』黎明書房、126-138.

山北淳（2003）「移民史学習による多文化共生の可能性」愛知教育大学社会科教育学会編『探究』14、13-25.

山崎めぐみ（1995）「国際理解のための多文化教育的アプローチ―小学校社会科における『多民族的歴史学習』―」社会認識教育学会編『社会認識教育学研究』10、104-109.

吉村雅仁（2005）「多言語・多文化共生意識を育む小学校英語活動の試み」帝塚山学院大学国際理解研究所編『国際理解』36、186-196.

渡部竜也（2004）「多文化的構築主義に基づく社会科教育内容編成の原理―文化相対主義の課題の克服―」『広島大学大学院教育学研究科紀要（第二部）』52、43-52.

10. 社会教育・生涯教育

今津孝次郎（2003）「日本語教室から多文化共生のまちづくりへ」『解放教育』33（3）、明治図書出版、9-15.

金侖貞（2005）「地域から創り上げる多文化共生教育の理念―『川崎市在日外国人教育基本方針』制定過程を中心として―」日本社会教育学会編『日本の社会教育』49、東洋館出版社、76-87.

金侖貞（2007）「多文化共生社会に向けての外国人市民の社会参加―NPO活動を媒介とした能動的市民の形成―」日本社会教育学会編『日本の社会教育』51、東洋館出版社、61-73.

金侖貞（2007）「多文化共生教育の形成に関する一考察―川崎市における地域実践を中心に―」『東京大学大学院教育学研究科紀要』46、279-287.

柴香里・永堀宏美（2006）「外国人と日本人のための子育てセミナ―地球時代の子育て、自分育て」から―新宿区の社会教育における多文化共生への取り組み―」『月刊社会教育』50（3）、国土社、65-72.

野元弘幸（2001）「多文化共生のまちづくりと外国人住民の学習権保障」『月刊社会教育』45（3）、国土社、6-16.

野元弘幸（2005）「多文化・多民族共生の原理と教育の課題―「多文化共生」を超える視点と原理を求めて―」『月刊社会教育』49（6）、国土社、5-14.

星野洋美（2008）「多文化共生を目指したコミュニティ教育研究」『常葉学園大学研究紀要（教育学部）』28、95-114.

矢野泉（1995）「多文化教育としての識字」『東京大学教育学部紀要』34、401-409.

矢野泉（2000）「多文化地域における生涯学習―多文化共生をめざすワークショップを事例として―」『横浜国立大学教育人間科学部紀要Ⅰ（教育科学）』3、25-35.

若園雄志郎（2004）「博物館における多文化教育活動に関する考察―北海道開拓記念館の事例を通して―」『早稲田大学大学院教育学研究科紀要（別冊）』11（2）、201-211.

11. 教員養成・教師教育

平野美恵子（2007）「多文化共生指向の日本語教育実習における実習生間の話し合い分析―3ヶ月間の準備期間に構築されたティーチャー・コミュニティ―」お茶の水女子大学日本言語文化学研究会編『言語文化と日本語教育』33、37-46.

平野美恵子（2006）「多文化共生指向の協働型日本語教育実習における実習生間の関係性―準備期間3ヶ月の話し合い分析―」『お茶の水女子大学人文科学研究』2、185-200.

平野美恵子（2007）「多文化共生指向の日本語教育実習生による反対意見表明の変化―ティーチャー・コミュニティ構築の過程から―」リテラシーズ研究会編『リテラシーズ』3、くろしお出版、79-95.

古市由美子（2005）「多言語多文化共生日本語教育実習を通してみた非母語話者教師の役割」『小出記念日本語教育研究会論文集』13、23-38.
古市由美子（2005）「多言語多文化共生日本語教育の意味づけ―実習生の『語り』を通して―」国立国語研究所日本語教育部門編『日本語教育論集』21、23-34.
星野命（2007）「異文化間教育と多文化（共生）教育における教師と教師教育（総論）」『異文化間教育』25、異文化間教育学会（アカデミア出版）3-21.
松岡洋子・宮本律子（2002）「地域の日本語教室のための人材育成」『秋田大学教育文化学部教育実践研究紀要』24、115-122.
矢野泉（1994）「多文化教育における教師の役割」日本教育学会編『教育学研究』61（3）、262-270.
結城恵（2002）「総合的な学習の時間に求められる教師の役割―『『きょうせい』って何だろう」の実践を手がかりに―」日本教育大学協会第二常置委員会編『教科教育学研究』20、第一法規、161-177.
結城恵（2003）「多文化地域に直面する教員養成―も止められる地域と大学の連帯―」『日本教師教育学会年報』12、61-66.

12. 特別支援教育
荒川智（2006）「多文化教育の展開とインクルージョン―特別ニーズ教育との接点―」『茨城大学教育学部紀要（教育科学）』55、219-233.

13. 保育・幼児教育
磯田三津子（2009）「希望の家カソリック保育園の多文化共生保育―共に生きる喜びを大切に―」『季刊保育問題研究』239、93-97.
植田都（1999）「資料　幼児の多文化教育への提言―国際学校（付属幼稚園）における観察より―」日本保育学会編集委員会編『保育学研究』37（1）、67-74.
植田都（2004・2005）「多文化共生社会における教育のあり方を探る（1）（2）幼児期・児童期における言語教育」『関西外国語大学人権教育思想研究』7・8、(1) 2-33、(2) 2-22.
上野葉子、石川由香里、井石令子、田淵久美子、西原真弓、政次カレン、宮崎聖乃（2008）「長崎市における多文化保育の現状と展望」日本保育学会編集委員会編『保育学研究』46（2）、141-152.
大戸美也子（1999）「幼児の多文化教育」日本保育学会編集委員会編『保育学研究』37（1）、8-12.
茄子川理枝（2006）「共存の現場に学ぶ―保育における多文化・多言語現状の分析―」『大妻女子大学家政系研究紀要』42、113-116.
川村千鶴子（1999）「多民族化する保育園の現状と多文化社会」『都市問題』87（2）、49-62.
木本有香（2007）「幼児期の多文化教育についての一考察」金城学院大学大学院人間生活学研究科『論集』7、9-18.

管田貴子（2003）「多文化教育の独自性についての一考察―幼児期に取り組む意義を探る―」『富山大学生涯学習教育研究センター年報』5、11-19.
鈴木久美子（2006）「多文化コミュニティにおける保育・教育施設の課題と可能性―ブラジル人集住地域・菊川市を事例として―」『常葉学園短期大学紀要』37、77-94.
曾和信一（2005）「人間保育としての多文化共生保育（1）」『四條畷学園短期大学研究論集』38、1-14.
多文化共生センター（2004）「ひょうご多文化保育園　保育・ゆめ・未来 多文化をみとめあう保育をめざして」子ども情報研究セン―『はらっぱ』243、24-27.
畠中徳子（1998）「幼児期における多文化教育―保育の国際的な展望にむけて―」立教女学院短期大学『紀要』30、17-27.
ハタノ、リリアン・テルミ（2006）「第45回公開シンポジウム　多文化保育園の可能性」甲南女子大学国際子ども学研究センター編『子ども学』8、93-114.
日浦直美（2002）「多文化共生社会の保育（1）―保育者が感じる子育て文化の違い―」『聖和大学論集（教育学系）』30、11-24.
秀真一郎（2004）「幼児教育現場における多文化教育カリキュラム―ことば、地理、アートから始まる多文化教育―」華頂短期大学『保育実践研究』20、109-118.
秀真一郎（2010）「幼児教育における年中行事から見る多文化教育」『吉備国際大学研究紀要（社会福祉学部）』5、19-26.
平野知見（2007）「多文化時代の幼児教育の課題―『偏見』と『平和』をキーワードに―」常磐会学園大学『研究紀要』7、85-91.
三浦正子（2010）「外国人労働者の子育てに関する一考察―東海地区の保育所における多文化共生保育を中心に―」中部大学『現代教育学部紀要』2、89-103.
三井真紀（2001）「Carl Orffの教育理念における『多文化教育』の構造」『湊川女子短期大学紀要』35、82-87.
三井真紀（2002）「多文化教育における概念'Accommodation'の可能性―幼稚園・保育所における事例分析―」『湊川女子短期大学紀要』36、39-42.
三井真紀（2003）「『多文化保育』に関する大学生の意識改革の研究―多文化教育的視座における男女共学への一考察―」『湊川女子短期大学紀要』37、97-101.
三井真紀（2007）「幼稚園教育要領及び保育所指針にみられる多文化的視点―保育現場における園環境、指導法の事例分析から―」『比較文化研究』77、51-58.
宮内洋（1999）「『多文化保育・教育』とクラス編成」日本保育学会編集委員会編『保育学研究』37（1）、35-42.
山田千明・越谷真理子・池田充裕（2003）「多様性を尊重する感性を育てる―幼児期からの多文化教育―」『山梨県立女子短大地域研究』3、1-14.
山中早苗（2005）「地域における多文化共生保育の取り組み」『解放教育』35（11）、明治図書出版、23-30.

14. 大学教育

石垣貴千代・斎藤里美（1994）「大学における『多文化共生教育』の課題―東洋大学を事例として―」『東洋大学紀要（教養課程篇）』33、247-291.

今村正治・大島英穂（2003）「多文化環境大学」駒井洋編『多文化社会への道』明石書店、210-237.

北脇保之（2010）「日本社会の多文化化に伴う教育上の課題と東京外国語大学の取り組み―国際教育学への期待―」日本国際教育学会創立20周年記念年報編集委員会編『国際教育学の展開と多文化共生』学文社、45-59.

佐藤勢紀子（2003）「実践レポート 多文化クラスで読む『源氏物語』―古典を用いた多文化教育の試み―」日本国際文化学会編『インターカルチュラル』1、160-169.

杉谷祐美子（1998）「大学のカリキュラムにおける多文化主義論争の問題構造」『早稲田大学大学院文学研究科紀要（第一分冊）』43、139-150.

杉原由美（2007）「留学生・日本人大学生相互学習型活動における共生の実現をめざして―相互行為に現れる非対称性と権力作用の観点から―」リテラシーズ研究会編『リテラシーズ』3、くろしお出版、97-112.

武内清（1997）「大学生の多文化教育観『多文化教育論』講義と学生の反応」『上智大学教育学論集』32、35-55.

田渕五十生（2001）「多文化共生の教育はどうあればよいのか―大学での実践を通して―」日本社会科教育学会編『社会科教育研究』（別冊）、72-75.

辻智子（2003）「大学授業における多文化教育の視点」朝倉征夫編（2003）『多文化教育の研究―ひと、ことば、つながり―』学文社、33-42.

出原節子（2005）「大学コミュニティにおける多文化共生―留学生が果たす役割―」『富山大学留学生センター紀要』4、1-12.

寳田玲子（2008）「社会福祉養成教育における多文化共生アプローチの概念と理解に向けた教育の重要性」『関西福祉科学大学紀要』11、69-81.

矢野泉（1999）「多文化教育に関する学生の意識―多文化共生施設におけるフィールドノーツを通して―」『横浜国立大学教育人間科学部紀要Ⅰ（教育科学）』2、13-29.

山田礼子（2005）「大学における異文化間教育―多文化主義の挑戦に応えるカリキュラム構築に向けて―」同志社大学教育文化学研究室編『教育文化学への挑戦―多文化交流からみた学校教育と生涯学習―』明石書店、210-237.

結城恵（2002）「地域とともに共生（わかちあい）の町づくりに挑戦する―群馬大学『多文化共生研究プロジェクト』の概要―」文部科学省高等教育局学生課編『大学と学生』457、第一法規、11-14.

15. 諸外国の多文化教育

〈アジア〉

アナトラ・グリジャナティ（2010）「中国における多言語共生社会の構築をめぐっ

て」九州大学大学院人間環境学研究院国際教育文化研究会編『国際教育文化研究』10、61-72.

小川佳万（2009）「台湾における原住民教育の可能性―多文化社会の象徴としての学校―」日本比較教育学会編『比較教育学研究』39、59-73.

狩野聖子（2001）「韓国の社会科教育における多文化共生と民族統一の問題―北朝鮮離脱住民の問題を中心に―」日本社会科教育学会編『社会科教育研究』（別冊）、19-25.

笹川孝一（1995）「東北アジアにおける多文化教育の現状と『東北アジア学習権共同体』の創造」日本社会教育学会編『日本の社会教育』39、106-121.

呉世蓮（2009）「東アジア共同体における日韓型の多文化教育の考察」『早稲田大学教育学会紀要』11、23-30.

末永ひろみ（2003）「多文化教育からみたインド社会における教育―言語、カリキュラムをめぐって―」朝倉征夫編（2003）『多文化教育の研究―ひと、ことば、つながり―』学文社、129-138.

竹熊尚夫（2003）「マレーシアにおける多民族の共生と教育の役割」片山隆裕編『民族共生への道―アジア太平洋地域のエスニシティ―』九州大学出版会、29-49.

張瓊華（1998）「多文化教育の社会統合機能に関する実証的研究―中国における二言語教育を通して―」日本教育社会学会編『教育社会学研究』63、東洋館、157-176.

鶴見陽子（2010）「中国の多元文化教育に見る『多様性と統一』―北京市における民族団結教育の理論及び実践から―」日本国際理解教育学会編『国際理解教育』16、13-22.

登坂学（2004）「中国少数民族教育の概念に関する一考察―「多文化教育」と中国「少数民族教育」の比較を通じて―」『九州保健福祉大学研究紀要』5、85-93.

登坂学（1996）「台湾に於ける地方史・地方文化再解釈運動とその多文化教育的意義―『原舞者』の成立と活動を通じて―」『早稲田大学大学院文学研究科紀要（第1分冊）』42、147-158.

Nasution（2010）「戦後インドネシアにおける多文化教育の歴史」愛知教育大学歴史学会編『歴史研究』56、68-58.

Napay Yayuc（2009）「台湾原住民族部落スマグスにおける観光事業と多文化教育―タイヤル住民の「部落を教室にする」実践―」『日本台湾学会報』11、177-198.

南相瓔（1993）「韓国における外国人問題と多文化教育」「月刊社会教育」編集部編『日本で暮らす外国人の学習権』国土社、220-232.

山田千明（2003）「韓国における多文化保育とアンチバイアス教育―ソウル市およびその近郊の保育機関における調査より―」『共栄学園短期大学研究紀要』19、135-148.

楊武勲（2003）「台湾原住民族の言語教育―人権と多文化教育の視点から―」『早稲

田大学教育学部学術研究（教育・社会教育学編）』52、87-103.
李坪鉉（2000）「多文化教育に関する考察─韓国外国人労働者の教育権の視点から─」『早稲田大学大学院教育学研究科紀要（別冊）』8（1）、49-59.
李坪鉉（2002）「韓国における多文化教育の必要性─外国人労働者の教育権を中心に─」渡戸一郎・川村千鶴子編『多文化教育を拓く─マルチカルチュラルな日本の現実のなかで─』明石書店、255-276.

〈オセアニア〉
伊井義人・青木麻衣子（2003）「多文化主義国家オーストラリアにおけるリテラシー教育─先住民・移民を視点として─」日本教育学会編『教育学研究』70-4、12-30.
井上智義（1993）「オーストラリアの多文化教育─移民の言語・心理・教育を考える─」同志社大学『教育文化』2、80-63.
上橋菜穂子（1996）「オーストラリアにおける多文化教育」青柳真智子編『中学・高校教育と文化人類学』大明堂、280-293.
大庭由子（2002）「多文化教育の問題点─ニュージーランドの視点から─」『早稲田大学大学院社会科学研究科紀要（別冊）』10、109-124.
川上郁雄（1999）「オーストラリアのマルチカルチャリズムと日本語教育」『宮城教育大学紀要』34、1-6.
木村理恵子（1996）「多文化教育から見る新学力観─Richmond Road School に焦点をあてて─」言語文化学会編『言語文化学会論集』6、183-194.
木下雅仁（2000）「多文化主義国家と先住民族アボリジニ問題─教育に関わる考察のための新視点の模索─」『佛教大學大學院紀要』28、85-98.
栗田梨津子（2009）「多文化主義政策における『アボリジニ学習』への都市先住民の対応─南オーストラリア州ガーナ学校の事例から─」広島大学『民族社会研究』6、1-21.
幸野稔（2007）「多文化共生を目指す英語教育─オーストラリアの言語教育政策を手がかりとして─」秋田英語英文学会編『秋田英語英文学』49、1-11.
曾和信一（2001）「人権教育としての多文化教育（5）多文化主義の岐路に立つオーストラリア」『四條畷学園短期大学研究論集』34、110-122.
曾和信一（2002）「人権教育としての多文化教育（6）アオテアロアのたなびくアジア・太平洋国家としてのニュージーランドの多文化教育」『四條畷学園短期大学研究論集』35、18-29.
田嶋美砂子（2008）「オーストラリアにおける成人教育受講者の変遷─「多文化主義」と「高等教育の国際化」の名の下で─」追手門学院大学オーストラリア研究所編『オーストラリア研究紀要』34、127-139.
谷淵麻子（2008）「学校教師とベトナム系・カンボジア系の生徒にとっての多文化主義─オーストラリア・メルボルンの secondary school での事例─」『文教大学国際学部紀要』18（2）、81-87.

中島勝住（1998）「オーストラリアにおける『反差別法』と多文化教育」『多文化教育―多様性のための教育学―』明石書店、219-248.

中島智子（1997）「メルボルン定点観測―オーストラリアの多文化教育・人権教育を考える―」（財）解放教育研究所編『解放教育のグローバリゼーション』明治図書出版、139-156.

中島智子（1998）「オーストラリアの多文化教育と学校改革」中島智子編『多文化教育―多様性のための教育学―』明石書店、161-188.

バーネット、ブルース（2007）オーストラリアの多文化主義―教育と、その政策との関係の発展―」東京学芸大学『教員養成カリキュラム開発研究センター研究年報』6、25-37.

平野知見（2008）「オーストラリアの多文化保育に関する意識とチーム援助の実態」追手門学院大学『オーストラリア研究紀要』34、161-180.

広内裕子（1998）「多文化教育への一考察―オーストラリアの多文化教育をテキストにして―」追手門学院大学教育研究所編『教育研究所紀要』17、67-73.

前田耕司（1992）「オーストラリアにおける言語的・文化的多様性の方向と多文化教育の展望」『国士館大学文学部人文学会紀要』25、168-152.

前田耕司（2003）「多文化教育としてのアボリジニ語学習―西オーストラリア州の教育実践から―」朝倉征夫編『多文化教育の研究―ひと、ことば、つながり―』学文社、149-161.

馬渕仁（2005）「多文化主義・多文化教育へのまなざし―オーストラリア多文化主義・多文化教育への視点を考える―」オセアニア教育学会編『オセアニア教育研究』11、41-52.

馬渕仁（2006）「多文化主義・多文化教育の再考―オーストラリアの事例を中心にして―」『異文化間教育』23、異文化間教育学会（アカデミア出版会）、37-49.

馬淵仁（2006）「多文化教育の行方―ビクトリア州を中心として―」オーストラリア学会編『オーストラリア研究』18、83-96.

丸山（山本）愛子・丸山恭司（1999）「多文化教育の実践が保育者に問いかけるもの―アメリカの事例から―」日本保育学会編集委員会編『保育学研究』37（1）、21-27.

見世千賀子（1993）「多文化主義政策の確立と多文化教育の展開―オーストラリア連邦政府の選択―」『筑波大学教育学研究集録』17、55-66.

見世千賀子（1993）「J. J. スモリッツの多文化教育」筑波大学『比較・国際教育』1、137-142.

見世千賀子（1995）「オーストラリア連邦政府による1983年以降の多文化教育政策の展開」『筑波大学教育学系論集』19（2）、79-91.

見世千賀子（1996）「オーストラリアにおける多文化教育の展開―ニューサウスウェールズ州を事例として―」筑波大学『比較・国際教育』4、43-57.

見世千賀子（1997）「オーストラリアにおける多文化教育の展開―クィーンズランド州を事例として―」筑波大学『比較・国際教育』5、47-56.

見世千賀子（2001）「オーストラリア―学校教育における多文化教育の現状と課題―」天野正治・村田翼夫編『多文化共生社会の教育』玉川大学出版部、312-325.

見世千賀子（2002）「オーストラリア―多文化社会に向けた公教育の再構築―」江原武一編『多文化教育の国際比較―エスニシティへの教育の対応―』玉川大学出版部 176-208.

見世千賀子（2005）「オーストラリアにおける多文化教育と市民性教育の動向と課題」オセアニア教育学会編『オセアニア教育研究』11、29-40.

宮川敏春（1997）「オセアニアの多文化教育を観て―ある創造的海外研修―」『釧路工業高等専門学校紀要』31、107-115.

本柳とみ子（2005）「オーストラリア教員養成課程カリキュラムにおける多文化教育の視点―クイーンズランド州を事例として―」オセアニア教育学会編『オセアニア教育研究』11、81-94.

若園雄志郎（2005）「博物館における多文化主義に基づく活動に関しての一考察―オーストラリアの博物館を事例として」『早稲田大学大学院教育学研究科紀要（別冊）』13-2、99-108.

渡辺幸倫（2002）「多文化主義下での言語教育―オーストラリアにおける言語的マイノリティに対する主流言語教育―」渡戸一郎・川村千鶴子編『多文化教育を拓く―マルチカルチュラルな日本の現実のなかで―』明石書店、226-254.

渡辺幸倫（2003）「オーストラリア歴史教科書にみる文化的価値―多文化教育とクリティカル・ディスコース分析の接点―」朝倉征夫編（2003）『多文化教育の研究―ひと、ことば、つながり―』学文社、139-148.

渡辺幸倫（2004）「オーストラリア成人移民英語プログラムにおける英語能力評価の考察―多文化教育の視点から―」早稲田大学大学院教育学研究科編『早稲田大学大学院教育学研究科紀要（別冊）』12（1）、227-238.

〈北米〉
(1) カナダ

伊藤素子（2004）「カナダ多文化社会のろう教育」カナダ教育研究会編『カナダ教育研究』2、51-64.

金久智（2002）「カナダにおける国語科（英語科）メディア・リテラシー教育の研究―ディア・リテラシー教育発展の一要因としての多文化主義―」中国四国教育学会編『教育学研究紀要』48（2）、31-36.

岸田由美（1996）「カナダ・オンタリオ州の「反人種主義および民族文化的公平（Antiracist and Ethnocultural-Equity）」教育―反人種主義教育と多文化教育の統合の試み―」筑波大学『比較・国際教育』4、99-108.

岸田由美（2001）「カナダ―社会の多文化化と教育改革―」天野正治・村田翼夫編著『多文化共生社会の教育』玉川大学出版部、205-216.

岸田由美（2007）「カナダ―『多文化』と『社会』をつなぐ教育」嶺井明子編著

『世界のシティズンシップ教育―グローバル時代の国民／市民形成―』東信堂、108-120.
北村結果（2000）「カナダにおける共生の教育としての多文化教育」日本国際教育学会編『国際教育』6、30-51.
児玉奈々（2000）「多文化教育の方向性『理論』と『行政実践』―日本・カナダ比較研究序説―」『早稲田大学大学院教育学研究科紀要（別冊）』8（1）、83-93.
児玉奈々（2002）「多文化社会における公教育についての一考察―ウィル・クムリッカのシティズンシップ論との関係で―」『早稲田大学大学院教育学研究科紀要（別冊）』10（1）、47-57.
児玉奈々（2001）「公教育コンテクストでの多文化教育の可能性―カナダ・オンタリオ州反人種主義教育への質的「転換」の考察を手がかりとして―」日本国際教育学会編『国際教育』7、44-65.
児玉奈々（2002）「カナダにおける人種差別問題と多文化教育―ヴィジブル・マイノリティ人口像の素描から―」カナダ教育研究会編『カナダ教育研究』1、88-104.
児玉奈々（2009）「世界の動き 体制全体が多様な文化に対応―移民国家カナダの多文化教育を見る―」『内外教育』5821、時事通信社、2-4.
児玉奈々（2009）「アルバータ州のエスニック・マイノリティの教育的要望と多文化教育の意義―エドモントンにおける事例考察―」カナダ教育研究会編『カナダ教育研究』7、25-40.
小林順子（2002）「カナダ―多文化社会に対する教育政策の概観―」江原武一編著『多文化教育の国際比較―エスニシティへの教育の対応―』玉川大学出版部、59-94.
坂本光代（2009）「カナダの多文化・多言語環境で育つ――日本人移住者の回想録―」カナダ教育研究会編『カナダ教育研究』7、7-15.
下村智子（2002）「多文化社会における『シティズンシップ』―カナダ先住民イヌイットを事例として―」日本比較教育学会編『比較教育学研究』28、146-161.
田中佑美（2005）「オンタリオ州における継承語プログラムの展開―多文化共生の可能性―」日本カナダ学会編『カナダ研究年報』25、57-63.
田村知子（1999）「ウクライナ語バイリンガル教育とカナダ多文化主義―アルバータ州エドモントンの事例研究―」津田塾大学『国際関係学研究』18、129-144.
坪田益美（2009）「多元社会カナダにおける社会結束に取り組むシティズンシップ教育―アルバータ州社会科の「多様性の調整」に着目して―」日本社会科教育学会編『社会科教育研究』No. 108、44-57.
鳥越泰彦（2008）「カナダにおける歴史教育―多文化主義教育とその限界―」青山学院大学教育学会編『教育研究』52、71-84.
林田享子（1993）「カナダの多文化主義政策と言語教育」『異文化間教育』7、異文化間教育学会（アカデミア出版会）、39-54.
ヒラバヤシ リチャード・山下克彦「カナダの多文化教育」北海道教育大学僻地教

育研究施設『僻地教育研究』48、121-128.
堀啓子（1999）「カナダの多文化教育と日本―『他者理解』と『言葉のもつ力』の観点から―」愛知淑徳大学大学院異文化コミュニケーション専攻・言語文化研究所編『異文化コミュニケーション研究』2、141-159.
宮本健太郎（2002）「ジム・カミンズのエンパワーメント理論―カナダ多文化教育推進の原動力―」江原武一編著『多文化教育の国際比較―エスニシティへの教育の対応―』玉川大学出版部、234-243.
村井典子（2007）「カナダの言語教育政策に関する一考察―ブリティッシュ・コロンビア州の多文化主義政策と学校における『第二言語』―」東京学芸大学国際教育センター編『国際教育評論』4、1-16.
村井典子（2007）「カナダ多文化主義に立脚した教育に関する一考察―ブリティッシュ・コロンビア州の学校教育―」『早稲田大学大学院教育学研究科紀要（別冊）』14-2、141-151.
柳沢順一（2002）「多文化主義における継承言語教育の行方―日系カナダ人のアイデンティティ保持例から―」『北陸大学紀要』26、125-144.
遊みか（1999）「カナダの多文化教育―州の教育政策と多文化主義―」『東洋学園大学紀要』7、27-40.

(2) アメリカ合衆国

青柳清孝（2006）「アメリカ合衆国の多文化教育」青柳真智子編『中学・高校教育と文化人類学』大明堂、263-279.
有馬久仁子（2006）「合衆国における多文化主義と歴史教育の考察」神戸大学『国際文化学』15、77-91.
浅田秀子（2001）「アメリカにおける多文化主義・教育論争とアメリカ東部州立大学生の態度」『愛知淑徳大学言語コミュニケーション学会言語文化』9、51-60.
井口博充（1997）「マルチカルチュラリズム再考―対抗的ヘゲモニー形成に視点から―」（財）解放教育研究所編『解放教育のグローバリゼーション』明治図書出版、119-138.
磯田三津子（2000）「MENC（全米音楽者教育会議）の音楽にみる多文化主義―『学校音楽プログラム』の分析を通して―」日本国際理解教育学会編『国際理解教育』6、20-37.
磯田三津子（2001）「P. S. キャンベルのカリキュラム構成の理論―アメリカの多文化音楽教育をめぐって―」日本音楽教育学会編『音楽教育学』30（4）、15-24.
磯田三津子（2001）「アメリカの多文化音楽教育における文化理解の思想―1984年のウェスリアン・シンポジウムの内容の検討を通して―」東京学芸大学大学院連合学校教育学研究科芸術系教育講座音楽教育研究室編『音楽教育学研究論集』3、24-31.
磯田三津子（2002）「アメリカの多文化音楽教育における文化理解の思想―1984年のウェスリアン・シンポジウムの内容の検討を通して―」東京学芸大学大学院連合学校教育学研究科芸術系教育講座音楽教育研究室編『音楽教育学研究論

集』4、16-23.
一瀬昌夫（2001）「多文化主義の教育について」『帝塚山大学短期大学部紀要』38、1-9.
井上愛子（2000）「多文化教育への目覚め―アメリカ合衆国の事例を参考に―」浅間正通編『異文化理解の座標軸―概念的理解を超えて―』日本図書センター、107-135.
碓井知鶴子（1994）「アメリカの多文化主義教師教育論―性の公正との関連で―」『岐阜大学教育学部研究報告（人文科学）』42-2、223-232.
江淵一公（1994）「多文化教育の概念と実践的展開―アメリカの場合を中心として―」日本教育学会編『教育学研究』61（3）、223-232.
遠藤克弥（1995）「アメリカにおける多文化教育―その意味と構造―」『東京国際大学論叢（教養学部編）』51、1-13.
遠藤克弥（1995）「教師の倫理的側面と多文化教育―アメリカでの調査を中心に―」『東京国際大学論叢（国際関係学部編）』1、129-141.
遠藤克弥（1996）「アメリカの地域教育における多文化教育の問題」『東京国際大学論叢（国際関係学部編）』2、39-50.
大藤素子（1999）「アメリカの多文化教育の実情と問題点」日本保育学会編集委員会編『保育学研究』37（1）、28-34.
大森正（2005）「現代アメリカ社会科カリキュラム研究（6）―多文化主義のカリキュラム―」『東洋大学文学部紀要（教育科学編）』31、49-67.
岡本智周（2001）「20世紀後半の米国歴史教科書に表現された『日系アメリカ人』像の変質―多文化教育と共同体統合に関して―」日本教育社会学会編『教育社会学研究』68、東洋館、127-146.
岡本智周（2006）「多文化教育と日系アメリカ人のナショナルアイデンティティ」『筑波教育学研究』4、47-63.
小川修平（2009）「アメリカにおける多文化教育の特徴と批判的教育学との関係―バンクスの言説の再評価と批判的教育学がもたらす多文化教育への影響―」『アメリカ教育学会紀要』20、45-57.
小川修平（2010）「アメリカにおける多文化教育研究の概念枠組みの分析とJ. A. バンクスの位置づけ」『中央大学大学院研究年報（文学研究科篇）』第396号、51-67.
小川修平（2010）「多文化教育実践モデルの社会心理学的分析―エリン・グルーエルによる人種間対立を改善する授業実践を事例として―」東京外国語大学多言語・多文化教育研究センター編『多言語多文化―実践と研究―』第3号、103-124.
小田泰司（2000）「タバ社会科の成立過程と再評価―ヒルダ・タバの多文化教育研究の足跡を踏まえて―」全国社会科教育学会編『社会科研究』52、11-20.
加藤幸次（1998）「アメリカの多文化教育から学ぶ―多文化教育を基礎に学校改革を目指す―」『異文化間教育』12、異文化間教育学会（アカデミア出版会）、64

-78.

川上具美（2005）「アメリカにおける多文化教育と学力問題をめぐる論争」『九州教育学会研究紀要』33、205-212.

川上具美（2006）「アメリカのカリキュラム改革における多文化教育批判の位置づけ―ニューヨーク州社会科カリキュラム論争を手がかりに―」九州大学大学院人間環境学研究院国際教育文化研究会編『国際教育文化研究』6、81-92.

川崎誠司（1997）「アメリカの多文化教育におけるイクイティ論の展開」『東京学芸大学紀要　第3部門（社会科学）』48、273-281.

川崎誠司（2005）「多文化社会アメリカにおける文化理解のためのアプローチ―『エクイティ』概念でみるハワイの教育実践」佐藤郡衛・吉谷武志編『ひとを分けるものつなぐもの―異文化間教育からの挑戦―』ナカニシヤ出版、191-215.

川崎誠司（2008）「多文化社会アメリカにおける『平等保護』のためのアプローチ―多文化教育の『コンプリヘンシブ』概念でみるハワイの教育改革」赤司英一郎・萩野文隆・松岡榮志編『多言語・多文化社会へのまなざし―新しい共生への視点と教育―』白帝社、265-281.

岸本実（2002）「アメリカ歴史教科書と多文化主義」『歴史評論』校倉書房、632、61-64.

桐谷正信（1997）「ニューヨーク州社会科フレームワークにおける多文化的歴史教育―『多様性』と『統一性』を中心に―」『埼玉大学紀要教育学部（人文・社会科学）』48 (1).

桐谷正信（1999）「多文化的歴史学習としての日系人史学習―『新しい社会史』による分析―」森茂岳雄編『多文化社会アメリカにおける国民統合と日系人学習』明石書店、71-88.

桐谷正信（1999）「アメリカ多文化的歴史教育における『新しい社会史』の位置と価値―ニューヨーク州歴史シラバスの分析を手がかりに―」日本社会科教育学会編『社会科教育研究』78、1-13.

桐谷正信（2008）「アメリカ多文化的歴史スタンダードにおける「先住性」―アリゾナ州・ニューメキシコ州・コロラド州を事例として―」中央教育研究所編『教科書フォーラム』6、62-72.

栗原百代（1995）「アメリカ多文化教育の歴史的文脈―多文化教育論争の問題構造―」東京学芸大学『教育学研究年報』14、55-69.

黒岩裕（2001）「ナバホ・コミュニティ・カレッジ―民族自決と多文化教育の試み―」青山学院女子短期大学『総合文化研究所年報』9、193-206.

齋藤眞宏（2006）「多文化共生教育―バンクス、ゲイ、グラント、スリーター、ニエトの視点から―」『旭川大学紀要』61、63-87.

鈴木正幸・滝本ゆかり（1997）「アメリカの多文化教育―J. Banksの理論を中心に―」『神戸大学発達科学部研究紀要』4 (2)、115-122.

曾和信一（1999）「人権教育としての多文化教育（4）アメリカ合州国における多文

化主義とその教育─」『四條畷学園女子短期大学研究論集』33、63-77.

田崎徳友・松尾知明（1993）「アメリカにおける多文化教育に関する研究─州レベルの政策を中心として─」『福岡教育大学紀要、第4分冊（教職科編）』42、49-59.

田中圭治郎（2001）「アメリカ─多文化教育の実践と課題─」天野正治・村田翼夫編『多文化共生社会の教育』玉川大学出版部、178-189.

田中圭治郎（2002）「アメリカ─教育における文化的多元主義─」江原武一編著『多文化教育の国際比較─エスニシティへの教育の対応─』玉川大学出版部、35-58.

辻野理花（1994）「アメリカにおける多文化教育の文化人類学的研究─イリノイ州キングスクールの事例をめぐって─」『甲南大学紀要（文学編）』94、148-165.

恒吉僚子（2001）「教育の国際化と多様な『多文化教育』─日米の教室から─」梶田孝道編『国際化とアイデンティティ』ミネルヴァ書房、61-89.

坪井由実（1995）「現代アメリカ都市教育政策の基本課題─多文化教育・分権化・財政再建─」アメリカ学会編『アメリカ研究』29、115-134.

鶴田義男（1999）「現代アメリカにおける幼児教育の諸問題（そのⅢ）─家族と多文化主義の諸問題─」『九州龍谷短期大学紀要』45、1-66.

友沢昭江（1995）「多文化主義と外国語教育─アメリカ合衆国の新しい試み─」『異文化間教育』9、異文化間教育学会（アカデミア出版会）、143-152.

中島智子（1991）「多文化教育をめぐる論争と課題」京都西山短期大学『西山学報』39、A1-A23.

中山京子（1999）「日系人に関する児童図書の分析─多文化教育的視点から─」森茂岳雄編『多文化社会アメリカにおける国民統合と日系人学習』明石書店、117-136.

額賀美紗子（2003）「アメリカの多文化教育における教師のストラテジー─『英語を母語としない児童』を対象にして─」『異文化間教育』17、異文化間教育学会（アカデミア出版会）、78-86.

野木森三和子（2005）「生きる力を育む上でのマージナリティの重要性─シカゴの一公立学校における多文化教育カリキュラム実践の分析─」日本カリキュラム学会編『カリキュラム研究』14、59-73.

野木森三和子（2005）「多文化教育的視点による双方向バイリンガル教育と子どものアイデンティティ─多言語・多文化の価値付けが引き起こす成長と葛藤─」東京学芸大学『教育学研究年報』24、51-62.

野木森三和子（2005）「多文化教育実践における子どもの『自己把握（self esteem）』─シカゴの一公立小学校における実践の実証的考察─」『アメリカ教育学会紀要』16、14-24.

野木森三和子「生きる力を育む上でのマージナリティの重要性─シカゴの一公立小学校における多文化教育カリキュラムの分析─」日本カリキュラム学会編『カリキュラム研究』14、59-73.

乗田陽子（1999）「21世紀にむけてのアメリカの教育政策（3）同化と文化のジレンマ―世紀転換期における多文化主義と教育―」『神戸文化短期大学研究紀要』23、167-177.

バーナード、サン＝ジャック（1999）「多様性を教えること―教育における多文化主義―」愛知淑徳大学『異文化コミュニケーション研究』2、36-51.

林伸一（2001）「多文化主義とコミュニケーションを人権の基礎に―アメリカのインクルージョン教育―」『教育評論』653、アドバンテージサーバー、39-42.

平沢安政（1993）「アメリカの多文化教育」『解放教育』298、明治図書出版、16-23.

平沢安政（1994）「ニューヨーク市多文化教育行動計画（上・下）」『解放教育』313・314、明治図書出版、（上）105-125、（下）115-125.

平沢安政（2001）「最近のアメリカの多文化教育事情」『解放教育』397、明治図書出版、60-65.

藤井みずほ（2001）「アメリカの多文化教育に対する言語教育の影響―『提案227』成立後のカリフォルニア州における現状―」『九州教育学会研究紀要』29、171-178.

藤原保利（2008）「アメリカにおけるフレーベル主義幼稚園教育の批判と多文化主義教育―1856年から1920年までを中心に―」『佐野短期大学研究紀要』19、135-144.

松尾知明（1993）「アメリカにおける多文化教育政策の類型と現状」『異文化間教育』7、異文化間教育学会（アカデミア出版会）、128-141.

松尾知明（1994）「多文化教育と学校改革に関する一考察―アメリカ合衆国の事例から―」日本比較教育学会編『比較教育学研究』20、141-151.

松尾知明（1998）「多文化教育と教師教育―アメリカ合衆国における現状―」江淵一公編『トランスカルチュラリズムの研究―文化人類学と異文化間教育学の視角―』明石書店、344-362.

松尾知明（1999）「文化的多元主義から多文化主義へ―多文化教育のパラダイム転換へ向けて―」『浜松短期大学研究論集』55、103-12.

松尾知明（1999）「高等教育カリキュラムと多文化主義―スタンフォード大学の事例を中心に―」日本比較教育学会編『比較教育学研究』25、151-169.

松尾知明（2000）「多文化主義とカリキュラム―社会科枠組みをめぐる文化戦争の分析から―」『アメリカ教育学会紀要』11、42-50.

松尾知明（2006）「アメリカ合衆国の多文化教育が示唆するものは？」田渕五十生編『"人権"をめぐる論争・争点と授業づくり』明治図書出版、76-85.

松尾知明（2008）「文化概念の再考―アメリカ合衆国の多文化教育の視点から―」小島勝編『異文化間教育学の研究』ナカニシヤ出版、269-280.

松岡靖（2003）「H・ジルーの批判教授学における多文化主義」『日本デューイ学会紀要』44、14-20.

松岡靖（2005）「批判教授学にみる多文化主義的な対話の可能性と条件」『日本デューイ学会紀要』46、134-142.

松岡靖（2006）「N. バービュレスの教育的対話論は変わったか？―多文化教育論に向けての示唆―」『日本デューイ学会紀要』47、143-151.

溝上智恵子（1997）「模索するアメリカの多文化教育」総合研究開発機構編『NIRA 政策研究』10（2）、46-49.

宮井勢都子（1999）「多文化社会アメリカにおけるホームスクール運動―『価値』の継承をめぐる葛藤―」『東洋学園大学紀要』7、15-26.

森眞理（1999）「米国の多文化教育者養成に学ぶ―保育者養成における多文化教育の可能性を求めて―」日本保育学会編集委員会編『保育学研究』37（1）、13-20.

森田真樹（1997）「多文化社会米国における歴史カリキュラム開発―合衆国史ナショナル・スタンダードをめぐる論争を手がかりに―」日本カリキュラム学会編『カリキュラム研究』6、41-52.

森茂岳雄（1996）「ニューヨーク州の社会科カリキュラム改訂をめぐる多文化主義論争―A. シュレジンガー，Jr. の批判的意見の検討を中心に―」日本社会科教育学会編『社会科教育研究』76、13-24.

森茂岳雄（1999）「アメリカの歴史教育における国民統合と多文化主義」油井大三郎・遠藤泰編『多文化主義のアメリカ―揺らぐナショナル・アイデンティティ―』東京大学出版会、165-185.

森茂岳雄（1999）「アメリカにおける国民統合と日系人学習―多文化教育としての日系人学習の意義―」森茂岳雄編『多文化社会アメリカにおける国民統合と日系人学習』明石書店、15-32.

森茂岳雄（2007）「アメリカにおける多文化教師教育の展開と課題―日本の教師教育に示唆するもの―」『異文化間教育』25、異文化間教育学会（アカデミア出版会）、22-34.

森茂岳雄・中山京子（1998）「多文化社会アメリカにおける国民統合と日系人学習―日系人学習の授業案の分析―」『東京学芸大学紀要第 3 部門（社会科学）』49、157-172.

モンゴメリ，ジェニー L.（1994）「アイオワ州の学校における多文化及び非性差別教育―幼稚園から高等学校 3 年までの多文化教育カリキュラム開発の道筋の概要と日本の教育との比較―」『鳴門教育大学学校教育研究センター紀要』8、167-180.

矢野泉（2003）「全米日系人博物館と多文化教育」『横浜国立大学教育人間科学部紀要Ｉ（教育科学）』5、27-43.

山田千明（2001）「アメリカ―文化的多様性を尊重する幼児教育―」天野正治・村田翼夫編『多文化共生社会の教育』玉川大学出版部、190-204.

山本享史（2005）「米国の多文化教育の展開―1980 年代のハワイの教育事例を通して―」天理大学アメリカス学会編『アメリカス研究』10、201-215.

横川真理子（1993）「アメリカの多民族教育から学ぶもの」『異文化間教育』7、異文化間教育学会（アカデミア出版会）、21-38.

横田啓子（1994）「アメリカの多文化教育―世界の女たち―アメリカのある地域における多文化活動―」『月刊社会教育』38（3）、国土社、60-67.

Ladoson-Billings, Gloria、加藤幸次訳・武内清訳（1996）「アメリカにおける多文化教育の歴史と現代的課題―多文化教育再考―」『上智大学教育学論集』31、79-85.

(3) 北米全体

磯田三津子（1999）「北アメリカにおける多文化音楽教育概念の分析的検討」東京学芸大学大学院連合学校教育学研究科編『学校教育学研究論集』2、51-60.

Bernard, Saint-Jacques（1999）「多様性を教えること―教育における多文化主義―」愛知淑徳大学大学院『異文化コミュニケーション研究』2、35-51.

吉田敦彦（1999）「北米でのホリスティックな教師教育の現況と課題―多文化共生に向けたスピリチュアリティとアイデンティティの再定位―」日本ホリスティック教育協会編『ホリスティック教育研究』2、48-60.

〈ヨーロッパ〉
(1) イギリス

岩本陽児（1995）「博物館における多文化教育―イギリスの事例から―」日本社会教育学会編『日本の社会教育』39、145-157.

太田政男（1998）「イギリスの中等教育における多文化・多民族教育の展開」河内徳子編『多文化社会と教育改革』未來社、91-116.

奥村圭子（2007）「イギリスにおけるエスニック・マイノリティーと多文化教育の変遷―言葉の学び、文化の交流―」山梨大学留学生センター『研究紀要』2、3-16.

木原直美（2002）「多文化社会における市民性教育の可能性―英国5市の取組を中心として―」日本比較教育学会編『比較教育学研究』28、95-112.

木原直美（2003）「イギリスにおける宗教教育の葛藤と多文化共生」江原武一編『世界の公教育と宗教』東信堂、118-132.

小口功（1993）「イギリスの多文化教育」『異文化間教育』7、異文化間教育学会（アカデミア出版会）、55-68.

小口功（1998）「共生社会と教育―イギリスの多文化教育―」『教育と医学』46（5）、慶應義塾大学出版会、382-389.

佐久間孝正（1994）「分極化する多民族社会イギリスの教育―『多文化主義教育』への『反人種差別教育』の挑戦―」『公明』387、27-36.

佐久間孝正（1996）「地域社会の『多文化』化と『多文化主義教育』の展開―イギリスの『経験』、日本の『可能性』―」広田康生編『多文化主義と多文化教育』明石書店、35-66.

佐久間孝正（1996）「『多文化主義教育』のなかのイギリスの『教育改革』」『理想』658、71-80.

佐久間孝正（1999）「イギリスの中のイスラーム教徒―多文化教育との関連で―」

日本イスラム協会編『イスラム世界』52、42-48.
佐久間孝正（2002）「多文化、反差別教育とその争点—イギリスの事例を中心に—」宮島喬・梶田孝道編『国際社会④　マイノリティと社会構造』東京大学出版会、67-93.
佐藤実芳・小口功（2002）「イギリス—多文化教育の理念と政策の変遷—」江原武一編著『多文化教育の国際比較—エスニシティへの教育の対応—』玉川大学出版部、95-121.
白崎訓代（2006）「イギリスにおける多文化教育の展開と衰退—2つの報告書からの考察—」神戸大学国際文化学会編『国際文化学』15、59-76.
白崎訓代（2007）「シティズンシップ教育の挑戦—多民族社会イギリスにおける新しい教育—」『鶴山論叢』7、78-102.
セルビー、デヴィット（2002）「多文化社会における教育—英国の経験—」浅野誠、デヴィット・セルビー編『グローバル教育からの提案—生活指導・総合学習の創造—』日本評論社、40-58.
田淵五十生（1996）「英国の多文化教育が示唆するもの」帝塚山学院大学国際理解研究所編『国際理解』27、59-67.
西村美紀（2008）「イングランドにおける多文化教育—レスター市の小学校における実践から—」『種智院大学研究紀要』9、65-73.
野入直美（1994）「イギリス多文化教育の胎動—スワン・レポートに見る多文化主義の陥穽—」『立命館産業社会論集』79、241-268.
野入直美（1996）「イギリス多文化教育の争点」『解放教育』26（12）、明治図書出版、8-15.
野入直美（1997）「誰のための教育？—イギリス多文化教育をめぐる攻防—」（財）解放教育研究所編『解放教育のグローバリゼーション』明治図書出版、100-118.
野入直美（1998）「多文化教育とナショナル・アイデンティティ」中島智子編『多文化教育—多様性のための教育学—』明石書店、133-160.

(2) その他

天野正治（1994）「ドイツの多文化教育—1993年10月の現地調査から—」筑波大学『比較・国際教育』2、59-69.
キストリーニ、S.（1994）「ヨーロッパとイタリアにおける多文化教育への需要と供給」東京学芸大学『国際教育研究』14、59-74.
キストリーニ、S.（1996）「イタリアにおける多文化教育の意味」東京学芸大学『国際教育研究』16、37-51.
草野嘉苗（2004）「フランスの多文化教育にみる『異質性』の受容—日本人の意識改革への視点—」浅間正通編『国際理解の座標軸—諸外国に探る学びのコア・エッセンス—』日本図書センター、187-204.
小林早百合（2005）「多文化社会の質的変化と寛容の変容—オランダ移民「母語」教育政策30年の変遷から見えてくるもの—」佐藤郡衛・吉谷武志編『ひとを

分けるものつなぐもの―異文化間教育からの挑戦―』ナカニシヤ出版、119-151.
斎藤一久（2002）「ドイツにおける多文化教育の一断面―イスラム教をめぐる問題を中心として―」『早稲田法学会誌』52、147-193.
新城文絵（2004）「北アイルランドの事例に見る多文化教育」関東社会学会機関誌編集委員会編『年報社会学論集』17、178-189.
杉谷眞佐子（2005）「EUにおける『多言語・多文化』主義―複数言語教育の観点から言語と文化の統合教育の可能性をさぐる―」『関西大学外国語教育研究』10、35-65.
髙橋洋行（2010）「フランス市民性育成に見る文化的中立性と多文化主義―1990年代に始まる新たな公共性理論の展開と学校教育の関連―」日本比較教育学会編『比較教育学研究』40、87-107.
戸野塚厚子（2007）「スウェーデンの義務教育における『共生』のための学び―現行学習指導要領における教育内容とその成立基盤―」日本比較教育学会編『比較教育学研究』34、86-106.
仲津由希子（2005）「19世紀後半ガリツィアにおける教育思想―子供たちの将来のために：多文化社会教育思想の変遷―」東京外国語大学スラブ系言語文化研究会編『スラヴィアーナ』22、136-164.
中山あおい（2000）「ドイツにおける文化的・言語的多様性のための教育」日本比較教育学会編『比較教育学研究』26、130-147.
中山あおい（2003）「多文化共生社会における教科書の課題―ドイツの教科書に表れるマイノリティの観点から―」日本国際理解教育学会編『国際理解教育』9、8-23.
三井真紀（2007）「保育所保育指針、幼稚園教育要領における保育者像―多文化共生社会フィンランドの保育者像を通して―」九州ルーテル学院大学『紀要 Visio: research reports』36、81-86.
三井真紀（2009）「多文化保育におけるフィンランド乳幼児のアイデンティティの研究」九州ルーテル学院大学『紀要 Visio: research reports』39、167-173.
吉谷武志（2001）「ヨーロッパにおける異文化間トレランスの追求―多文化社会状況への対応―」『異文化間教育』15、異文化間教育学会（アカデミア出版会）、14-30.

〈その他地域、複数地域〉
青木利夫（2008）「メキシコにおける多文化主義と教育―1970年代の先住民教育・農村教育を中心に―」広島大学大学院総合科学研究科『文明科学研究』3、1-16.
江原裕美（2007）「ラテンアメリカにおける教育と言語―異文化間二言語教育に見る『多元文化国家』への模索―」日本比較教育学会編『比較教育学研究』35、65-83.

大庭由子（2002）「多様性の理解と多文化教育―アメリカ、ニュージーランドの事例から日本の多文化教育の可能性を探る―」早稲田大学大学院社会科学研究科『社会科学研究科紀要（別冊）』9、111-127.

河内徳子（1998）「地球時代の多文化教育―ドイツとオーストラリアの場合―」河内徳子編『多文化社会と教育改革』未來社、11-50.

松倉信幸・矢田貞行（2001）「イギリス・オーストラリアの多文化教育に関する比較研究」鈴鹿国際大学紀『Campana』7、121-157.

山田肖子（2005）「民主化と多文化共生―アフリカにおけるシチズンシップ教育への示唆―」広島大学教育開発国際協力研究センター編『国際教育協力論集』8(2)、75-87.

Ⅲ．雑誌特集

異文化間教育学会編（1993）『異文化間教育』7（特集 多文化教育と外国人教育）、アカデミア出版会.

異文化間教育学会編（2009）『異文化間教育』30（特集 多文化共生社会をめざして―異文化間教育の使命―）、アカデミア出版会.

異文化間教育学会編（2010）『異文化間教育』32（特集 多文化共生は可能か―移民社会と異文化間教育―）、国際文献印刷社.

解放教育研究所編（1996）『解放教育』26（12）（特集 文化多元主義の教育―渡日者教育の未来―）、明治図書出版.

解放教育研究所編（1997）『解放教育』27（3）（特集 ちがいを豊かさに―大阪の多文化共生教育―）、明治図書出版.

解放教育研究所編（2001）『解放教育』31（1）（特集 多文化共生の教育をめざして―教育現場からの発信―）、明治図書出版.

解放教育研究所編（2003）『解放教育』33（10）（特集 多文化共生教育の今―子どもたちの学習権保障をめざす―）、明治図書出版.

解放教育研究所編（2007）『解放教育』37（11）（特集 在日コリアンと多文化共生）、明治図書出版.

京都日本語教育センター編（2003）『ことば・こころ』36（特集 多文化共生をめざした日本語教育の可能性について）.

「月刊社会教育」編集委員会編（1993）『月刊社会教育』37（1）（特集 日本社会の多民族化と多文化教育の展望）、国土社.

「月刊社会教育」編集委員会編（2001）『月刊社会教育』45（3）（特集 多文化時代の知恵と技）、国土社.

「月刊社会教育」編集委員会編（2003）『月刊社会教育』47（5）（特集 マイノリティの生活と学習―様々な文化との共存を求めて―）、国土社.

「月刊社会教育」編集委員会編（2005）『月刊社会教育』49（6）（特集 多民族社会を生きる）、国土社.

子ども情報研究センター編（2003）『はらっぱ』235（特集 真の「多文化共生」のために―外国人の子どもの教育を考える―）.
佐貫浩編（1993）『教育』558（特集 民族共生の教育と学校）、国土社.
自治体国際化協会編（2005）『自治体国際化フォーラム』193（特集 多文化共生と国際理解教育）.
帝塚山学院大学国際理解研究所編（2004）『国際理解』35（提言 国際理解教育と多文化共生）.
日本語教育学会編（2008）『日本語教育』138（特集「多文化共生社会と日本語教育」について）.
日本子どもを守る会編（2001）『子どものしあわせ』608（臨増）（特集 国際理解教育をどうつくる？―交流から多文化共生へ）、草土文化.
日本社会教育学会編（1995）『日本の社会教育 第39集 多文化・民族共生社会と生涯学習』、東洋館出版社.
日本社会科教育学会編（2001）『社会科教育研究』（別冊）（特集 多文化共生時代の社会科教育―東アジア・太平洋の中の日本―）.
日本保育学会編集委員会編（1999）『保育学研究』37（1）（特集 幼児の多文化教育）.

索　引

ア行

アイデンティティ　30, 50, 72, 73, 80, 81, 100, 112
　　民族（的）——　72, 74, 82, 95
アイヌ　35, 116
阿久澤麻里子　46, 61
アクター　155, 163, 164, 168
朝倉征夫　97
アジア系移民　iv
アトリビュート　10
アファーマティブ・アクション（少数者差別撤廃措置）　15
天野正治　8, 19
アムネスティ　137-139, 147
アメリカ化教育　13
異文化間心理　6
ESL 教育　154
井口泰　47, 62
一般教育　10
居場所　52
異文化　iii
異文化間教育　6
異文化間教育学会　i, vi
異文化間コミュニケーション　6, 90
異文化間リテラシー　6, 150
異文化接触　6
異文化体験の学習プログラム　143
異文化の交叉　8
異文化理解　6, 44
　　——能力　91
移民　106, 107, 112, 118, 119, 135, 139
　　——政策　8, 154, 158, 167
移民政策学会　154
岩渕功一　23, 41
インクルーシブ教育　iv
英語圏（諸国）　iii, 151, 155, 157, 158

エスノグラフィー　49, 61
NGO　163
NPO 法人　56
榎井縁　66
江淵一公　7, 8, 19
エンパワーメント　56, 59
オーストラリア　157-160, 168, 172
太田晴雄　45, 62
オーディエンス　48, 49, 55
オールドカマー　ii, v, 59, 67, 73, 74, 78, 79, 117, 151
岡崎敏雄　96, 99
岡崎眸　96
小沢有作　116
親子間コミュニケーション　98

カ行

海外帰国子女教育　156, 161, 164-166, 170
海外子女教育振興財団　163
階級　14
外国語教育　158
外国人受入れ問題に関する提言　86, 135
外国人居住者　167-169
外国人研修生　132
外国人児童生徒　162, 163
外国人集住都市会議　127
外国人生徒　50-53, 61, 62
外国人対策　8
外国人登録証　133
（外国人）年少者　98, 99
外国人の子どもたち　95
外国につながる子ども　98
外国人労働者　118
外国籍（人）住民　86, 95, 131, 145
階層　14
外務省　162
学位授与の方針　10

217

格差是正　　100, 101
学士課程教育　　9
　　——の構築に向けて　　9
　　——の再構築に向けて　　9
学習成果（ラーニング・アウトカム）　　12
学習領域「多文化社会」　　26, 28
学士力　　10
学生調査　　13
隠れたカリキュラム　　17, 37
加算的二言語併用　　99
梶田孝道　　47, 61, 116
学校　　47, 48, 53, 55-57, 60
学校・家庭・地域の連携・協力　　38, 40
学校文化　　37, 43, 52, 53, 108
カナダ　　v, 152, 157
カリキュラム　　ii, v, 11, 22-26, 29, 31, 33-41, 150, 172
　　——指針づくり　　40
　　外国人生徒のための——　　51, 62
　　（継続的・）包括的多文化教育の——　　33, 34, 37
苅谷剛彦　　45, 46, 55, 62
環境教育　　30
姜尚中　　84
官製的概念　　68
管理　　157, 160, 164
官僚　　156
キーラン（Kieran, J.）　　11
帰国子女教育　　46
規範的　　iv
キム・ヒョンギョン　　91
金泰泳　　39, 41, 44, 61, 67
教育実践　　50
「教育における差別を禁止する条約」　　146
教員養成課程　　17
教師　　33, 38, 49, 50, 60
　　——教育　　16
教授法　　13
教職課程　　154
教職大学院　　17
共生　　iii, iv, 44, 69-73, 116, 117, 142, 151, 152, 171

——日本語　　96, 97, 152
——日本語教育　　96
強制　　127, 128, 132
共通言語　　88-90, 97
共闘　　69, 151, 155
教養教育　　13
国レベル　　157, 160, 165, 167
倉石一郎　　46, 55, 62
グローバル社会　　6
経済界　　iv, 156, 163-166, 168
経済財政諮問会議　　161
経済主義的多文化主義　　159
経団連　　163, 168-170
研究者　　44, 46, 48, 49, 60, 79, 80, 117
言語格差　　100
言語教育　　98, 100, 101
言語の調整・管理能力　　91
言語能力　　98
言語バリアフリー　　99
言語問題　　90, 92
現場　　ii, v, 151
権力関係　　8, 44, 53
権力（関係）の非対称性　　44-46, 60
交渉と調整　　89, 99
（社会）構造　　45, 46, 49, 50, 55, 58, 59
交替　　99
構築主義的授業づくり　　39
高等教育研究　　150
高等教育政策　　13
公民権運動　　14
国益　　160
国際教育　　6
国際教室　　46, 51
国際協力学　　6
国際結婚　　168
国際コミュニケーション　　6
国際人権条約　　135
国際文化概論　　6
国際理解　　6
国際理解教育　　6, 26-29, 46, 165
　　——の学習領域　　27-29
国際理念主導　　159

国籍　　89, 102, 119, 131
国民国家　　151
国民統合　　13
国連・自由権規約委員会　　133
国連・人種差別撤廃委員会　　146
児島明　　45, 52, 61, 62
（問題の）個人化　　43, 48, 58
個人レベル　　158
国会　　163
コミュニティ　　48, 49, 56–59
　——・ランゲージ　　142, 143
コロンビア大学　　15
近藤敦　　82

サ行

差異　　152
在日→在日外国人
在日外国人　　17, 74, 78, 130–135, 139, 140, 142
　——教育　　163
在日韓国・朝鮮人（在日コリアン）　　ii, iv, 35, 66, 68–71, 168
　——教育　　116
在留カード　　133, 140
在留管理システム　　130, 131, 136
差別・抑圧の構造　　44–46, 48, 49, 52, 53, 55–57
「3F」　　130, 136, 143, 145
参加型アクションリサーチ　　48
JSL（Japanese as Second Language）カリキュラム　　22
ジェンダー　　14
塩原良和　　84
次世代の育成　　98
自治体　　67, 74, 77, 79, 92, 100
実証科学　　7
実践的概念　　68, 74, 79–81
質的研究　　48
質保証　　10
シティズンシップ教育　　iv, 111–115, 152, 159
シティズンシップ政策　　109, 115

指導とカリキュラム開発のための協議会（Association for Supervision and Curriculum Development）　　41
支配関係や差別関係の隠蔽　　44, 45, 53, 56
自分語り　　53
志水宏吉　　43, 62
清水睦美　　45, 53, 61, 62
指紋押捺　　128, 129
社会環境　　94, 97
社会構造　　89, 101
社会参加　　iv, 152, 153
社会システム　　91–95, 101
社会状況　　43–44, 56, 57, 59, 60
社会体系　　8
社会的結合　　110
社会的多様性　　10
集団　　59
周辺化　　52, 57, 59, 151
出入国管理及び難民認定法（入管法）　　128, 130, 132, 134, 135, 139
主流言語　　97
主流派　　iv
主流文化　　14
生涯学習　　93–95
障害教育　　30
女性学　　13
初等・中等教育との接続　　16
人格教育　　114
シンクタンク　　155
人権　　31–33, 89, 97, 100, 118, 128, 129, 133, 134, 136, 138, 141, 142, 145, 146
　——の普遍性　　145
人権部落問題学習　　30
人権保障　　91, 153
人権理念主導　　159
人種　　14
　——差別　　133
新自由主義　　13
　——的改革　　60
スタディ・アブロードプログラム　　11
すたんどばいみー　　45, 53–57, 62
ステレオタイプ　　157

索　引　219

ストラテジー　167
「すべての移住労働者及びその家族構成員の権利保護に関する国際条約」　145
生活・日本語学習支援　86
生活者　88, 98
　　——としての外国人　66, 86, 88
政策　ii, v, 101, 150, 155, 156
　　——決定過程　155, 156, 163, 168
　　——研究　9
　　——提言　40
政治的統合　159
制度化　65, 73, 74
制度的・制度化　ii, 101, 151, 153, 161, 167, 168
積極的差別是正策　158
セン（Sen, Amarutya）　89
全国学力テスト　18
戦後日本型循環モデル　58-60
選択国際　50-52, 56, 57, 60
選択的　158, 167, 168
全米教員養成大学協会（American Association of Colleges for Teacher Education）　41
全米社会科協議会　41
専門的・技術的労働者　165
戦略的本質主義　v, 81, 151
総務省　65, 91, 128, 154, 161

タ行

戴エイカ　i, 82
対抗軸　151
対等　96, 141
　　——性　43, 46
　　——な関係　89, 93
ダイバーシティ・マネジメント　106, 170
対話　89, 91, 93
　　——の場　93, 94
多言語化　89
多言語主義　154
他者　153
立場（性）　49, 50, 53, 56
脱植民地化　117

脱中心化　14
田中宏　47, 63, 131, 148
田中望　96
田渕五十生　17
多文化　iii, 159
「多文化」化　iii, 167
多文化カリキュラム　23-26, 37, 39
　　概念的——　24, 27
多文化教育　3, 33-35, 39, 68, 75-77, 80, 97, 108, 150, 154
　　——のためのカリキュラム・ガイドライン　41
多文化共生　i, 22, 23, 27, 31, 33, 35, 65-69, 73-75, 77-81, 86, 88-90, 116, 119, 127-130, 146, 153
　　——カリキュラム　31
　　——教育　30, 31, 33, 150, 161, 163-166
　　——コミュニケーション能力　91, 97, 152, 154
　　——社会　3, 86, 90-93, 96
　　——推進委員会（総務省）　89
　　——推進プラン　91
　　——プログラム　91, 162
　　渡日児童と共に歩む——　29
多文化コミュニケーション　6
多文化社会　27, 75, 90
多文化主義　iii, 67, 107, 154, 157-159
　　——政策　109, 110
　　批判的——（critical multiculturalism）　39
　　リベラル——（liberal multiculturalism）　39, 158, 159
多文化理解教育　6
多様性　143
男女共生教育　30
丹野清人　47, 61
地域格差　100
地球的課題　27
知識基盤社会　9
知識のモード　17
地方参政権　119
地方自治体　66, 86, 163

地方レベル　153, 167
中央教育審議会　9
中国渡日児童　30
　　──教育　30
中国渡日問題学習　30
定住外国人　86, 154, 161, 165
ディスコース　164, 171, 172
統一性　151, 153
同化教育　95
同化主義　160
東京学芸大学附属世田谷小学校　33
統合　iii, 108-110, 160
当事者　ii, 48, 55, 81, 135, 151, 153-155
　　──性　53, 55, 72, 73
到達目標　3
同和地区　45, 46, 47, 55
トップダウン　101
　　──・アプローチ　11
渡日理解　32, 33

ナ行

内閣府　161
中島智子　43, 46, 61, 62, 69, 72, 82
中山京子　33-37, 40, 41
ナショナリズム　115
名前　143
難民　86, 144
西口光一　96
21世紀型市民　3
日常　49, 53, 54
日本高等教育学会　9
日本語教育　ii, v, 85-103, 152, 154, 165
　　学校型──　86, 90
　　地域──　85-88, 93-96, 100
　　地域型（社会型）──　87
　　年少者──　98-100
　　日本語指導　30, 51, 98
　　日本語能力　88-91, 94, 96, 98
　　日本語ボランティア　86
日本在外企業協会　163
日本事情　6
日本人（生徒）　43-47, 50, 54-56, 59, 60

日本人学校　162, 164
日本的オリエンタリズム　79
日本文化概論　6
ニューカマー　v, 17, 46-49, 59, 66, 73, 74, 78, 79, 117, 151, 171
　　──の子どもたち　50, 53-56, 60
入国管理法改正　86
ニュータイムズ　14
認識（枠組み）　47-49, 51-53, 55, 58, 59
ネットワーク化　11

ハ行

ハージ, G.（Hage, G.）　23, 114, 119
ハーバード大学　10
ハイブリッド性　14
バイリンガル教育　165
白人性（whiteress）　39
ハタノ, リリアン・テルミ　67
パワーリレーション　96
バンクス（Banks, J.A.）　14, 23, 33, 37-39, 42
反本質主義　158
比較教育　8
樋口直人　47, 61
標準化　ii, 151, 153
平等　108, 135, 136, 140
ファン・サウクエン（Fan. S. K.）　88
フィールドワーク　43, 45, 48
福祉教育　30
福祉主義的多文化主義　159
複数主義　99
ブラジル　137-139, 147
ふれあい館　72, 73
文化集団間　8
文化多元主義　14
文化的アイデンティティ　7
文化の意味体系　8
文化的差異の強調　44, 45, 52, 56
文化的多様性　10, 40
文化的同化　15
文化の差異　7
文化ポリティックス　14

索引　221

文化本質主義　12
平和教育　30
褒重度　82
法務省　132, 133
母語　30, 97, 99, 142
　　──教育　97
　　──保持・継承　97, 98
補習授業校　162
ボトムアップ　101
　　──・アプローチ　11
ボランティア　48-50, 53-55, 60, 86, 87
ボローニャプロセス　11
ホワイト・アングロサクソン・プロテスタント（WASP）　14
本質主義　56, 158
本田由紀　58

マ行

マイノリティ　iv-v, 38-40, 43, 44, 57, 60, 67, 79, 108, 120, 142, 144, 145, 150-153, 158, 170, 172
　　──の対抗的な語り　39
　　エスニック──　44
マクロレベル　45, 56, 60
マジョリティ　ii, iv-v, 23, 38, 39, 44, 67, 79, 115, 127, 141, 142, 150-155, 158, 168, 170
松原市立恵我南小学校　29-33, 38, 42
まなざし　43, 47-49, 51, 159
マネジメント　152
馬渕仁　38, 42, 84

ミクロレベル　45, 47, 56, 57, 60
ミドルクラス　158, 160, 167
箕浦康子　7, 8, 19
未来への選択　27, 28
民主的討議　113
民族　14
　　──アイデンティティ　72, 95
　　──共生　116
民闘連（民族差別と闘う連絡協議会）　69-71
めだかの学校　96
メリトクラシー（業績主義）　15
メルボルン大学　10
メンタリング　77
モデル・カリキュラム（実践カリキュラム）　27
森茂岳雄　40-42, 44
文部科学省（文部省）　10, 99, 162, 165, 170

ヤ行

大和市立下福田中学校　22
横浜市立いちょう小学校　40
依光正哲　47, 63
「4F」　143, 144

ラ行

レイシズム　117
連続性　68
LOTE（教育）　158

執筆者紹介

馬渕　仁（まぶち　ひとし）編者、はじめに、第8章
1955年生まれ／モナシュ大学大学院博士課程修了　Ph.D.（教育学、モナシュ大学、2002年）
現在：大阪女学院大学21世紀国際共生研究科教授
専門：多文化教育、教育社会学
主著：『「異文化理解」のディスコース─文化本質主義の落し穴』（京都大学学術出版会、2002年）、『クリティーク　多文化、異文化─文化の捉え方を超克する』（東信堂、2010年）

山田礼子（やまだ　れいこ）第1章
1956年生まれ／カリフォルニア大学ロサンゼルス校博士課程修了　Ph.D.（比較教育・社会科学、カリフォルニア大学、1993年）
現在：同志社大学社会学研究科教授
専門：高等教育論、継続教育論
主著：『アメリカの学生獲得戦略』（玉川大学出版部、2008年）、『一年次（導入）教育の日米比較』（東信堂、2005年）、『大学教育を科学する─学生の教育評価の国際比較』（編著、東信堂、2009年）

森茂岳雄（もりも　たけお）第2章、文献目録
1951年生まれ／筑波大学大学院教育学研究科博士課程単位取得満期退学
現在：中央大学文学部教授
専門：多文化教育、国際理解教育、社会科教育
主著：『日系移民学習の理論と実践─グローバル教育と多文化教育をつなぐ』（共編著、明石書店、2008年）、『学校と博物館でつくる国際理解教育─新しい学びをデザインする』（共編著、明石書店、2009年）、『グローバル時代の国際理解教育─実践と理論をつなぐ』（共編著、明石書店、2010年）

清水睦美（しみず　むつみ）第3章
1963年生まれ／東京大学大学院教育学研究科博士課程修了　博士（教育学、東京大学、2005年）
現在：東京理科大学理工学部教養准教授
専門：学校臨床学、教育社会学
主著：『ニューカマーの子どもたち─学校と家族の間の日常世界』（勁草書房、2006年）、『外国人生徒のためのカリキュラム─学校文化の変革の可能性を探る』（嵯峨野書院、2006年）、『いちょう団地発！　外国人の子どもたちの挑戦』（共編著、岩波書店、2009年）

金侖貞（きむ　ゆんじょん）第4章
1975年生まれ／東京大学大学院教育学研究科博士課程修了　博士（教育学、東京大学、2006年）
現在：首都大学東京都市教養学部准教授

専門：社会教育、多文化教育、韓国研究
主著：『多文化共生教育とアイデンティティ』（明石書店、2007年）、『다문화교육과 공생의 실현―재일 한국인을 통해서 본 다문화시대의 교육（多文化教育と共生の実現―在日韓国人を通してみた多文化時代の教育）일조각（2010年）

石井恵理子（いしい　えりこ）　第5章
1960年生まれ／学習院大学大学院人文科学研究科博士課程前期修了
現在：東京女子大学現代教養学部教授
専門：日本語教育学
主著：『「移動する子どもたち」のことばの教育を創造する』（共編、ココ出版、2009年）、『日本語教育の過去・現在・未来　1「社会」』（共編、凡人社、2009年）

岸田由美（きしだ　ゆみ）　第6章
1969年生まれ／筑波大学大学院博士課程教育学研究科単位取得満期退学
現在：金沢大学理工研究域准教授（留学生教育担当）
専門：比較・国際教育学、マイノリティ教育政策
主著：「日本社会の多様化は『日本人』を多様化しうるか―『日本人』と『在日韓国・朝鮮人』の構成にひきつけて」佐藤郡衛・吉谷武志編『ひとを分けるもの　つなぐもの』（ナカニシヤ出版、2005年）、『世界のシティズンシップ教育―グローバル時代の国民／市民形成』（分担執筆、東信堂、2007年）

リリアン・テルミ・ハタノ　第7章
1967年生まれ／大阪大学大学院言語文化研究科言語文化学専攻博士後期課程修了　博士（言語文化学、大阪大学、2001年）
現在：近畿大学総合社会学部准教授
専門：言語文化学、教育社会学、多文化共生論、在日外国人教育
主著：「『在日ブラジル人』を取り巻く『多文化共生』の諸問題」植田晃次・山下仁（編）『「共生」の内実―批判的社会言語学からの問いかけ　新装版』（分担執筆、三元社、2011年）、『マイノリティの名前はどのように扱われているのか―日本の公立学校におけるニューカマーの場合』（ひつじ書房、2009年）

「多文化共生」は可能か　教育における挑戦

2011 年 2 月 25 日　第 1 版第 1 刷発行

編著者　馬　渕　　仁
発行者　井　村　寿　人

発行所　株式会社　勁　草　書　房
112-0005　東京都文京区水道 2-1-1　振替 00150-2-175253
（編集）電話　03-3815-5277／FAX 03-3814-6968
（営業）電話　03-3814-6861／FAX 03-3814-6854
理想社・青木製本

©MABUCHI Hitoshi　2011
Printed in Japan

JCOPY 〈(社)出版者著作権管理機構　委託出版物〉
本書の無断複写は著作権法上での例外を除き禁じられています。
複写される場合は、そのつど事前に、(社)出版者著作権管理機構
（電話 03-3513-6969、FAX 03-3513-6979、e-mail: info@jcopy.or.jp)
の許諾を得てください。

＊落丁本・乱丁本はお取替いたします。
http://www.keisoshobo.co.jp

「多文化共生」は可能か
教育における挑戦

2017年10月20日 オンデマンド版発行

編著者　馬　渕　　　仁

発行者　井　村　寿　人

発行所　株式会社　勁草書房
112-0005 東京都文京区水道2-1-1　振替　00150-2-175253
（編集）電話 03-3815-5277／FAX 03-3814-6968
（営業）電話 03-3814-6861／FAX 03-3814-6854
印刷・製本　（株）デジタルパブリッシングサービス http://www.d-pub.co.jp

Ⓒ MABUCHI Hitoshi 2011　　　　　　　　　　　　　　　AK084

ISBN978-4-326-98315-5　Printed in Japan

JCOPY ＜(社)出版者著作権管理機構 委託出版物＞
本書の無断複写は著作権法上での例外を除き禁じられています。
複写される場合は、そのつど事前に、(社)出版者著作権管理機構
（電話 03-3513-6969、FAX 03-3513-6979、e-mail: info@jcopy.or.jp）
の許諾を得てください。

※落丁本・乱丁本はお取替いたします。
http://www.keisoshobo.co.jp